TOYOTA in the Philippines

トヨタ・イン・フィリピン

グローバル時代の国際連帯

遠野はるひ
金子文夫

社会評論社

表紙…IMF 世界共同行動日、マニラ日本大使館前での組合員と家族
(2006 年 9 月 12 日)。
扉…トヨタ東京本社前で支援者たちに囲まれスピーチするエド委員長
(2004 年 9 月 17 日・今井明氏撮影)。

トヨタ・イン・フィリピン——グローバル時代の国際連帯●目次

第3章　飛び散る火種

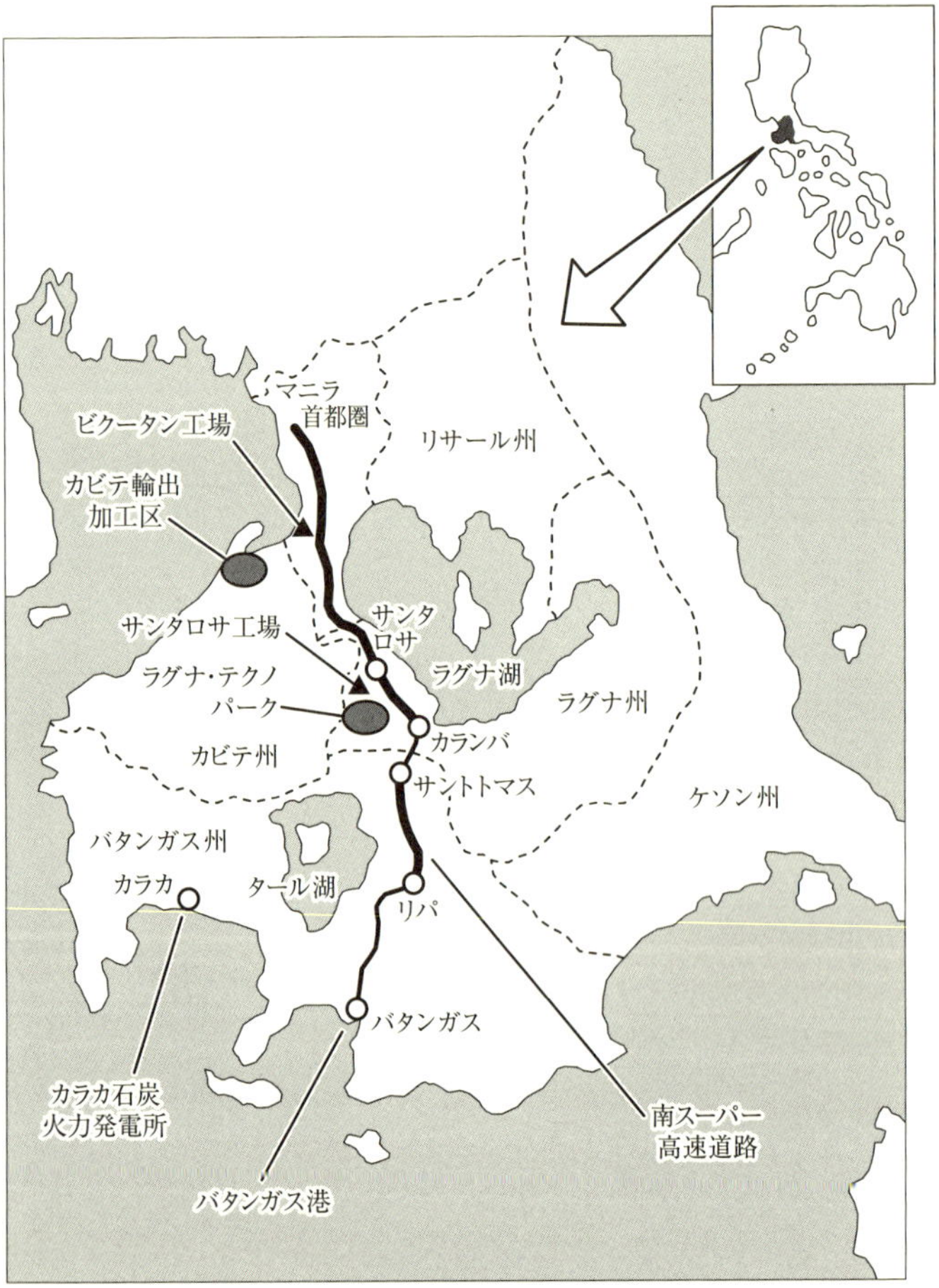
マニラ
首都圏
ビクータン工場
カビテ輸出
加工区
リサール州
サンタ
ロサ
サンタロサ工場
ラグナ湖
ラグナ・テクノ
パーク
ラグナ州
カランバ
カビテ州
サントトマス
ケソン州
バタンガス州
カラカ
タール湖
リパ
バタンガス
カラカ石炭
火力発電所
南スーパー
高速道路
バタンガス港

南タガログ地域

郵　便　は　が　き

料金受取人払

本郷局承認

6344

差出有効期間
2009年3月19日
まで

有効期間をすぎた場合は、50円切手を貼って下さい。

113 - 0033

（受取人）

東京都文京区本郷2-3-10

社会評論社 行

ご氏名

（　　　）歳

ご住所

TEL.

◇購入申込書◇　■お近くの書店にご注文下さるか、弊社に送付下さい。
本状が到着次第送本致します。

（書名）　¥　（　）部

（書名）　¥　（　）部

（書名）　¥　（　）部

●今回の購入書籍名

●本著をどこで知りましたか
□(　　　　　)書店　□(　　　　　)新聞　□(　　　　　)雑誌
□インターネット　□口コミ　□その他(　　　　　　　　　　)

●この本の感想をお聞かせ下さい

上記のご意見を小社ホームページに掲載してよろしいですか?
□はい　□いいえ　□匿名なら可

●弊社で他に購入された書籍を教えて下さい

●最近読んでおもしろかった本は何ですか

●どんな出版を希望ですか(著者・テーマ)

●ご職業または学校名

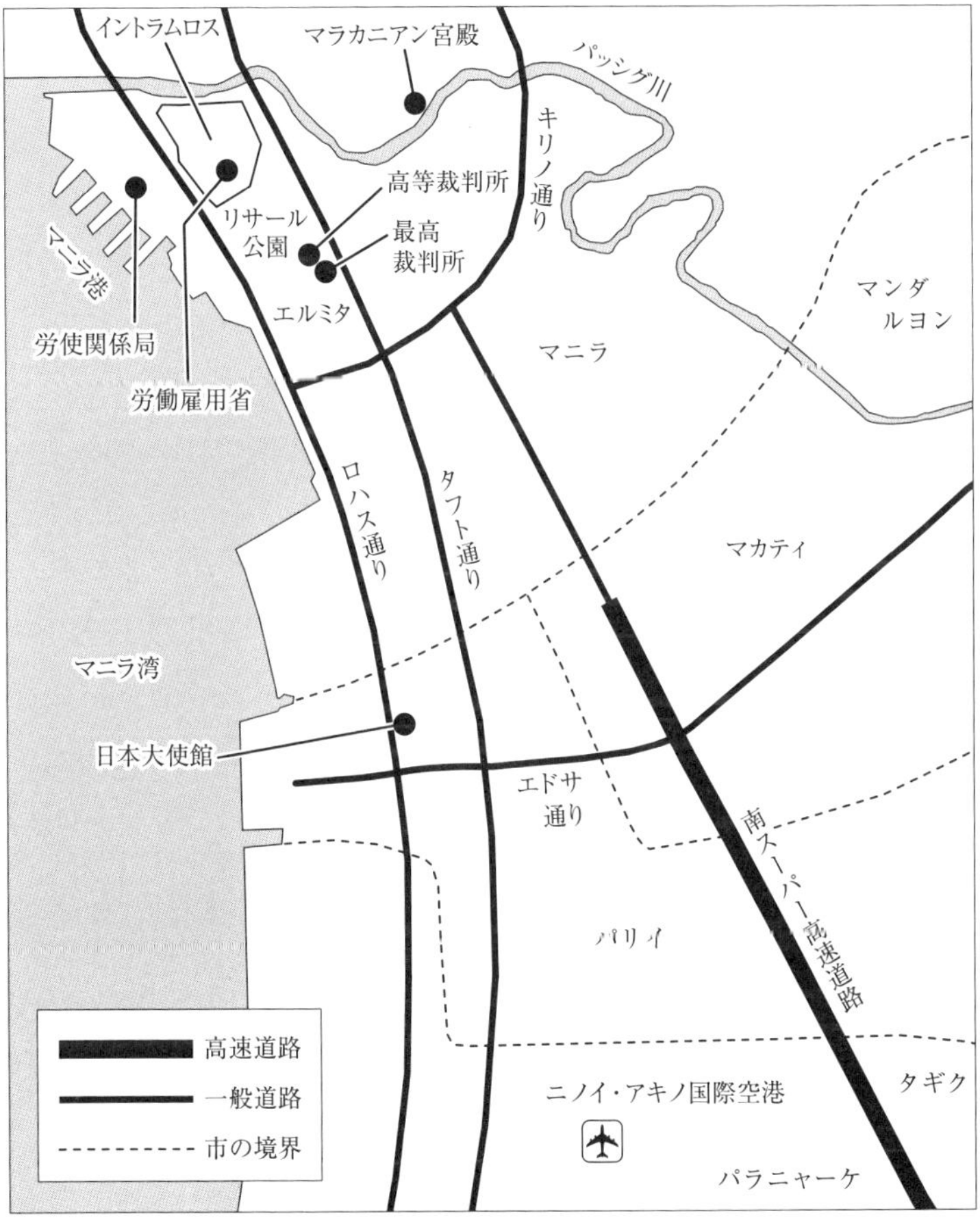

イントラムロス
マラカニアン宮殿
パッシグ川
キリノ通り
高等裁判所
最高裁判所
リサール公園
マニラ港
労使関係局
労働雇用省
エルミタ
マンダルヨン
マニラ
ロハス通り
タフト通り
マカティ
マニラ湾
日本大使館
エドサ通り
南スーパー高速道路
パサイ
高速道路
一般道路
市の境界
ニノイ・アキノ国際空港
タギク
パラニャーケ

マニラ首都圏

はじめに

二〇〇六年九月一二日、朝、日本大使館前は、いつものように、ビザの申請にきたフィリピンの人々で溢れかえっていた。日本大使館は、マニラ湾沿いにニノイ・アキノ空港とマニラの中心街を結ぶロハス通りに面している。大使館からは海を望めないが、歓楽街エルミタに向かって走行するとすぐに、高い椰子の並木越しに夕日の沈むマニラ湾が開ける。マニラでも最も美しいスポットである。ビジネスの中心であるマカティへと通じるマニラの大動脈エドサ通りも近くを走る。

この日は、ＩＭＦ（国際金属労働組合連盟）が「彼らを今すぐ職場復帰させよ！」をスローガンに掲げ、不当解雇された二三三人のフィリピントヨタ（トヨタモーターフィリピン社）の労働者を支援して、各国の日本大使館への行動を呼びかけた世界共同行動日だった。多国籍企業トヨタの社会的責任を追及して、各国国際労働団体であるＩＭＦの傘下組織が日本大使館の前で抗議行動を組んだり、要請文を届けたりしようというのだ。国際連帯の象徴として永く記憶されることになるだろうこの日を、私たち二人（遠野、金子）はフィリピントヨタ労組（ＴＭＰＣＷＡ）とともにフィリピンの日本大使館前で迎えたいと思った。

朝だというのにすでに暑く、わずかにある木陰に涼を求め、私たちはＴＭＰＣＷＡを待った。一〇時近く、スピーカーから流れてくるタガログ語の声の方向に視線を向けると、ジプニーを先頭にした一団がこちらに近づいてくるのが見えた。ＴＭＰＣＷＡの組合員たちだ。カラフルな日傘をさした妻や母たち、小さな子供たちの姿もある。近くの病院前で待ち合わせ、日本大使館まで行進してきたのだ。日本大使館に到着すると、トヨタへの抗議行動がはじまった。赤い組合旗がたなびき、横断幕が張られ、スローガンを書いた紙が掲げられた。「トヨタ、生産は№１、組合つぶしも№１」「二三三人の解雇者と家族のために正義を」「日本大使館は、解雇者の職場復帰に支援を」

トヨタのニュースが溢れる日本ではほとんど知られていないが、世界の労働界ではよく知られているトヨタ問題がある。フィリピントヨタ社の労働争議だ。ＴＭＰＣＷＡは、二〇〇〇年二月に組合承認選挙をおこない、フィリピン政府により団体交渉権をもつ労働組合と認められた。ところが、会社側はこれを認めようとせず、訴訟を重ねた。組合承認をめぐる政府の公聴会に参加するために欠勤した組合員を、会社は「違法ストライキ」に参加したとして、二〇〇一年三月に処分したのだ。二日欠勤した二二七人の組合員を解雇に、一日欠勤した六四人の組合員を停職にした。ところが、二二七人の解雇撤回を求めたストライキのさなか、トヨタを筆頭に日系企業が結託して、争議が解決できなければ投資を撤退するとフィリピン政府を脅かしたことが、フィリピントヨタ争議を政治的なものとした。

解雇から七年を経て、苦しい日々の生活に耐えながら、現在も半数以上の解雇者が自らの正義を信じ、闘い続けている。自分たちだけではない、労働者すべての人権を守るために闘っているのだという若者たちの志は、日本から世界へと支援を広げた。組合側の主張に沿ったＩＬＯ勧告が出されたこともあいまって、国際労働団体ＩＭＦが解決に乗り出してきたのだ。

フィリピントヨタ争議のもう一方の主役、トヨタのフィリピン工場は、二三三三人（当初の二二七人に六人追加）が解雇された二〇〇一年当時には二ヵ所あった。ビクータン工場とサンタロサ工場だ。日本大使館から近くのバイパスをしばらく走り、南タガログに向かう南スーパー高速道路に乗り入れると、右側にトヨタの看板を目にする。旧ビクータン工場だ。現在はトヨタ車の販売店となっているが、高速道路の高架から、今も工場の屋根を見下ろせる。

ビクータン工場から、さらに三〇キロほど走行し、ラグナ州サンタロサのインターチェンジで降りると、高原の観光地タガイタイに通じる一般道路に入る。両側に立ち並ぶコカコーラなどの大工場を過ぎてすぐ、右手にサンタロサ工場が見えてくる。見えるといっても、ガードマンが立つゲートと工場に続く道が視界に入るだけだ。鬱蒼とした木立に囲まれているので、工場はおろか中の様子を見ることもできない。ゲートの出入りは厳しくチェックされる。門の前にはゆったりとした敷地があり、警官の詰め所が置かれている。警備は厳重で、見知らぬ人が門前に立つと、数分もしないうちにガードマンが近づいてくる。サンタロサ工場からトラックが高速で行きかう道路をさらに進むと、緑の木立が切れ、広大な荒野のかなたにトヨタオートパーツフィリピン社（ＴＡＰ）の工場を望むことができる。

トヨタが毎年発行している『トヨタの概況』二〇〇七年版によれば、フィリピントヨタ社の生産台数は年間一万四〇〇〇台だ。日本国内で五〇〇万台、世界全体で九〇〇万台の生産を誇るトヨタの規模から見れば、その生産台数はわずかだが、フィリピンでは生産台数、販売台数ともに国内最大の自動車メーカーである。

私たちがフィリピンを訪問したもう一つの目的は、フィリピントヨタ争議を政治的にした背景の調査だった。トヨタをはじめとする日系多国籍企業は、なぜ撤退をちらつかせながらフィリピン政府に争議の早期解決を迫ったのだろうか。それは、日本のＯＤＡと多国籍企業の進出に依存したフィリピン政府の開発政策であるカラバルソン計画と深く関係している。

カラバルソンとは、ルソン島南部の南タガログ地域にあるカビテ、ラグナ、バタンガス、リサール、ケソンの五つの州の総称である。琵琶湖の一・五倍あるラグナ湖を中心に、これらの州がドーナツ状に広がっている。ラグナ州はラグナ湖を取り囲む位置にあり、カビテ、バタンガス、ケソンとの州境には山地が横たわる。タガイタイへと向かう道路は、工業地帯を過ぎるとやがて高地に入り、米、ココナツ、パイナップル、野菜の棚田が点在する山村に至る。そこからバタンガスまでは美しい農村風景が続いている。サンタロサ工場のあるラグナ州西部も、一九九〇年代はじめまで砂糖キビ農園や水田が広がっていたという。今、サンタロサ工場の広大な敷地は雑草が繁り、荒涼としている。工場の周辺には労働者の住む集落が広がり、狭い路地には家々が密集している。虫食いのように残った農地が、わずかに昔の面影を残している。

南タガログ地域は、マニラ首都圏からの近さが注目され、開発の最前線となった。高速道路やバイパスが建設されてから開発の波に洗われ、大地主が所有していた農地は工業用地として買い上げられて、多くの農民が立ち退きを迫られた。なかでも、フィリピンのビジネスセンターであり、外国人の居住地域でもあるマカティから一時間前後の距離にあるラグナの西部とカビテの北部に工業団地が集中した。

ラグナ西部に位置するトヨタ・サンタロサ工場の近くには、日産、ホンダ、いすゞの組立工場があり、周辺には日系工業団地がいくつも造成されている。部品メーカーの進出も多く、この一帯が自動車産業の生産基地となっている。政府の威信をかけたカラバルソン計画、その計画の要である自動車産業、そして№1企業・トヨタ。これらがフィリピントヨタ争議を政治的なものにしていった。

第1章 フィリピントヨタ社

▼…日本の激励団との交流会で子供を連れて訴える解雇者（2002年7月30日）。

マニラから高速道路の下を走る一般道路を使って南下し、パラニャーケ市にあるビクータン工場まで行く途中、高速道路を走るときは気づかなかった目の痛さと息苦しさを感じる。南タガログに向かうこの一般道路も、高速道路と同じようにたくさんの車が行きかう。上部を覆う高速道路が天井のようになり、暗いうえに、高速道路と一般道路を走る車から排出される排気ガスが充満しているからだと気づく。

渋滞の道路をノロノロ進むと、現在は閉鎖されているビクータン工場に行き着く。工場は狭い歩道に沿った高い塀に囲まれ、かつて部品を運ぶトラックが忙しく行きかった五ヵ所のゲートはぴったりと閉じられたままだ。一九六〇年代末にデルタ・モーター社の工場として建設されたという古い工場だ。トヨタ車の販売店となっている一角だけが明るく華やぎ、老朽化した堅固な工場と妙な違和感がある。

ビクータン工場は、一九九六年末まではフィリピントヨタ社の唯一の生産拠点として、二〇〇〇人を超える労働者が働いていた。サンタロサ工場が新設されて以後も、二〇〇四年一二月に閉鎖されるまでフィリピントヨタ社の主力製品である商用車の製造工場だった。マリマル道路によって二つに分かれている敷地は、合わせて六万一〇〇〇平方メートルで、いくつもの工場棟、事務棟、食堂などが狭い敷地にひしめきあっていた。

ゲート2といわれる門が正門だ。正門を背にして立つと、目の前に高速道路と頑丈な橋桁が立ちはだかる。要塞のようだ。正門に隣り合っている建物の上は監視台になっている。かつてはこの周辺にいくつものビデオカメラが設置されていた。会社の建物と要塞のような高速道路にはさまれた正門前の狭い空間。ここで、ストライキ、ピケ、そして数え切れないほどの抗議行動があり、労働者と会社のドラマが繰り広げられた。

1・1●――フィリピントヨタ社の設立

◆…最初の進出

フィリピントヨタ社は一九八八年八月三日に設立された。しかし、トヨタのフィリピン進出はこれがはじめてではない。最初の進出は一九六〇年代のことで、一九八〇年代前半のフィリピン経済危機のなかで一度撤退したうえで、再進出を果たしたのだ。

トヨタの社史『創造限りなく　トヨタ自動車五〇年史』をひもといてみよう。別冊の第五章「海外活動」のフィリピンの項目にはこう書かれている。

一九五六年一月　クラウン一台を初輸出
一九五七年一月　戦争賠償として消防車を受注
一九六二年六月　デルタ・モーター社（DMC社）と提携（八四年三月解消）
一九六二年一一月　ティアラの組立開始
一九六七年二月　マニラ駐在員事務所発足
一九六九年四月　新組立工場操業開始

一九七一年一二月　市場占拠率№1を達成

一九五〇～六〇年代のフィリピン自動車産業は、部品パッケージを輸入して組立てるCKD（ノックダウン方式）が主流だった。完成車輸入は厳しく制限されていて、組立工場が次々に設立され、ピーク時の一九六四年には三五社に達した。

トヨタにとって一九六〇年代は、生産台数を急速に伸ばすなかで輸出体制を整備する時期にあたっていた。乗用車とトラック、バスを合わせた生産台数は、一九五九年に年間一〇万台を超え、一九六四年に四〇万台、六八年に一〇〇万台を突破している。そのうち輸出台数は五九年六〇〇〇台（輸出比率六％）、六四年四万台（一〇％）、六八年二八万台（二五％）と、輸出の伸びも著しい。この時期の輸出先としてはアジア・豪州地域が最大で、一九六八年に北米に首位の座を譲ることになる。

トヨタは輸出に力を入れるべく、一九六二年二月、トヨタ自販に輸出本部を設置し、ノックダウン方式による輸出も推進していった。重要なアジア市場では、一九六二年にトヨタ自工・自販共同出資でタイトヨタ社を設立し、同じ年にフィリピン進出も果たしている。ただしフィリピンの場合、資本出資ではなく、デルタ・モーター社とノックダウン輸出契約を結ぶ形をとった。

では、デルタ・モーター社とは、どういう企業か。デルタ社を率いるリカルド・C・シルヴェリオは、貧農の家に生まれ、苦学して世に出た新興企業家だった。トヨタと提携した時点でのデルタ社の従業員数はわずか二七人にすぎなかったが、一九六〇年代を通じて急速に業績を伸ばしていく。一九六九年に月産七〇〇台規模の、当時としては最新鋭の組立工場を完成させ、一九七一年には市場占有率でフィリピンのトップに躍り出た。

◆……自動車国産化計画

その一九七一年、フィリピン政府は、自動車産業をフィリピン工業化の中核とする目的で、進歩的自動車生産計画（ＰＣＭＰ）を発表した。これは、自動車部品の輸入削減、国産部品の使用率の段階的引上げを義務づけることで、自動車メーカーの集約化と乗用車の国産化を実現しようとする政策であり、同時に部品輸出の拡大による外貨獲得もねらいとしていた。これに参加する組立企業として、トヨタ系のデルタ社と、ＧＭ、フォード、カーコ（クライスラー系）、ＤＭＧ（フォルクスワーゲン系）の計五社が選定された。この計画は一九七三年から実施段階に入り、デルタ社は順調に成長して七七年には乗用車年産一万三〇〇〇台、市場シェア四〇％に達した。他社のシェアはカーコ二七％、ＤＭＧ一二％、フォード一一％、ＧＭ八％だった。

一九七七年には商用車の国産化計画（ＰＴＭＰ）がスタートした。これには一五社が参加したが、低コストで製造できるアジアカーのメーカーがシェアを伸ばした。一九七八年にアジアカーの販売台数は二万台に達し、シェアはデルタ社（タマラオ）四五％、フォード（フィエラ）三七％、カーコ（シマロン）一六％と、上位三社に集中していった。

こうした国産化計画の進展は、当然部品メーカーの成長を促すことになる。一九七二年に部品メーカーは二〇社程度にすぎなかったが、一九七七年には二〇〇社を超えるまでに成長した。なかでも日本から進出した有力部品メーカーが重要な役割を果たした。メーター、ワイヤーハーネスの矢崎総業（一九七四年進出）、ショック・アブソーバーのカヤバ工業（一九七五年進出）、電装品、エアコンの日本電装（一九七六年進出）などが主な企業である。組立メーカーはまた中核部品の自社生産もおこなっていく。再びトヨタの社史を引用しよう。

一九七二年九月　国産化計画の参加企業に選出される
一九七三年一二月　エンジン工場操業開始
一九七六年一一月　BUV（現地名、タマラオ）の組立開始
一九八一年二月　タマラオをモデルチェンジし組立開始
一九八二年五月　本格的なプレス型製作開始
一九八三年一二月　経済危機により操業中止

一九六〇〜七〇年代を通じてデルタ社が成功を収めた要因は二つある。一つはマルコス政権との特別な関係であり、巨額の政治献金の見返りにさまざまな特権を享受したことで、シルヴェリオはマルコスの政商と呼ばれるようになった。シルヴェリオは自動車事業を核にしてデルタ・グループという企業集団を形成し、三洋電機、小松製作所、ダイキン工業などとの提携を進めていった。これに関連するもう一つの要因として、日本の戦争賠償資金の利用をあげることができる。PCMPは中核重要部品の国産化を要請していて、デルタ社はエンジンブロック工場の建設に踏み切った。そのプロジェクト資金六〇〇〇万ペソの

半ば近い二八八三万ペソは、賠償資金によって調達された。鶴見良行は、「賠償資金がなかったら、デルタはあれほど楽々とエンジンブロックを国産する新鋭工場を建設できなかったにちがいない」と述べている（鶴見良行『アジアを知るために』）。

ＰＣＭＰが実質的にスタートする一九七二年は、マルコス政権が戒厳令を布告した年だった。戒厳令体制のもとで、フィリピンの自動車生産は七二年の二万台が七七年には六万台へと急増していった。デルタ社の生産車種は、乗用車はコロナとカローラ、商用車はタマラオだった。

この時期に、後にトヨタの社長となる奥田碩がフィリピンに駐在していたことは有名な話だ。奥田は一九七二年、トヨタ自販経理部からマニラに派遣され、デルタ社の経理アドバイザーになった。その主な仕事は延滞している売掛金の回収で、奥田は政治力を発揮してマルコス政権内に人脈を築きつつ、延滞金の整理に成功している。また、当時トヨタ自工の副社長だった豊田章一郎（後のトヨタ社長、経団連会長）が、大蔵省からマニラのアジア開発銀行に赴任していた娘婿一家を訪れた際、奥田の働きに強い印象をもったと言われている。それが機縁となり、一九七九年奥田は本社に呼び戻され豪亜部長となり、以後社長に至る出世の道を歩むことになった。

◆…撤退と再進出

フィリピン経済は、一九七九年の第二次石油危機を契機に急速に悪化し、自動車市場は七八年をピークに冷え込んでいく。そうした時期にトヨタはプレス部門の強化に乗り出し、一九八二年四月にはデルタ社に四〇％の資本参加をおこなうことにした。しかし、その直後の八三年、フィリピンは外貨危機に見舞われ、中央銀行の各メーカーへの外貨割当が停止状態となった。これにより必要な部品の輸入が不可能になり、組立各社は操業停止に追い込まれる。こうしてトヨタとフォードは八四年、GMは八五年に撤退せざるをえず、フォルクスワーゲンはすでに八二年に、またクライスラーも八五年に引き上げていった。マルコス政権の末期、八四年から八六年にかけて、フィリピンの自動車生産は壊滅状態に陥ったのである。

一九八六年二月、エドサ革命によってアキノ政権が成立した。アキノ政権はフィリピン経済の再建を目指して、八六年一一月に中期開発計画を策定し、八七年一二月にPCMPに代わる乗用車開発計画（CDP）を発表した。この計画に参加する企業として、カーコを引き継いだ三菱とDMCを継承した日産とが八八年に認可された。トヨタは、CDPに参加する目的で八八年八月、新たにフィリピントヨタ社を設立し、八九年に認可を受けたわけである。

フィリピントヨタ社は、デルタ社の工場を引き継ぐ形で、パラニャーケ市ビクータンに設立された。資本構成は、日本側四〇％（トヨタ二五％、三井物産一五％）、フィリピン側六〇％（メトロポリタン銀行等）だった。資本金は二億二〇〇〇万ペソで、デルタ社の四三〇〇万ペソに比べて、その五倍の規模となった。メトロポリタン銀行は当時、総資産が業界第三位の華人系銀行で、その後合併により業界トップ行に躍進した。銀行を率いるジョージ・ティーは、フィリピン財界を代表する華人系富豪で、フィリピントヨタ社の会長（社長はトヨタから出向）に就いた。その長男はメトロポリタン銀行の役職に就き、次男のアルフレッド・ティーはフィリピントヨタ社副社長となっている。フィリピン側の経営幹部は、主に人事・労務面で主導権を発揮することになる。

再進出後のフィリピントヨタ社は、一九九〇年代のフィリピン経済の成長の波に乗り、ほぼ順調に業績を伸ばしていった。フィリピンの自動車市場は、一九八四～八六年の谷底から抜け出し、販売台数は八九年に四万台を超え、九六年には一六万台まで増大した。トヨタは市場シェアのトップを確保しつつ生産を伸ばした。

一九九二年にはラグナ州サンタロサで部品メーカーとしてトヨタオートパーツフィリピン社が操業を開始し、次いで乗用車専用工場の建設が進んだ。サンタロサ工場が本格稼働した一九九七年、アジア通貨危機が勃発し、フィリピン自動車市場は縮小に向かう。そうした背景のもとで、フィリピントヨタ労働者の組合づくりが進展していったのだ。

◆…トヨタの海外事業

ここで、一九九〇年代までのトヨタの海外事業と、そのなかでのアジア、フィリピンの位置をまとめておこう。一九六〇年代はトヨタが輸出を伸ばしていく時期にあたる。一九六〇年の輸出台数は、乗用車が一八一〇台、トラック・バスが四五八七台、合計六三九七台にすぎなかったが、一九七〇年には乗用車三五万台、トラック・バス一三万台、合計四八万台と、飛躍的に輸出を伸ばしている。輸出比率もまた一九六〇年の四%から一九七〇年の三〇%へと急上昇を遂げた。乗用車の輸出がトラック・バスを上回るのは一九六五年である。

輸出市場は一九六七年まではアジア・豪州が最大だったが、一九六八年からは北米がトップになった。

一九七〇年の地域別比率をみると、北米五一％、アジア・豪州一八％、ヨーロッパ一二％、アフリカ九％、中南米六％、中近東四％の順だった。北米市場の重要性が際立っているが、アジアもこれに次ぐ位置にあった。

この時期には海外製造拠点の開設はまだ少なかった。海外生産では、一九五八年にブラジル、一九六二年にタイ、一九六六年にペルーに子会社を設立しているが、他の国では現地企業とＣＫＤ輸出契約を結び、資本参加せずに現地組立をおこなうケースが多かった。メキシコ、ベネズエラ、ポルトガル、オーストラリア、ニュージーランド、南アフリカ、マレーシア、台湾、韓国などがそうであり、フィリピンも同様だった。先進国の場合は完成車輸出が可能だが、途上国では完成車に高関税が課されるため、現地組立方式をとったわけである。こうした形を経て、後に資本参加していくケースもある。ポルトガル、オーストラリア、ニュージーランド、南アフリカなどがこれに該当し、フィリピンはだいぶ遅れて八〇年代に入ってから資本参加（直後に撤退）したことになる。

一九七〇年代、トヨタの生産台数、輸出台数はともに飛躍的に伸びていく。生産台数は一九七〇年の一六一万台（乗用車一〇七万台、トラック・バス五四万台）が一九八〇年の三二九万台（乗用車二三〇万台、トラック・バス九九万台）へと倍増した。輸出は四八万台（乗用車三五万台、トラック・バス一三万台）から一七九万台（乗用車一一五万台、トラック・バス六四万台）へと三・七倍の増加である。輸出比率は三〇％から五四％へと引き上げられた。乗用車の輸出比率は三三％から五〇％へ、トラック・バスの輸出比率は二四％から六五％へと上昇した。トヨタにとって海外市場の重要性が格段に高まったのだ。

輸出市場としては、引き続き北米がトップだが、ヨーロッパ、中近東がこれに続き、アジア・豪州の地位は相対的に低下していく。一九七〇年から八〇年にかけて、北米輸出は二五万台から七六万台へと三倍増になったのに対して、ヨーロッパは六万台から三二万台へと五倍以上、中近東は二万台から二八万台へと一四倍もの増加だった。一方、アジア・豪州は九万台から二三万台へと増えはしたものの、増加率は三倍以下にとどまった。そこで一九八〇年の地域別比率は、北米四三％、ヨーロッパ一八％、中近東一六％、アジア・豪州一三％の順となり、七〇年に比べるとアジア・豪州の地位は二位から四位に後退したことになる。

しかし、これをもってアジア・豪州市場の重要性が低下したと判断することはできない。海外組立・生産台数を算入する必要があるからだ。一九八〇年の海外組立・生産台数は全体で二六万台であり、輸出の一五％程度を占めた。これを地域別にみると、アジア・豪州が一六・六万台で六四％、アフリカが五・五万台で二一％を占め、他の地域はわずかな台数にすぎなかった。この台数を輸出に加算すると、アジア・豪州はヨーロッパを抜いて第二位の地位を保ったことになる。アジア・豪州にとってみれば、八〇年は輸出二二万台、組立・生産一六・六万台であって、現地生産が輸出に迫る規模に達していたのだ。

海外製造拠点は、六〇年代に操業を開始した工場の拡充を主とし、七〇年代の新規工場としては、アイルランド、インドネシア、パキスタン、ガーナ、ケニヤなどが加わった。輸出と現地生産を合わせ、トヨタの海外市場制覇が進んでいく。アジアでは、一九六九年にタイの市場シェア一位を獲得し、七一年にフィリピンでも達成した。北米でも、七一年にカナダの輸入車No.1、七八年にアメリカの輸入車No.1を達成している。海外におけるトヨタ車のシェア急増は、さまざまな摩擦を生むことになる。七四年一月、田中首相のインドネシア訪問の際の反日暴動で、トヨタの合弁企業が焼討ちされたのは、その象徴的事態だった。

一九八〇年代に入ると日本の貿易黒字が増大し、先進国との貿易摩擦が頻発する時代となった。自動車産業は日米自動車摩擦に遭遇し、輸出自主規制、北米現地生産へと踏み出していく。トヨタは一九八四年にGMと合弁のNUMMI社をカリフォルニアに設立し、アメリカ現地生産を開始した。八八年には一〇〇%出資の子会社をケンタッキーとカナダ（オンタリオ）に設立した。

一九八〇年代を通じて、トヨタの国内生産台数はさらに増加し、一九九〇年には四二一万台に達した。一九八〇年に比べて一・三倍の増加である。しかし輸出は一九八五年の一九八万台をピークとして以後は減少に向かい、一九九〇年は一六八万台にとどまった。一九八〇年より一一万台減少したことになる。国内生産の増加分は国内市場でさばかれ、トヨタのシェアを高めた。

輸出の頭打ちと現地生産の増加は、アジアが先行し、北米が続く形勢となった。アジア向け輸出の伸び悩みは八〇年代前半から現れていて、各国の国産化要請に応じる形で現地生産の増強がみられた。そのパターンが八〇年代後半に北米に移転したとみることもできる。北米生産の本格化によって、一九九〇年代にトヨタの多国籍企業化が一挙に進展していったと考えられる。アジアでは、ASEANの市場統合に合わせて、域内の部品流通が活発化することになる。フィリピンもその一環に組み込まれ、組立企業の他に部品生産の子会社が設立されていったのだ。

1・2●──フィリピントヨタの労働者たち

◆…第一期生たち

一九八九年一〇月の半ば、マックス・クルツは、マニラ首都圏のビジネス街マカティにある母校、ドンボスコ技術専門学校を訪ねた。操業をはじめたフィリピントヨタ社が、ドンボスコを通じて従業員を募集しているから、三年前に卒業した自分にもチャンスがあるかもしれないと近所に住むドンボスコの学生から聞いたからだ。

ドンボスコの事務所がある二階建ての建物に入ると、通りかかった涼しげな眼をした学生に声をかけた。「エルメル神父の事務所はどこかな？」　彼はマックスを募集の担当者であるエルメル神父の部屋まで連れていってくれた。この時のことを、マックスは今も鮮やかに覚えている。しかしながら、この学生、エド・クベロと自分が、ともに、労働組合、フィリピントヨタ労組（ＴＭＰＣＷＡ）を結成し、委員長と副委員長になるとは思いもよらなかったにちがいない。マックス二一歳、エド一八歳の初めての出会いだった。

三〇代のエルメル神父は、応募書類をマックスに手渡し、この書類に必要事項を記載し、自分との面接を受けに来るように指示した。一週間後におこなわれたエルメル神父の面接で、マックスの記憶に残っているのは、「組合を好ましく思いますか？　どこかの組織に属していますか？」という問いかけだった。「ノー」と答えたマックスに、「どうしてですか？」と質問が重ねられた。「組合はストライキをするし、ストライキは生産をストップさせ、労働者は仕事がなくなるからです」。マックスは自分の苦い職場経験から率直に回答した。模範回答だったのだろう、エルメル神父はマックスを現役の学生とともにトヨタのビクータン工場に引率し、フィリピントヨタ社の面接を受けさせた。

トヨタの入社試験は面接だけで、残業があると言われ、どの仕事がいいかと聞かれた。ドンボスコの電機技術科で学んだ技術は仕事に直接使えなかったので、「どこでもいいです」と答えた。仕事がどうしても欲しかったのだ。一九八九年一〇月二八日のことである。

マックスは、一九六七年三月、姉と二人の兄をもつ四人兄弟の末っ子としてマニラで生まれ、タギクで育った。高校生の時、船員だった父が病気になり、大学進学をあきらめたマックスは、逼迫した家計を助けようと、一七歳で高校を卒業するとすぐ仕事を探した。しかし応募できる仕事は、どれも契約労働者だけだった。いくつかの仕事のなかで、マックスが気に入ったのは、日本に輸出するマンゴーをパッキングする工場で季節労働者として働く仕事だった。一九八五年、父が亡くなった七月に、勉強を続けようと二五期生としてドンボスコ・マカティ校に入学し、翌八六年の八月まで一年間、電気技術科で学んだ。

当時、ドンボスコ技術専門学校は、一年制コースの職業訓練校で、マニラのマカティとトンド、ラグナ州のカランバに校舎があった。ドンボスコ技術専門学校の名称は、サレジオ会を創立し、貧しい青少年の教育につくしたイタリア人神父ドン・ボスコの名に由来する。ドンボスコ・マカティ校には、機械科・電気技術科・エアコン修理科・自動車科があり、それぞれの科は高校を卒業した一七歳から二五歳までの生徒を五〇人前後募集するので、合計二〇〇人程度の募集が、一年に二回——七月入学、八月卒業と一月入学、一二月卒業——あった。一年間の職業訓練には、卒業前の三ヵ月間、学校と契約している工場で実地に研修する課程が含まれていた。ドンボスコでは奨学金がもらえたが、入学資格は両親の収入が低いことなので、入学の際には親の収入明細書を提出しなければならなかった。ドンボスコは、大企業で研修生として働くことが授業の一環に組み込まれていて、研修終了後は同じ企業に就職することが多く、とりわけ、八〇年代後半はほとんどの研修生が、卒業後も同じ企業で働いた。フィリピントヨタ社などの多国籍企業は授業に使う機械などの寄付をしていたと卒業生たちは記憶しているが、学生を送り込んでくれる見返りとして、多国籍企業がその他にどのような便宜を学校に供与していたかは定かではない。

ドンボスコを卒業すると、マックスは、以前働きやすかったマンゴーの工場で、再び電気技術者の職に就いた。しかし、この工場は季節労働者としてしか働けなかったので、出荷期間が終わると、別の契約労働者の職を探さなければならなかった。契約労働者として働いた中には、スト破りのために雇われ、仕事もないのに工場に籠城したこともあった。一九八七年当時、エドサ革命を推進した急進的労働運動、KMU（五月一日運動）の力が強く、工場ではストライキが多発していた。KMUは、一九八〇年五月に誕生した左派系労働組合の全国組織で、フィリピン共産党の影響下にあった。マックスがスト破りとして雇われた工場も、労働運動の渦中にあったのだ。ドンボスコを通じてフィリピントヨタ社の従業員募集を知ったのは、このような時だった。

◆…開業当時の工場

一一月四日、ドンボスコからの学生とともに研修生として働き出したマックスは、偶然にも、ドンボスコで声をかけた学生、エドが仕事のパートナーとなったことを知った。同じ日にフィリピントヨタ社で働きはじめた二人の友情は、この時からはじまった。

二人に与えられた仕事は、スプレイガンを使った自動車の車体の塗装で、スプレイガンの使い方について一週間の研修を受けた。一九八九年二月の操業開始から九ヵ月目の工場は、カローラやアジアカーのタマラオなどの車種を製造していた。各ラインは動いていたが、職制システムは未完成だった。フィリピントヨタの職制は、上からマネージャー、フォアマン、グループリーダー、チームリーダーの序列であるが、末端の職制が養成されていなかったため、フォアマンやマネージャーが直接、仕事を教えた。塗装の工程は、作業者のスキルが品質に影響を与えた。エドの技術取得の時間は早く、多くのマネージャーを驚かせたという。グラフィックデザイナーを志そうと思ったこともある美術の才能が、技術習得の一助となったのかもしれない。しかし、エドのようなケースはまれで、多くの研修生は、初めて手にするスプレイガンを使う仕事に戸惑った。

一週間の研修が終了すると、マックスとエドは、塗装の工程の中でも高技術を求められる上塗りの仕事に配置された。マックスが、スプレイガンを使う仕事の厳しさからトヨタを辞めようと思ったのは、働き出してから三週間を経た頃だった。スプレイガンは、腕の同じ場所を繰り返し使うので、仕事が終わると筋肉は石のように固くなった。痛みをこらえて仕事を続けたが、とうとう一週間休みをとったのだ。休んでいる間、仕事を続けるかどうか悩んだが、職場に戻ることにした。新たな仕事を見つける難しさは、契約労働者として転職を繰り返した経験から身にしみている。三ヵ月の研修期間、さらに三ヵ月から六ヵ月の試用期間を経て開かれる大企業トヨタの正社員の職は魅力的だったのだ。

当時は、一度に三〇人から四〇人と、さまざまな学校から研修生が送られてきたが、仕事の辛さ、上司の指導の厳しさに耐えることができず、辞めていく学生も多かった。研修生はランチとミリエンダ（おやつ）の食券をもらったほか、一ヵ月一〇〇〇ペソの手当が支給され、仕事に慣れると正規労働者と同じ仕事をした。三ヵ月の研修が終了すると正規労働者として雇用されるが、三～六ヵ月は試用期間で、給料は最低賃金。この期間を無事勤め上げると、最低賃金の二倍にあたる初任給をもらえることになった。

ドンボスコからの研修生として働き出したエドは、一九七一年四月生まれ。父は洋服の仕立て職人として働き、四人の子供を育てた。姉一人、妹二人で唯一の男の子のエドは、高校を卒業してからドンボスコで学んだ。研修を終え、卒業後もトヨタに働き続け、三ヵ月の試用期間を経て九〇年六月に正社員になった。フィリピントヨタから日本のトヨタ自動車へ送られるライン労働者の第一次研修生に選ばれたのは、正社員になってから一ヵ月を経過した七月のことだった。第一次研修生は、溶接・塗装・組み立て・メンテナンスから一二人の現場労働者が選ばれた。会社は、有能なエドを塗装ラインの職制の候補者として育てたいと考えたのだろう、事実、この時の研修生のほとんどが職制となった。

研修生は一ヵ月の滞在だった。前半の二週間でセミナーを受けた後、後半の二週間はカローラを生産している高岡工場で、OJT（職場訓練）方式により現場で働きながら研修を受けた。エドにとっては、高岡工場での労働は「地獄で働いたような経験」だったという。フィリピンのビクータン工場に比べると、高岡工場の施設・安全装備はよかったが、一台の自動車を生産する時間であるタクトタイムに大きな開きがあった。フィリピンでは一〇分だったタクトタイムは、高岡工場では五七秒だった。そのうえ、高技能での集中力が必要とされた。日本人の作業はとても速く、ついていけなかった。八時間の仕事が終わり、宿舎まで帰る送迎バスのなかで、フィリピントヨタからの研修生は疲労のあまり、短い時間にもかかわらずぐっすりと眠りこんだ。一九歳だったエドは、初めての海外での生活と仕事のプレッシャーから高熱をだし、数日寝込んだという。

二人の話から、立ち上げ当時の混乱したビクータン工場の雰囲気が伝わってくる。

◆…労働者たちの出身校

フィリピントヨタ社が、研修生として受け入れ、継続して社員として雇用していた学校はドンボスコだけではない。新入社員のリクルート先で目立つ学校は、第一番目にドンボスコ、第二番目にSOM（シスター・オブ・マリースクール）、第三番目にTUP（フィリピン技術大学）である。

SOMは、アメリカ人神父、アル・シュワルツにより、一九六四年、韓国・釜山で創設された。ドンボスコと同じサレジオ会の流れを汲むSOMも、貧しい子供たちへの教育に熱心で、各国で教育活動に携わっている。フィリピンでは、一九八七年にマニラ・サンタメサ校を開校し、九一年に新校舎をカビテに建てた。シスターたちはフィリピン全土をまわり、貧困家庭の優秀な子供たちを見つけ出しては全寮制の学校に送った。SOMを卒業した労働者は、シスターが自分の家に訪ねてきて、「親孝行をするなら、いい職を世話する」と語ったと、幼い頃の記憶をたどった。フィリピントヨタ社の従業員の二割はSOM出身者ではないかと労働者はいう。

フィリピントヨタの労働者は、TUPの卒業生も多い。フィリピンでは、六年制の小学校、四~五年制の高校を修了した後は、大学、あるいは職業専門学校に進む。TUPは起源を一九〇一年までさかのぼることのできる国立大学で、マニラ校、タギク校、カビテ校、ビサヤ校などが全国にある。三年制コースと五年制コースがあり、三年制コースで現場労働者を、五年制コースで技術者を養成した。

一九八九年、フィリピントヨタ社が操業を開始した当時、SOMもTUPもまだ研修生を送っていなかった。やがてフィリピントヨタ社は、訓練を受けた有能な労働者を獲得しようと、これらの学校と連携をとるようになっていく。

フィリピントヨタの労働者となり、後に労働組合の活動家になっていく卒業生たちの学生生活は、どのようなものだったのだろうか。

一九八九年、フィリピントヨタが操業をはじめたこの年、レスターは一三歳で、SOMの一年生だった。後にフィリピントヨタ労組の活動家となるレスターは、一九七六年一月レガスピ市で生まれ、一一歳になるまで退役軍人である祖父の家で育てられた。ホテルで働いていた母はシングルマザーで、厳格だった祖父の怒りにふれ家を去り、レスターは九歳になって初めて母と会った。父のことは名前さえも知らない。一一歳で祖父が亡くなると、マニラ首都圏のパサイ市に住む母の家で暮らすことになった。母には家庭があり、七歳下の異父妹がいた。義父はカタールに出稼ぎに行き、音信不通となっていたので、母はサリサリストア（食品・日用品を売る小さな店）を営んで暮らしをたてていた。小学校を終了したレスターは、一九八九年六月にマニラのSOMサンタメサ校に入学し、二年後、九一年にカビテ州に新設されたカビテ校に移り、九三年に卒業した。SOMの入学には小学校の成績が考慮され、試験もあった。試験に受かると、本当に貧しいか確かめるために、シスターが家庭を訪問した。授業料・寮費などすべての生活費が無料になるので、レスターが住んでいたバランガイ（最小行政単位の集落）では二〇人以上の子供が試験を受けたが、受かったのは三人だけだったという。

レスターと寮・教室で四年間ともに生活し、フィリピントヨタ社でともに働き、フィリピントヨタ労組でもともに活動したクラスメートにマギーがいる。マギーは一三歳までナガ市で暮らしていた。この地は台風の通り道として有名で、米を生産している農家はしばしば台風の被害を受けるため、フィリピンでも貧しい地域として知られている。九人兄弟の四番目、父はタイル職人で、建設現場で働いていた。八人の男の子、末っ子の女の子、食べ盛りの子供たちをかかえる家計は大変で、母はミリエンダを作り、小さな屋台で売っていた。学校が終わると母を手伝い、屋台で働くのがマギーの日課だった。政府機関で働いていた叔母に、マニラで勉強したいかと聞かれ、しばらくするとSOMのシスターが、面接のためにニッパヤシの葉で屋根をふいたマギーの家を訪ねてきた。マギーはシスターとの会話を忘れてしまったが、四年経てば自分が家族を援助できるのだと思ったことだけは記憶している。マギーのバランガイでは三人だけが選ばれた。シスターはナガ市まで列車の車両を借り切り、駅に停車するたびに子供たちを乗車させていった。SOMの寮に到着した初めての夜、マギーは涙が止まらなかった。マギーはフィリピントヨタに就職すると、一三歳の決心通り、毎月三〇〇〇ペソ、結婚してからは二〇〇〇ペソを家族に仕送りした。

一二～一七歳の子供たちにとっては、SOMでの日々の規律は厳しいものだった。敷地は高い塀に囲まれ、自由に外出することは許されなかった。生活のすべてがこの塀の中で営まれた。カビテの新校舎は、国道をはさんで男女別に二ヵ所。男子が居住するのはボーイズタウン、女子が居住するのはガールズタウンと称された。カビテはカラバルソン地域のなかでも、いち早く輸出加工区が設立され、外資が誘致されたところだ。高い塀の内側には、体育館、サッカー場、野球場、バスケットコート、陸上競技場、プールが揃っていた。七階建ての各階は、三段ベッドが並ぶ大部屋、食堂、廊下をはさんで教室があった。ベッドの上とロッカーだけがプライベートな空間だった。

月曜から土曜、朝六時に起床し夜九時に就寝するまで、分刻みでスケジュールが決められていた。午前八時から一二時、午後一時から五時までの授業には、毎日三時間の職業訓練が組み込まれていた。一年目は機械、二年目は電気、三年目は人工、四年目は縫製といった職業訓練プログラムだった。設立当初は、神父、シスターが授業を担当したが、生徒の数が増えると教師が雇われ、神父、シスターたちは、子供たちの世話や監督をした。

設立された当時は、卒業するまで帰省するどころか家族に会うことすら許されなかった。後に、四月末から五月にかけての夏休みの二週間だけ帰省を許されるようになったが、家族で祝うはずのクリスマスは学校で過ごした。入学したての一年生はホームシックにかかり、とりわけ手紙が届くと悲しくて子供たちは涙した。四年間にわたる厳しい生活と、家族と離れて暮らすことに耐えかねて退学する子供も多かった。あるクラスでは、入学した五〇人のうち二〇人しか卒業できなかったという。

貧困な家庭で育った優秀な子供たち。SOM卒業生は成績と規律がよく、我慢強いことの代名詞でもあった。敬虔なクリスチャンとして教育され、労働運動、とりわけ急進的な労働組合に対して批判的な教育を受けた。卒業生は、男子は自動車工場や電機工場、女子は電子工場に研修生として派遣され、そのまま働き続けた。トヨタ、日産、ホンダ、いすゞ、フォード、松下、日立、サムソンなど多国籍企業の労働者となったのだ。


一九八九年、後にフィリピントヨタ労組（TMPCWA）のリーダーの一人となるベル・コランドグは、TUPマニラ校に通っていた。TUPマニラ校は三年制コースでは、卒業までのカリキュラムに七二〇時間の現場研修が入っていて、学生に工場での研修を義務づけていた。授業料は安く、当時は年間三〇〇ペソだったという。フィリピントヨタとは一九九〇年頃から関係ができるようになり、TUPは学生をトヨタに研修に派遣し、トヨタからは授業に必要な教材が寄付されていた。TUPでは、労働組合に入らないようにする教育もあったという。

ベルは、姉一人、弟二人、妹一人の五人兄弟の二番目、長男として、マカティで生まれ育った。ビサヤからマニラに出てきた父はトライシクル（サイドカー付きのバイク）の運転手になり、母は洗濯の仕事をして生計を支えた。高校生になると、友人の伯父が経営する食堂で、ただで食事をさせてもらい、皿洗いを手伝い、新聞配達もした。朝四時前に起き、三〇部の新聞を六時半までに届け、一週間で三〇〇ペソもらい、交通費にした。新聞配達は、フィリピントヨタ社で働き出すまで六年間続けた。稼ぎをためて自転車を買ったが、二ヵ月後に盗まれてしまい、とても悲しかったという。ベルは若いころの自分を省みて、フィリピン社会のことをあまり深く考えなかったという。高校時代は、たくさんの友人がいて、三度の食事ができ、時々こっそり友人たちとビールを飲む、そんな生活で十分に幸せだった。

大学生になっても労働運動には無関心で、当時盛んだった労働組合のデモが交通渋滞を引き起こすと、学校に遅刻すると言って労働者に怒っていたという。TUPマニラ校はマニラの観光地であるスペイン統治時代の城塞都市・イントラムロスの近くにある。イントラムロスには労働雇用省があるが、ベルは、将来、TMPCWAの活動家となって、母校近くのこの建物に、数えきれないほど抗議に来るようになるとは、予想もしていなかっただろう。

同じく後にフィリピントヨタ労組の組合役員となるリッキーも、高校を卒業して、TUPビサヤ校の機械技術科の車体組立コースで学んでいた。年老いた父は、五ヘクタールの畑を持つ農民で、今も畑で働いている。以前は砂糖キビを植えていたが、砂糖の国際価格が暴落したため、現在はトウモロコシを作っている。リッキーは、一九七三年一〇月、男七人女七人、全部で一四人兄弟の四番目として生まれた。TUPビサヤ校で学んでいた時は、通学できないので寄宿舎で暮らしていた。

学費は安くとも両親の経済的負担は重く、兄弟も多い。ベルもリッキーも働きはじめると賃金の大半を両親の家計に入れた。ベルは賃金から自分の小遣いとして一〇〇〇ペソを取り、残りは同居していた母親に渡した。リッキーも毎月、四〇〇〇ペソをネグロスの実家に送金していた。フィリピントヨタ社のほとんどの労働者も同じ状況で、自分の賃金は自分だけのものではなかった。

フィリピントヨタ社には、ドンボスコ、SOM、TUPなどからの研修を受け入れる担当者がいて、各校の担当者と連絡を取り合って受け入れを決めていた。労働者の話から推測すると、この三校の出身者が、フィリピントヨタ社の労働者の三分の二ぐらいは占めているようだ。フィリピンには養成工制度はない。しかし、これらの学校は、工場での実習を授業に組み込み、賃金が支給される養成工の仕組みをもっているようだ。授業のなかで、反組合的な思想も教育されていた。貧しく、優秀で、会社に忠実な青年たち、トヨタが求めていた人材だ。

1・3●——一九九二年のビクータン工場

◆…九二年入社組

一九八九年から稼動しはじめた工場は、立ち上げが終わり操業は安定していった。生産台数は徐々に増加していたので、引き続き多くの労働者を雇用した。九二年には新しいモデルの生産が始まり、一度に五〇人、多い時は一〇〇人の労働者を採用し、大量雇用を継続していた。会社が裁判所に提出した資料によれば、八九年に三一〇人だった従業員は、九〇年に八五一人、九一年に九五七人、九二年に一三六五人、九三年には一六六五人に増加している。ただし九二年になると、研修生採用試験は工場立ち上げの時期より難しくなり、当初の選抜方法と異なってきた。

一九九二年九月初め、ＴＵＰ（フィリピン技術大学）の学生だったベルは、翌年に卒業をひかえ、教師からフィリピントヨタ社の研修生試験があることを知らされ、ＴＵＰマニラ校の講堂で二〇〇人の学生とともに学内選抜の試験を受けた。試験科目は数学の代数・幾何と英語で、受験した二〇〇人のうち五〇人が合格し、ビクータン工場で面接試験を受けた。ベルは自分の専攻学科と希望の職場を問われた後、残業があると言われたことを記憶している。五〇人のうち五人が面接で落とされ、さらに血液、レントゲン、眼科、耳鼻咽喉科、血圧、内科の健康診断で五人が外されたので、ＴＵＰマニラ校から四〇人が研修生となった。四〇人のうち一〇人が働き続けていたが、二〇〇一年にストライキ参加を理由に六人が解雇されたので、今、四人だけが会社に残っているという。ベルは一一月二日から研修生として働き出した。配属されたのは、車体組み立て工場の溶接ラインだった。

ビクータン工場は、幹線道路を背にして、工場の裏手に広がるバランガイに通じるマリマル道路により敷地が二つに分かれていた。右側の敷地は、メイン工場である車体組み立て工場、事務棟、倉庫があり、ゲート1、ゲート2から人と車が出入りした。左側の敷地には部品工場、修理ライン（ＣＳＬ）、食堂、訓練センター等があり、ゲート3から5の三ヵ所の門があった。ゲートは、カンバンの指示によって部品を搬入するトラックが忙しく行きかった。車体組み立て工場には、部品の受け入れ、溶接、塗装、組み立て、検査の工程があった。一九九二年当時は唯一の生産工場だったので、商用車のタマラオと乗用車のカローラ、クラウンの組み立てラインがあり、ベルトコンベアはなく、台車が使われていた。車体は台車で運ばれ、溶接ライン、塗装ライン、組み立てラインの工程を通過し、最後に品質検査にまわされた。

溶接ラインの仕事は一番過酷だといわれている。天井が低く狭い工場は、もちろん冷房もないので、ドアは開けっ放しになっていたが、とても暑く、汗が滴り落ちた。溶接ガンを使ってスポットを打つ仕事は、溶接滓の火の粉が周辺に飛び散る。作業は危険なため、防塵眼鏡、防御服で身を包むが、火の粉は隙間から入り込み、火傷をした。後にベルを組合運動に誘うことになるジェリーが、先輩として仕事を教えてくれた。ベルは手が遅かったので、ジェリーに急き立てられ、よく怒鳴られたが、バーナーを使う仕事は危険だったので、マイペースに徹した。

ジェリーは、仕事場では厳しかったが、面倒見がよく、自腹をきって後輩を飲みに連れていき、家にも招いてくれた。自己主張が強く、労働者をかばって、職制とよく喧嘩をしていた。ベルにとっても、まわりの若い仲間にとっても良き先輩だった。しかし、ベルは労働運動には興味がなかった。働き出して数ヵ月経った一九九三年の初め、労働組合（最初にできた組合、ＴＭＰＣＬＵ）の山猫ストがあったことを記憶しているが、労働運動には興味がなかったので、支持はしなかった。優良企業であるトヨタに入社して満足していたし、早く正規労働者になり、昇進することが夢だった。たくさんの友達と遊び、給料日に飲みにいくことが一番の楽しみだった。

後にフィリピントヨタ労組（ＴＭＰＣＷＡ）の活動家となるジュンは、ベルと同じ九二年一一月に入社した。ジュンは、バタンガス州で、兄二人、妹一人の四人兄妹の三番目に生まれた。父は一ヘクタールの土地を持つ農民で、米、トウモロコシ、野菜、パパイヤなどを母とともに作っていたが、それだけでは子供たちを教育できないので、ジプニーのドライバーとしても働いていた。ジュンは地元の高校を卒業すると職業専門学校に入学し、電子技術科で電気製品の修理などを学び、一九九二年に卒業した。自宅から学校まで通学できなかったので、寄宿舎に入った。両親の経済的負担は重く、子供たちの教育費のために借金をした。

ジュンもベルと同様に学校での試験を受けて選抜されると、担当者によってフィリピントヨタ社まで引率され、面接と健康診断を受けた。自宅からは通勤できないので、マニラの祖母の家に住んだ。三ヵ月の研修期間中は、手当は一日八〇ペソとされ、月二回の給料日、八日と二三日にまとめて受け取った。昼食の米は無料だったので、手当はおかずと交通費にあてた。

職場は、販売店に出荷するまでの新車の手直しをする修理ライン（CSL）だった。CSLの工場には三〇人が働いていた。その塗装部門には、四人の職制、四人の現場労働者がいて、ここにジュンともう一人、計二人の研修生が配属された。二人の研修生に塗装と修理の方法を丁寧に教えてくれたのはエドだった。CSLでは、修理に送られてきた車の傷をサンドペーパーで磨き、車の色に合わせて塗装した。新車を生産しているメイン工場のようなタクトタイムはないが、一日のノルマがあった。エドの修理能力は高く、さまざまに工夫して難しい修理をこなしていた。エドがTMPCLUの職場委員であることを知っていたジュンは、ミスをするとすぐ怒鳴る職制への不満や職場での疑問をエドに投げかけたが、いつも、正規労働者になったら話そうという答えが返ってきたことを記憶している。エドには友達がたくさんいて、ジュンもエドの新婚の家に遊びに行ったことがある。

溶接ラインを終えて組み立てられた車体は、まず洗車され、油やチリ・ホコリを取り除き、塗装ラインにまわされる。エドとマックスが最初に働きはじめた職場だ。塗装ラインでは、スプレイガンを使っての下塗り・中塗り・上塗りがおこなわれた。ビクータン工場にはロボットが導入されていなかったので、人手による塗装だった。塗装が終わるとオーブンといわれる乾燥機のなかに入れて乾かした。乾燥機のそばはとても暑く、塗装ラインのなかでも一番嫌われるポジションだった。後にTMPCWAの活動家となるジョイは、この乾燥機の近くで働いていた。

ジョイは一九七二年一二月に、四人兄弟の長男としてビコール州で生まれた。父は半農半漁で生計をたてていたが、生活できなくなり、七九年にマニラに家族とともに出てきてジプニーの運転手となった。一四歳の時、パラニャーケ市の自宅にシスターが突然訪ねてきて、SOM（シスター・オブ・マリースクール）への入学を勧められ、一期生二〇〇人のなかの一人となった。SOMで学んでいた四年間、家族と会えず悲しい思いをしたが、とりわけ最初の一年間は、ひどいホームシックにかかった。学校の門から出ていけるのは、日曜日ごとの、神父といっしょのジョギングの時だけだった。キリスト教の教えは厳しかった。キリスト教を学ぶ授業があり、ジョイの心に刻みこまれたシスターの教えは、自分たちはローマンカトリックの教徒なので、外のグループに入ってはいけないということだった。

一七歳でSOMを卒業したジョイは、両親のもとに戻り、一年間ドンボスコで勉強し、一九九二年三月にフィリピントヨタの研修生となった。トヨタは大企業、優良企業と聞いていたが、働きはじめてすぐに、大変な労働だと思った。配属されたのは、塗装ライン。タクトタイムがあるので、自由にトイレに行けなかった。乾燥機の周辺は異常に熱く、とめどなく汗が流れた。帰宅すると毎晩、父といっしょにビールを浴びるように飲み、SOMやドンボスコで学んだ教えと、あまりに違う日々だったとジョイは笑った。月二回の給料日には一〇〇〇〜二〇〇〇ペソを家族に渡した。

塗装が終わると、組み立てラインで、車体内にハンドル、ブレーキ、エンジン等がドライバーを使って取り付けられていく。部品組み立てライン、エンジンの最終組み立てラインで完成した部品やエンジンは、車体組み立てラインの工程に運ばれてくる。組み立てラインは、同じ動作の繰り返しなので、腰痛や腱鞘炎に悩まされる。

検査は、部品受け入れ、溶接、塗装、組み立ての各ラインの最終工程と、完成車となった最終段階でおこなわれる。ＴＭＰＣＷＡの活動家、トーマスは、一九七三年七月、ラグナ州に生まれ、一九九二年一一月に研修生になり、塗装ラインに検査工として配属された。父はラグナ州の地方政府の役人で、二人の妹がいる三人兄妹の長男だ。高校を卒業して、ドンボスコ・カランバ校で学び、トヨタの研修生になる試験を受けた。ドンボスコ・カランバ校の二〇〇人の在学生のうち、一五〇人がトヨタの試験を受けたが、正規労働者となったのは一五人だけだった。この数字からも同じドンボスコ出身のマックスの時代と比べると、入社試験ははるかに難しくなっていたことがわかる。

溶接・塗装・組み立てなどの各ラインには、それぞれの機械の修理をする保守係が五〜一〇人ほど配置された。保守係はメンテナンス部に属している。ラインで働く労働者は機械を修理することはできない。問題があれば、ボタンを押して保守係を呼ぶ。日本と比較すると、フィリピンでは保守係が多数いる。溶接ラインの保守係の場合、一〇分以内に修理ができなければチームリーダーやグループリーダーを呼ぶことになっていて、さらに時間がかかるようであれば上位のフォアマンが呼ばれた。保守係の重要な仕事の一つは、日曜日の設備の総点検だった。月曜日から工場が稼動するので、日曜日にメンテナンス部の全員が出勤し、代わりに火曜日が休みとなった。

溶接ラインの保守係をしていたロメルは、一九七三年八月にラグナ州で生まれた。父は靴職人、母は学生の制服などの縫製の仕事で生計をたてていた。TUPタギク校からの研修生として、一九九二年一〇月からトヨタで働き出した。

塗装ラインの保守係をしていたネルソンは、一九七七年八月、パラニャーケ市で、男四人、女二人の六人兄弟の長男として生まれた。カビテのSOMに入学した時は、父はサウジアラビアでタクシー運転手として働いていた。SOMの研修生として、九三年一〇月から部品製造ラインの保守係に配属され、後に塗装ラインに配置換えになった。塗装の機械は複雑なので、頻繁にボタンが押され、そのたびに労働者のもとにかけつけた。重い機械を移動したり、さまざまなトラブルに対処したりしなければならなかったが、ネルソンはやりがいのある仕事だと思った。フォアマンやグループリーダーに指示されてベルトのスピードを上げるのも保守係の仕事だった。スピードを上げると、ラインの労働者からなぜ上げたかと責められるのが辛かったという。

一九九二年当時、試用期間中の給料は月三〇〇〇ペソだった。ちなみに、その頃の最低賃金は一日九六ペソだったと記憶されている。

◆…日本での研修

一九九二年も日本への技術研修は続けられていた。フグが、約二〇〇人のチームメンバーとともに日本に派遣されたのは、九二年二月のことだ。九〇年にエドたち一二人が最初に派遣されてから数えると六番目の派遣グループだった。フグは一九七二年五月にマニラで生まれ、育った。父はプラスチックを製造する会社で働き、二人の姉、弟一人、妹一人の五人兄弟の三番目で長男だった。ドンボスコ・マカティ校の研修生として九〇年五月からトヨタで働きはじめた。エドたちの次、半年後のドンボスコ・マカティ校から送られた研修生である。フグは、クラウンのプレス工程に配属された。

話を聞いてみると、フグたち二〇〇人の研修は、エドたちの研修とは目的が違っていたように思える。「会社は、日本への研修が成功したので、さらに生産技術をアップさせるために自分たちを派遣するといったが、二週間のセミナーを受けた後は、八月に帰国するまでの六ヵ月間、二〇〇人は高岡工場で日本人の労働者とともに働いた。その中には、女性労働者一〇人も含まれていた。カローラを生産していた高岡工場は、生産が追いつかないほど忙しかった」とフグは記憶している。

フグは、カローラの部品であるバンパーを輸出する包装のセクションで働いた。バンパーの梱包の材料に鉄と木材のどちらを使うかは、フィリピン、南アフリカ等のトヨタ工場によって違っていた。フィリピンではバンパーを製造していなかったので、日本で研修する必要はない。フグたち二〇〇人のフィリピントヨタの労働者のビザは研修生という資格だったが、研修というよりも、人手不足の高岡工場に労働力としてフィリピンから送り込まれたのではないかと想像される。

日本のトヨタ労働者は真面目でよく働き、休憩時間にも仕事を続けている人がいた。仕事はフィリピンに比べると大変だったが、皆親切で、仕事が遅れると同じ職場の年齢のいった労働者が手伝ってくれた。日本人労働者とは、英語と日本語を教えあったり、文化の違いなどを身振り手振りで話し合った。組長も親切で、自分の家に招待してくれるなど、フィリピン人労働者の面倒をよくみてくれた。ただ、期間工の同僚には、険しい顔で汚い言葉を投げつけたりされた。日本語なので何を言われているか理解できなかったが、フィリピン人に仕事をとられるのを恐れているのではないかとフグは感じた。

高岡工場は二四時間稼動だったが、フィリピン人は朝七時から夕方四時までの勤務だった。フグたちが半年住んでいた宿舎に、フィリピン人研修生のために毎朝六時半に二台の送迎バスが迎えにきて、午後四時半に工場を出発し五時に宿舎に到着するというスケジュールが、月曜日から金曜日まで繰り返された。宿舎は、一部屋を二人で使っていたので、五時に帰るとご飯を炊いて、フィリピンから持ってきたいわしの缶詰をおかずにして友人と一緒に夕食をとった。日本での生活や物価は五番目の派遣で日本に来た人から情報を得ていたので、皆フィリピンから缶詰を持ってきていたのだ。

夕食をとって、テレビを見ながら洗濯機をまわし、九時には寝るという、工場と宿舎を往復する日々だった。金曜日の夜は、仕事から解放されたホッとした気分で部屋に集まり、夜一二時まで、ささやかなパーティーを開き、少しだけビールを飲んだ。フィリピンでもらう給料のほかに、手当として、一日一〇〇〇円が支給された。日本に来る前に、二〇〇ドルを当座の資金として手渡され、帰国するときに返金した。一〇〇〇円の手当から、工場での昼食代金を三五〇円支払い、残りをなるべくフィリピンに持って帰るために、米を炊いて自炊した。一週間に一度だけ、休みの日に、近くのスーパーまで買出しに行き、皆で料理を作った。フィリピンからの研修生は、一日一〇〇〇円の手当を倹約し、六ヵ月後に帰国する時は、ペソに換算すると六〇〇〇～二万ペソを手にして帰国した。

土曜日、日曜日は休みだったが、お金もなかったし、宿舎にある自転車を使うことも許可されなかったので、公共交通があまりない豊田市での行動範囲は歩いて行けるところに限定された。そのため、宿舎で友人とおしゃべりして過ごすことが多かった。名古屋などへの遠出は会社の許可が必要で、グループリーダーがチームメンバーを引率して出かけた。

日曜日には、宿舎から二時間かけて歩き、豊田市にある唯一のカトリック教会・聖心教会にミサに行くことが、フグたちの大きな楽しみだった。ミサには毎回、二〇人のフィリピントヨタからの研修生が参加した。聖心教会は名鉄土橋駅近くにあり、フグたちが働いていた高岡工場からは六キロ位の道のりだ。当時を知る聖心教会の関係者によると、英語やスペイン語のミサに来る移住労働者から相談をもちかけられていたが、フィリピントヨタの労働者たちは、物静かで、話しかけるチャンスもなかったという。

朝九時から一〇時までミサをうけ、そごうデパートでウィンドウショッピングをして、また歩いて帰ってきた。教会では、日本人と結婚したフィリピン女性や日本に出稼ぎにきているフィリピン人とも出会った。あるとき、フグは近づいてきたフィリピン人男性に、日本に残って違法労働者として働くようにと耳元でささやかれた。「警察に捕まるから」と答えたフグに、「隠れ場所は提供する」と男は言った。研修生として働きに来ていた仲間の一人は、帰国する直前に逃げ出した。日本に親戚がいたので頼って行ったのではないかと、フグたちは話し合った。管理職が一週間、滞在をのばして捜したが見つけだすことはできなかった。この後、日本に送られる研修生の数は減ったという。日本で一九歳の誕生日を迎えたフグの、エキサイティングな経験である。八ヵ月間、日本に滞在しながら、会社と宿舎だけを往復する小さな社会に住んでいた若者は、教会で日本を垣間見た。

「解雇者のうち、三分の一は日本に研修に行ったことがあるのではないか」とある労働者から聞いた。

多数のフィリピントヨタの労働者が、気づかないうちに私たちの傍らにいたのだ。

豊田市では九〇年代に入って外国人労働者の姿が目立つようになった。なかでも、ブラジル人が自動車工場の下請け、孫請けで働きはじめていた。ただしトヨタはブラジル人よりも海外子会社からの研修生を多く使った。九〇年代のはじめ頃にインドネシアの子会社から六ヵ月間働きに来た研修生は、食費・寮費は会社もちで月四万五〇〇〇円の研修手当だったという。

◆…最初の労働組合

一九九二年、フィリピントヨタ社の最初の組合、TMPCLU（フィリピントヨタ労働組合。TMPCWAとは別組織）が結成された。当時のフィリピン政府の労働政策について少し説明しておこう。

フィリピン労働法は、植民地統治国であったアメリカの労働法の影響を強く受けている。労働組合の結成、組合承認選挙による団体交渉権の獲得、労働争議の解決まで、一連の法的な手続きがあり、労働争議は政府関係機関、裁判所に持ち込まれて争うというシステムができている。労働雇用省の権限が強いため、政府の政治的判断が裁定に影響し、労働者側にとっては不利になりやすい労働法制である。

フィリピン政府の労働政策は、その開発政策と密接に関係している。「開発独裁」体制をとったマルコス政権（一九六五〜一九八六年）は、一九七二年、戒厳令をしき、デモ、ストライキを禁止し、強制力を行使して労使紛争を解決しようとした。一九七四年に施行された労働法は、強制仲裁による紛争解決を規定するとともに、政府・使用者団体（フィリピン経営者連盟＝ECOP）・労働団体（フィリピン労働組合会議＝ＴＵＣＰ）の三者による協議を制度化している。低賃金を目玉にした外資導入には従順な労働力が必要だったのだ。ＴＵＣＰはフィリピン最大の労働組合のナショナルセンターで、労使協調型の性格が強かった。このような労使協調型の労働政策に対抗して、ＫＭＵ（五月一日運動）は労使対決型の労働運動を組織し、その勢力は反マルコス運動と連動して拡大し、ピープルズパワーの中心部隊となった。

一九八六年に就任したアキノ大統領（一九八六～一九九二年）は、人権派弁護士を労働雇用省長官に任命し、労働組合結成の自由化、ストライキの合法化など、労働法制の民主化を進めた。しかしながら、一九八六年にはストライキ発生件数が五八一件にも上ったため、この状況を抑えようとストライキ抑制政策を実施し、政府による労働争議への介入が強められた。労使協調路線に沿って各企業に労使協議機関の設置が促進され、一九九〇年には、労働争議を抑制するために政労使の三者間での「産業平和協定」が締結された。フィリピントヨタ社も、一九八九年の操業開始とともに、会社側と労働者代表としての職制とでＬＭＣ（労使協議会）を設置し、労使協調路線をとろうとしていた。ＬＭＣの代表は会社が指名した。

エド・クベロが、組合をつくろうとしている人がいるという噂を耳にしたのは、一九九二年一月のことだった。九〇年八月に日本から帰国して一年半、エドの人生は目まぐるしく変っていた。九一年、工場で働いていた大きな目をもつ愛らしいネスに恋をした。フィリピントヨタ社は、この時期、事務所だけでなく工場でも女性を雇用していて、工場内で働く女性たちは、若い男性ばかりの職場で人目を引く存在だった。エドとネスは二週間で恋人になると、二ヵ月後に結婚した。一九歳と二〇歳の若いカップルだった。新婚生活がはじまると間もなく、エドは塗装ラインから修理を担当する部署であるＣＳＬ（修理ライン）

に配置換えになった。メイン工程とは別棟にあるCSLで、工夫をしながらさまざまな車種の塗装の修理をした。

労働組合に関心をもっていたエドは、さっそく、噂をたどって組織化している人を探し求めた。仕事をはじめた当初から労務管理への不満をもち、「マネージャーはキングのように感じた」エドだった。ラインの仕事は辛かったが、それより大変だったのは厳しい労務管理だった。ミスをすると注意書が渡され、度重なると無給になり、停職にされることもあった。病気になっても休みをとるのに一苦労。休む自由もなかった。労働時間も長かった。当時は土曜日も勤務していたので、一週間六日の労働日だった。二交代制で、昼のシフト（午前七時〜午後四時）と夜のシフト（午後七時〜午前四時）には、それぞれ残業があった。一〇月から一二月と四月から六月は忙しかったので、三時間の残業がざらで、日曜日も働くことがあった。職場の同僚だったマックスはエドの怒りをよく聞いた。

労働組合に深い思い入れもあった。一九八六年、マルコス大統領を倒したピープルズパワーでは連日のようにデモが続いた。高校生だったエドは、カラフルな旗をなびかせ、人々をリードしながら先頭をきってデモする労働者に憧れた。エドサ革命の勝利を祝ったパレードの輪に、友人とともに一緒に入り、労働者とともに歩いた。このかっこいい労働者を束ねる労働組合にも興味をもつようになった。テレビや新聞で報じられる労働者や労働組合のニュースは見逃さないようにした。しかし、自分の働くトヨタの職場はLMC（労使協議会）があるだけで、本当の労働組合はなかった。キングのようなマネージャーに対抗するためには、労働者が団結する組合が必要だとエドは切望していたのだ。

労働組合のオルガナイザーを探していたエドに声をかけてきたのは、最初の組合、TMPCLU（フィリピントヨタ労働組合）の役員だった。彼は、組合登録のための署名キャンペーンをしているので、組合加入の署名をしてくれないかと頼んできた。エドは即座に署名し、ＴＭＰＣＬＵに加入した。新たな組合を労働雇用省に登録するためには、一定数の労働者が労働組合員であることを証明する署名が必要で、ＴＭＰＣＬＵは署名を集めていたのだ。署名キャンペーンは、会社に見つからないように密かにおこなわれていた。署名をした時、組合づくりにリーダーシップをとっているのはエンジェル・ディマランタであることも知らされた。

エンジェルはバスケットがとても上手なことで有名で、バスケットを通じてたくさんの友人がいた。フィリピントヨタ社は労働者にスポーツを勧め、スポーツ大会を積極的に後援していた。競技を一緒にするチームプレーや応援などを通じて、職場の一体感や会社への帰属意識がわくので、労務管理に役立つという思惑があったのだろう。なかでもバスケットは盛んで、エンジェルは第一回大会のベストプレーヤーとして表彰されていた。エンジェルはガッチリした体つきの、強引なところもあるマッチョタイプのリーダーで、エドは一〇歳以上年の離れた彼を信頼し親しく付き合うようになった。エンジェルの愛人は、工場の近く、マリマル通りの入り口で食堂を経営していて、弁当も売っていた。一〇〇ペソまでツケで食べることができたこともあって、たくさんの労働者が利用した。昼休みの一時間は工場外にでることを許されていたので、エドもここをよく利用し、友人にも紹介した。食堂でエンジェルは、労働者と気軽に話をした。バスケットとエンジェルの食堂は労働者同士が出会う場になっていた。

◆…複雑な労働法

フィリピントヨタ社の初めての一般従業員の組合TMPCLUは、エンジェル・ディマランタを委員長にして、一九九二年二月に労働雇用省マニラ首都圏地域事務所に登録し、組合承認選挙（CE）の実施を申請した。この最初の組合TMPCLUに対して、会社は承認選挙の前に、労働雇用省への登録の却下を求める訴えを起こした。といっても、日本のシステムと違うのでわかりにくいだろう。

フィリピンでは憲法と労働法で結社の自由と団体交渉権が定められ、ILOの結社の自由に関する八七号条約を一九四八年に、団結権及び団体交渉権に関する九八号条約を一九四九年に批准している。しかしながら、登録から組合承認選挙までの煩雑な手続きが必要で、労使協調的ではない労働組合を結成し、労働協約の交渉権を持つ組合として認められるためには、フィリピン政府の三者協議制度に従って多くのハードルを越えなければならない。また、日本の組合と違い、職制と一般労働者はそれぞれの組合をつくることが定められている。

例えば、一般労働者の組合を結成する場合、役職を記した役員名簿、労組の規約、会社で働く一般労働者総数の二〇％以上の組合員の署名付き名簿を、労働雇用省地域事務所に提出しなければならない。登録が済むと、次は、会社と労働協約交渉のできる組合として認められるために組合承認選挙を申請する。労働雇用省地域事務所によって承認選挙の実施が認められ、選挙で投票者の五〇％＋一票をとって勝利すると、組合ははじめて団体交渉権を得るシステムだ。

ここまでのプロセスは、三者協議制に従って政労使で協議し合意することが求められ、会社が嫌がる労使対決的な組合に対しては、さまざまな法的訴えと妨害がある。登録は比較的容易だが、登録するとリーダーや組合員の名前が公になるので、会社は、賄賂・昇進・嫌がらせなどの策を使って、組合の切り崩しをおこなう。また、組合承認選挙が実施されることになっても、選挙の投票者リストは、会社が出してくるリストと労働組合側のリストとが必ずしも一致しない。その場合、後で問題になるように、妥協の産物として投票はするが開票しない「チャレンジ投票」なるものがある。日本人にはとてもわかりにくい。この各プロセスで、法的にもさまざまな訴えが起こされる。労働事件では、まず労働雇用省に二回の訴えが可能で、その後も高裁、最高裁へと訴訟が続けられる。長い時間と経費がかかるのだ。

交渉団体となっても、会社は労働協約の締結を引き延ばすことが多々ある。会社が労働協約交渉に応じないので、組合がストライキをしなければならない状況に追い込まれることもある。しかし、ストライキをするのも手続きが必要だ。ストライキ通知を出すことが求められるのだ。ストライキ通知は、不当労働行為の場合は一五日前、労働協約交渉が暗礁に乗り上げた場合は三〇日前までに、労働雇用省の付属機関である中央斡旋調停委員会（NCMB）に提出しなければならない。この間、三者協議としてNCMBが任意仲裁に入り、調停会議が開かれる。調停会議が決裂して、ストライキ投票を経て、はじめてストライキが可能になる。

しかし、ストライキに入っても、政府が重要産業と認めると、労働雇用省長官が管轄権を引き受け、強制的にストライキを中止させ、職場復帰命令を出すことができる。そのうえで争議の解決は中央労使関係委員会（NLRC）に付託され、強制仲裁がなされる（労働法二六三条g項）。職場復帰命令が出てもストライキを中止しないと、警察力が投入されてピケが強制的に排除される。この複雑な労働法の実態と、それがいかに労働者にとって不公平なものか、私はフィリピントヨタ争議に関わってはじめて理解できた。

さて、TMPCLUのケースに戻ろう。会社は、TMPCLUの組合員が一般労働者（レベル1〜4）だけでなく、職制（レベル5〜8）まで含んでいるので、一般労働者の組合としては認められない、登録は無効であると申し立てたのだ。登録という入り口での訴訟だった。当時の従業員の構成は不明だが、会社が裁判所に提出したデータによれば、TMPCLUの組合員構成は、職制四〇人、一般従業員一三〇人だった。当時の訴訟の内容については詳しくはわからないが、たぶん労働雇用省で二回の訴え、さらに高裁、最高裁と訴訟は継続したのだろう。

TMPCLUは日常的に目立った活動はしていなかったが、会議は定期的に開かれ、情報は職場委員を介して組合員に伝達された。修理ライン（CSL）の職場委員となったエドは、会議の結果をCSLの仲間に報告した。一九九二年一一月には総会が開かれ、約二〇〇人が参加した。エンジェル委員長のスピーチは迫力があり、強いリーダーであると印象づけた。九三年に入り、承認選挙の申請をしていた執行部は、無届の山猫ストライキを計画し、組合員に一日会社を休むように指令した。

当日、ラインは止められなかったが、組合員の多くが職場に行かなかった。エドの職場であるCSLの労働者は、一人を除いたほとんど全員が出勤しなかった。CSLの仲間は、前夜、バーに繰り出して明け方まで飲みあかし、二日酔いで頭痛になり、出勤しなかった。翌日、仕事を休んだ組合員たちはマネージャーに呼び出され、エンジェル委員長が出社拒否を命令したことを認めなければ退職させると脅かされた。エドは、役員から言われたように、ＴＭＰＣＬＵには関係ないと答えるようにＣＳＬの組合員に指示したものの、職場委員として組合員への責任があるので、エンジェル委員長に相談した。しかし、エンジェル委員長に自分で処理するようにと冷たく言われ、困った立場に追い込まれた。リーダーとして全幅の信頼を寄せていたエンジェル委員長に対して、かすかな疑念がエドのなかで生まれたのはこの瞬間だったという。しかし、エンジェルとエドはその後も親しく付き合い、エンジェルの食堂は相変わらず労働者のたまり場となっていた。

会社は労働者に、どうしてＴＭＰＣＬＵに加入したのか報告書を書かせた。当時エドも含めて若い労働者は、組合はどんなものかを十分に理解していなかったので、仕事の内容、管理職の態度、賃金などの不満を書き、報告書を提出した。会社はこの報告書を分析し、システムの改善をおこなった。また、活動的な組合員に、組合を脱退したら昇進させると約束したので、三分の一の組合員は脱退したという。脱退者のなかには組合役員も多数いて、事実、彼らは職制へと昇進していった。ＴＭＰＣＬＵは会社と訴訟を続け、組合活動はおこなわれなくなった。会社の組合つぶしは成功したように見受けられた。

1・4●──カラバルソンの開発

◆…債務危機と援助計画

フィリピントヨタ社は、ビクータン工場に加えて、一九九七年、ラグナ州サンタロサに第二工場を開設する。二〇〇四年一二月にビクータン工場が閉鎖されたため、現在は唯一のフィリピントヨタ社の工場であるサンタロサ工場は、フィリピン政府が実施したカラバルソン計画というルソン島南部の総合的開発政策に沿って建設された。カラバルソン計画は一九八〇年代のフィリピン経済危機の中から生まれてくる。

八〇年代前半に自動車メーカーが撤退し、マルコス政権が崩壊した大きな要因は、フィリピン経済の深刻な債務危機だった。第二次大戦後のフィリピンの貿易収支は一貫して赤字基調だった。この赤字を外国援助や借款によって埋め合わせることで、国際収支をバランスさせてきたが、外貨不足は常にフィリピン経済の悩みの種だった。

一九七〇年代末の第二次石油危機は、この弱点を一挙に顕在化させた。対外債務残高は一九七七年の五〇億ドルが一九八一年には一〇〇億ドルを突破し、デット・サービス・レシオ（経常外貨収入に対する債務返済額の比率）は、二二・六％と危険ラインに達した。この年、メキシコが対外債務不履行の状況に陥り、中南米を中心に債務問題が深刻化し、アジアではフィリピンが債務危機国リストの筆頭にあげられた。

一九八三年、デット・サービス・レシオは三〇％に到達し、しかもアキノ元上院議員の暗殺を契機とする政情不安が重なり、外国資本の逃避が発生した。これによって先にみたように自動車部品の輸入用の外貨が途絶し、自動車生産は壊滅状態となったのだ。

マルコス政権に代って成立したアキノ政権は、この債務危機からの脱出を図らなければならなかった。日米両国が中心となって、対フィリピン多国間援助構想（ＭＡＩ）の枠組みが形成され、一九八九年七月に二〇ヵ国、七国際機関が参加して、第一回ＭＡＩ会議が東京で開催された。以後、債務返済の繰延べ、債務削減、新規援助が実施され、危機からの脱出がなされていく。なお、フィリピン政府はＭＡＩをフィリピンの計画と印象づけるべく、ＰＡＰ（フィリピン援助計画）と言い換えている。

フィリピン援助において日本の役割は大きかった。アキノ政権の成立は八六年二月だが、四月にはラウレル副大統領が来日して中曾根首相と円借款について協議している。一一月にはアキノ大統領が来日し、特別円借款四〇〇〇億円の獲得で合意をみている。マルコス政権時代にも日本の役割は大きかったが、アキノ政権以降、より大きな役割を果たしている。たとえば、一九八六年から九二年までにフィリピンに供与された二国間ＯＤＡのうち、日本は五八％を占め、アメリカの二六％を大幅に上回った。次のラモス政権期にあたる九三年から九八年までは、日本五八％、アメリカ一二％であって、その差はさらに拡大した。日本からみても、フィリピンへの円借款は国別の第四位、無償資金供与では第二位に位置していた。

こうした日本のＯＤＡは、主に運輸・電力などの経済インフラ分野に投入され、外国資本のフィリピン進出の地均しをする意味をもった。その一部はトヨタの進出した南タガログのインフラ整備に使われた。アキノ政権期以降の南タガログの開発計画はカラバルソン計画と呼ばれ、その地域住民に与えた悪影響によって日本でも有名になった。

◆…カラバルソン計画

アキノ政権は、一九八六年に中期開発計画（一九八七〜九二年）を策定し、民間投資の促進、農地改革の推進を通じて経済成長を実現しようとしたが、対外債務処理、政情不安（クーデターの続発）、自然災害（噴火、台風）などのために十分な成果をあげられなかった。ラモス政権のもとで、次の中期開発計画（一九九三〜九八年）が作成され、全国的な工業化が推進されていく。

そうしたなかで注目されたのが、カラバルソン計画だ。MAIでは、五つの地域特別開発プロジェクトが認定された。ビサヤのパナイ・ネグロス島、サマール島、ミンダナオのメトロ・カガヤンデオロ、南コタバト・ジェネラルサントス、そしてルソンのカラバルソンの五つである。このなかで、カラバルソンは首都圏の南部に隣接という立地上の利点から最も有望な地域とされ、MAIの開発プロジェクト向け資金総額の七割投入が見込まれていた。

この地域の開発計画はフィリピン政府が素案をもっていたようだが、アキノ政権から日本政府への要請に基づき、JICA（国際協力事業団）が調査をおこなうことになった。実際には日本工営が主体となって一九九〇年から九一年にかけて現地調査を実施し、九一年一〇月に報告書が作成された。JICAの報告書をもとに、アキノ政権は正式にカラバルソン開発計画を発表し、実施に移していく。報告書によれば、開発計画は総合的な性格をもち、次の八部門から構成されていた。

1. 港湾開発——バタンガス港など
2. 道路・高速道路——カビテ州湾岸道路、南高速道路の延長など
3. 工業支援——カビテ輸出加工区拡張、通信網、カラカ発電所など
4. 都市開発——ラグナ湖西部都市開発、国鉄南線改修など
5. 農業——バタンガス州東部農業開発など
6. 農村開発——ラグナ州山間部農村総合開発など
7. 社会開発——人材訓練・雇用計画など
8. 環境管理——ラグナ湖環境モニタリングなど

このように計画は、工業化のみでなく、農業、社会開発、環境も含む総合性を備えていた。ただし資金の裏付けとして円借款が予定されたのは、1〜4の工業化関連のインフラ整備プロジェクトのみだった。その結果、実施段階では総合的開発の性格は失われ、日本のODAによるインフラ整備のみが優先され、そこにさまざまな問題が生じていった。住民の犠牲のうえに、ODA→インフラ整備→企業進出の構図が形成されていったのだ。代表例として、カラカ発電所建設、バタンガス港開発、高速道路建設をあげることができる。

◆…カラカ発電所建設

一九九〇年代前半、フィリピンの電力不足は深刻化し、停電が日常的となっていた。工業化のための電力確保はフィリピン政府にとって緊急の課題だった。カラバルソン計画では、バタンガス州のカラカ石炭火力発電所の整備が目玉とされた。

カラカ発電所は、フィリピン国産のセミララ炭を燃料とする火力発電所として、一九七九年に日本の西日本技術開発社がフィージビリティスタディをおこない、八〇年に住民三五〇世帯が移転したうえで、八一年に着工し、八四年に一号機が稼働を開始した。発電所建設にあたっては、三井物産が建設を請負い、日本輸出入銀行が資金を貸し付けた。マルコス政権末期の電力開発プロジェクトである。

しかし、操業開始後、設備故障、騒音・振動、貯炭場での自然発火、運炭施設での炭塵飛散、大気汚染、悪臭、地下水への塩分混入など、トラブルが続出することになった。セミララ炭の質が悪く、環境対策に欠陥があったためだ。フィリピン政府（NPC＝国家電力公社）は、操業方法の手直し（質のよいオーストラリア炭の混入）とともに、JICAに対して改善策の調査を要請した。それと並行して、一九八六年に二号機建設のための円借款を要請し、日本政府はアキノ政権支援の意図からこれに直ちに応じた。八七年六月交換公文締結の円借款四〇四億円である。九〇年には、丸紅、三菱商事、三菱重工業などがこの事業の受注を内定したことが明らかにされた。この動きを受けて、カラカ発電所プロジェクトはカラバルソン計画に組み込まれたわけである。

しかし現地では発電所による環境悪化に対して住民が抗議の声をあげ、フィリピン国内で一号機運転と二号機増設に反対する世論が形成されていく。この声は日本にも伝えられ、国会質問がなされた。こうした動きに押され、フィリピン環境天然資源省は、一号機の環境問題解決、二号機増設に対する住民の同意を求めた。日本政府も建設着工に慎重な姿勢を示した。フィリピン政府は一九九一年、環境改善計画実施のために追加の円借款を要請した。九三年になり、フィリピン政府は住民の同意が得られたとみなし、これを日本政府も追認し、五五億円の追加円借款の成立を経て建設工事が進行し、九五年一一月に二号機の運転が開始された。

このように、住民の声に押されて二号機工事は当初予定より四年遅れて完成した。この間の対応について、円借款を担当するＪＢＩＣ（国際協力銀行）は、『円借款案件事後評価報告書』（一九九九年）のなかで、次のように自画自賛している。

カラカ発電所の環境問題に対する日本政府・ＯＥＣＦ（海外経済協力基金）の対応については、「建設事業」の借款締結時点で、カラカ発電所において小規模ながら存在していた環境問題を十分に認識し、その対策をＮＰＣ側に求めていなかった点は対処の余地が残るものであったといえようが、契約同意留保から事業開始（着工）までの一連の対応は、フィリピン側以上に環境・住民配慮の確保を求めた点で評価できる。

しかし、カラカの環境問題ははたして小規模なものだったのか。そして環境対策は十分になされ、住民は同意したのか。電力開発を急ぐフィリピン政府中枢が環境天然資源省に圧力をかけ、強引に工事を進めたのが実情ではなかったのか（この間の経緯は、小島延夫・諏訪勝編『これでいいのか、ODA！』に詳しい）。

私たちは二〇〇六年九月、カラカを訪問し、かつての住民運動の関係者から話を聞くことができた。操業開始当初の環境被害はひどいもので、砂糖キビ以外の農作物（バナナ、トウモロコシ、ニンニクなど）、魚（ミルクフィッシュ）、エビなどがとれなくなったという。現在は大気汚染は一応おさまっているが、それでも時々、機械のトラブルのためか、騒音が発生すると語ってくれた。

◆…バタンガス港開発

バタンガス港はマニラ首都圏の南方一一〇キロ、カラカ発電所の東方に位置する。フィリピン政府はここをマニラ港に次ぐ第二の大規模国際港へと拡張整備する意図をもち、日本のODAに期待を寄せた。一九八四年、フィリピン政府の要請に基づき、JICAがフィージビリティスタディを実施し、短期と長期の開発計画を策定した。八八年には、詳細設計のためのE／S借款（エンジニアリング・サービス借款）一億九二〇〇万円が組まれ、パシフィック・コンサルタンツ・インターナショナル社が担当した。それを受けて九一年、本体工事のための円借款五八億円の契約が成立した。この額は総事業費の七五％に相当する。バタンガス港開発はカラバルソン計画の第一項目に位置づけられているが、カラカ発電所同様にマルコス政権期から準備されてきたプロジェクトだ。

港湾整備にあたって最大の問題は約一五〇〇世帯の住民の移転だった。住民は計画の見直しを求めて運動を起こすが、フィリピン政府（フィリピン港湾公社）は、国有地であるから住民は土地所有権のない「不法居住者」としつつ、硬軟取り混ぜた移転交渉を進める。しかし、交渉は難航し、多くの住民の合意が得られないまま、一九九四年六月末、港湾公社は強制的に家屋を取り壊し、住民を排除した。この過程で重軽傷者が出る事態となり、フィリピン・日本のNGO・マスコミは非人道的プロジェクトとして非難の声をあげることになる。

日本政府は平和的な住民移転を望んでいたため、この事態を前にして、融資を一時凍結した。しかし、半年もたたないうちに、合意する住民が増加したというフィリピン政府の言い分を認める形で凍結を解除してしまう。かくして本体工事は九五年に開始され、当初計画より四年近く遅れて九九年三月に完工した。これに続いて、九八年には第二期事業のための円借款一四六億円が成立した。この年、第二期事業にかかわる住民移転は「平和的に」実施されたもようである。

JBICは『円借款案件事後評価報告書』（二〇〇〇年）のなかで、住民移転問題の教訓として、「住民の多様性を踏まえた住民協議を」、「移転対象者の確定は早めに行う」、「移転地のインフラは早めに整備する」、「生計向上プログラムの形成は住民参加型で」などの項目を列挙したうえで、「I期事業での移転の際に問題となった点を改善することによって、II期事業での移転を成功させたことは、大いに評価できよう」と自慢げに述べている。しかし、港から離れた土地に移転させられ、仕事を失った住民が少なくないことは指摘しておかなければならないだろう（前掲『これでいいのか、ODA!』、藤林泰・長瀬理英編『ODAをどう変えればいいのか』参照）。

私たちは、二〇〇六年九月、バタンガス港の状況を見に行った。大規模国際港という印象はなく、ローカル港の雰囲気が漂っていた。それでも、埠頭に並べられたたくさんの自動車、また自動車を積んだキャリアカーの運行風景などから、フィリピントヨタ社も利用する、ラグナの工業地帯の港として機能している様子を垣間見ることができた。私たちは立ち退き反対運動のリーダーだったテルマの話を聞くことができた。立ち退きを強制された人たちの多くは、現在も仕事がなくて困っているという。ドラッグや売春といった社会問題が起こっており、「開発」に伴う負の影響は現在も続いていると語っていた。

◆…道路・高速道路建設

住民の反対運動にもかかわらず、カラカ発電所二号機工事、バタンガス港開発工事は強行された。しかし、道路建設では反対運動が強く、土地買収が進まないため頓挫している計画もある。

カラバルソン計画の第二部門は道路・高速道路建設であり、具体的には、①カランバ–サントトマス高速道路延長、②サントトマス–バタンガス高速道路延長、③カルモナ–テルナテ–ナスグブ道路建設、④ジェネラルトリアス–ロザリオ道路建設、⑤カビテ海岸道路建設、⑥マリキナ–インファンタ道路建設、などがあげられた。これらのうち①②は、すでにマニラからカランバまで開通している南スーパー高速道路をサントトマス、リパ経由でバタンガス港まで延長する計画であり、カラバルソン計画の中心軸となる事業だった。これには一九八九年の第一六次円借款などがあてられる予定だった。③はカビテとバタンガスを東西に連絡する道路の改良で円借款が予定され、④、⑤はカビテの道路網の強化、⑥はマニラから東のリサール、ケソンへ通じる道路の計画だった。

これらの道路のうち、多くはすでに開通しているが、最も重要な南スーパー高速道路のバタンガス港への延長はいまだに完成していない。私たちは二〇〇六年九月、マニラからカランバ、サントトマス、リパを経由してバタンガス港まで走行してみた。マニラからカランバまでは一九八二年には開通していて、渋滞さえなければ短時間で行かれる。カランバからサントトマスまではわずか八キロで、一般道路が通じているが、立ち退き問題が難航して高速道路にはなっていない。サントトマスからリパまでは高速道路が完成しているが、照明設備がないため夜間は危険である。リパからバタンガス港までは未完成のままである。

港と電力は整ってきたものの、工場と港を結ぶ高速道路が開通しないため、進出企業の不満は大きい。たとえば、フィリピン日本人商工会議所が二〇〇四年七月にアロヨ大統領に提出した投資環境改善の要望書では、六分野の要望の第一をインフラとし、その八項目の二番目にカランバ―サントトマス間高速道路延伸、三番目にリパ―バタンガス港間高速道路延伸を掲げている。なぜ工事を強行しないのか。立ち退き住民の数が多く、バタンガス港のような事件の再現を恐れているからだろうか（木村宏恒『フィリピン　開発・国家・NGO』参照）。

◆…工業団地の造成

マルコス政権の時代から、フィリピン政府は外国資本を呼び込んで輸出指向型の工業化を進めるために輸出加工区を設立していった。政府設立の輸出加工区として、ルソン島のバターン、バギオ、カビテ、セブ島のマクタンの四ヵ所がある。これらのうち、バターンには第四次円借款（一九七五年）、第一二次円借款（一九八四年）、カビテには第一七次円借款（一九九〇年）など、日本のODAが供与されている。

しかし、アキノ政権期以降、フィリピンの工業団地造成は民間資本主導のBOT方式が主流となっていく。これは、民間資本が建設、操業し、一定期間経過した後に政府に移管する方式であり、累積債務に苦しむ政府にとって、債務負担増を回避できる公共事業方式として、既存の公営事業の民営化と軌を一にする政策手法だ。

一九九二年に成立したラモス政権のもと、債務危機からの脱却、電力などインフラの整備、外国人土地貸与期間の延長などの要因が重なり、先行した四つの輸出加工区（公営経済区）とは別に、多数の民間工業団地（民営経済区）が設立され、外国資本の進出が進んでいく。九五年には経済特別区法が制定され、フィリピン経済区庁（PEZA）が設立された。外資に対しては、税の減免、各種手続きの簡素化などの好条件を提供し、一〇〇％出資も認められた。

PEZAの監督する工業団地は、二〇〇〇年には、公営経済区四、民営経済区一一〇（ルソン八四、ビサヤ二〇、ミンダナオ一六）、情報技術パーク七、合計一二一ヵ所に達した。これらのなかにはあまり稼働していないものもあり、二〇〇五年時点で実績のあるものは、公営経済区四、民営経済区四五（ルソン三六、ビサヤ六、ミンダナオ三）、情報技術パーク一九、合計六八ヵ所だった。

二〇〇五年時点での進出企業数は一三〇四社で、公営経済区四九五社、民営経済区六六五社、情報技術パーク一四四社という内訳である。雇用者数は、公営経済区一五万人、民営経済区二七万人、情報技術パーク三万人、計四五万人、それに間接雇用の六八万人を加えて、一一三万人の雇用が創出されたとフィリピン政府は発表している。一九九四年の総雇用者数は二三万人だったから、一〇年あまりで五倍近い増加ということになる。一九九五年から二〇〇六年六月までの投資額を合計すると五〇〇〇億ペソあまりとなる。そのなかには撤退したケースも含まれるが、PEZAの担当官によれば九割は存続しているという。投資額を国籍別にみると、日本が三九％で最大であり、以下、フィリピン一七％、アメリカ一五％、オランダ七％、イギリス五％、シンガポール四％、韓国三％である。日本資本の圧倒的なシェアを確認できる。投資額を業種別にみると、電子五〇％、電機九％、輸送機器六％、IT五％、化学三％の順となり、電機・電子工業への集中がみられる。その輸出総額は三〇〇億ドルを超え、フィリピンの輸出総額の八割近くに達している。フィリピン経済にとって、外資、特に日本資本がいかに重要な存在なのかが明らかだろう。

それでは、こうした工業団地の実勢のなかで、カラバルソンの割合はどの程度か。工業団地数をみると、公営経済区一件（二五％）、民営経済区二四件（五三％）、情報技術パーク一件（五％）、合計二六件（三八％）だった。小規模な情報技術パークはマニラ首都圏に集中していて、民営経済区の過半数がカラバルソンに立地している点が重要である。進出企業数をみると、公営経済区三〇三社（六一％）、民営経済区五四四社（八二％）、情報技術パーク二社（一％）、合計八四九社（六五％）であり、公営経済区と民営経済区だけをとると、七三％という高い割合になる。これを雇用者数でみるならば、公営経済区八万人（五四％）、民営経済区二一万人（七八％）、合計二九万人（六四％）であって、ここでもカラバルソン地域の重要性が明らかだろう。

民営経済区のうち、二〇〇五年の雇用者数が五〇〇〇人を超える大規模なものは一九件、うちカラバルソンが一四件、その他五件である。そのうち最大の経済区はラグナ州のラグナ・テクノパークで、PEZA資料では二〇〇五年　一二一社、雇用者数七万三〇〇〇人とある。ここは、三菱商事とJFEスチールがアヤラ財閥と組んで開発した経済区で、フィリピン日本人商工会議所の『フィリピン・ビジネスハンドブック　２００６』によれば、一一〇社が操業し、日系は八〇社とある。まさにフィリピンの代表的な日系企業の工業団地だ。その中には、ホンダ、いすゞといった自動車メーカー、また系列の多くの自動車部品メーカーが含まれる。私たちはこの経済区の中を車で見て回った。韓国や台湾の輸出加工区に比べると、それぞれの敷地がかなり広くとってあるという印象を受けた。

次に大きいのがラグナ州のライト・インダストリー・サイエンス・パークで、こちらは三井物産が開発に関与し、第一区は五〇社、二万人、第二区は二四社、一万人の規模である。ハンドブックによれば、第一区六二社（日系一八社）、第二区二三社（日系一五社）とある。

日本の総合商社は、この地域の経済区建設・管理にこぞって参入していて、バタンガス州のファースト・フィリピン・インダストリアル・パーク（六〇〇〇人、三九社、日系二一社）は住友商事、カビテ州のファースト・カビテ・インダストリアル・エステート（一万六〇〇〇人、日系を中心に九〇社）、バタンガス州のリマ・テクノロジー・センター（一万二〇〇〇人、日系を中心に二二社）は丸紅、ラグナ州のカーメレイ・インダストリアル・パーク（二万人、七九社）は双日といった状況である。

なお、トヨタはこうした経済区に入らず、いわば自前のゾーンを築いているが、近隣の経済区に入った部品メーカーと緊密な取引をすることが可能となっている。

このように、カラバルソン唯一にして全国最大の公営経済区、カビテ輸出加工区（三〇〇社、八万人）

は日本のODAにより、また大規模な民営経済区は日本の総合商社によって建設され、日本企業が大挙して進出している。ODAによるインフラ整備、ODAと民間資本による経済区建設、日系製造業の進出という日本の対外経済進出の典型的な図式を、ここに見ることができる。トヨタをはじめとする自動車メーカー、系列部品企業は、こうした構図に沿って一九九〇年代を通じてカラバルソン地域に進出し、また拡充していったのだ。私たちは東アジアのさまざまな工業団地を訪れたことがあるが、ODA―総合商社―製造業という日本の海外進出システムを実感できる典型的な地域として、強く印象づけられた。

◆…サンタロサ工場の新設

カラバルソン計画が進行している間、フィリピントヨタ社は操業以来、順調に業績を伸ばしていた。一九九一年から九七年まで、商用車・乗用車・全車種の売り上げ一位の自動車会社に与えられるトリプルクラウンを獲得し、名実ともにフィリピンでNo.1の自動車メーカーとなった。従業員の人数も、一九九四年一七八五人、九五年一九〇四人、九六年二〇四五人、九七年二一四六人と増加した。

業績が伸びていったため、一九九二年末より、朝七時から午後四時までと午後七時から朝四時までの二交代を導入した。生産が追いつかず、就業時間の前一時間、後二時間の残業が通常のことになり、拘束時間は一二時間、それにさらに通勤時間が加わる。当時は月曜日から土曜日までの勤務だったので、いかに若くても労働者は疲労が蓄積していった。九六年、生産がピークを迎えていた頃、ビクータン工場では年末に予定されていたサンタロサ工場操業の準備が着々と進められていた。準備はさまざまにあっただろうが、労働者が観察するところによれば、二つの動きがあった。サンタロサ工場の新鋭設備を使いこなす研修と、移転を契機にした合理化（カイゼンプロジェクト）の実施である。

サンタロサ工場は、ベルトコンベアと塗装部門へのロボット導入などコンピュータ化が計画されていた。新鋭設備のために、メンテナンス部門の技術力のアップが必要となり、各ラインの保守係は順番に、日本の高岡工場へ研修生として送られた。最初に選抜された八人は三月から八月まで派遣され、そのほかの研修生は一ヵ月ほど派遣された。組み立てラインの保守係だったラリーも、一九九六年の七月から八月にかけて三五日間の研修に送られた。ラリーは七一年一〇月カビテで、六人兄弟の一番目として生まれた。父はガードマンをして兄弟を育てた。九二年、TUPマニラ校の研修生となりフィリピントヨタ社で働き出した。組み立てラインの保守係に配属され、それ以後、同じ職場で働いていた。

ラリーが派遣された工場には、タイの労働者もいて、フィリピンの労働者と一緒に一〇人で研修を受けた。日本人のY班長が一人、英語の辞書を片手に持ちながら教えた。一〇人は研修を受ける部屋に入れられ、その部屋からの自由な出入りが許可されなかったので、Y班長以外の日本人労働者とは接触のチャンスは少なかったという。工場でのOJTによる研修も受けたが、「日本でのタクトタイムは五八秒、フィリピンでは一〇～一五分、ベルトのスピードはとても速く、慣れるのが大変だった」という。Y班長は、その後、フィリピンに二、三ヵ月滞在して、サンタロサ工場立ち上げの準備を指導した。

一九九六年一一月に立ち上がるサンタロサ工場には、ビクータン工場の乗用車ライン、カローラ、カムリの製造ラインが移転し、この部門で働いている労働者がサンタロサ工場に配転する予定になっていた。しかし、この移転を契機に、工場全体の労働力の効率化を図ろうと、会社はカイゼンプロジェクトを計画した。カイゼンチームが組織され、三月から一一月の移転直前までプロジェクトが実施された。フィリピントヨタ社のカイゼンプロジェクトの全容は不明だが、カイゼンチームのメンバーに加わったレスターの証言がある。

レスターは塗装ラインの作業員から組み立てラインのカイゼンチームに配転させられた。カイゼンチームは各ライン、各シフトにあったが、いくつ組織されたかは不明だ。レスターが所属した組み立てラインのチームは、二人の職制を入れた五人で構成され、八八人の作業員を担当した。カイゼンチームのメンバーは、業務秘密を漏らさない会社側にとって信用できるチームメンバーで、当時は職制に忠実だった自分も選ばれたのではないかとレスターは回想する。レスターの仕事は、毎日、組み立てラインで仕事をする作業者の作業時間をストップウォッチで計測することだった。それぞれのメンバーの作業時間に余裕があるようならば、別な作業を付け加えた。レスターのチームは、半年で、八八人のうち二五人の作業員を削減することが目標だったが、実際は二〇人が削減された。削減された二〇人の労働者は、別のラインに配転されるか、仕事がないので掃除をさせられたりした。レスターが所属したカイゼンチームの目標と現実の削減された労働者の数字をみると、全体で四分の一のライン労働者の合理化が計画されたと考えられる。

一九九六年一一月、サンタロサ工場への乗用車ラインの移転がはじまった。高速道路に面しているため空気が汚れ、狭く暑かったビクータン工場に比べると、サンタロサ工場は別天地のようだった。敷地面積は七八万平方メートルと広大なもので、トヨタサンタロサ工業区と称される自前のゾーンを建設し、トヨタオートパーツフィリピン社（TAP）と隣接して、愛知製鋼、東海理化などのトヨタ直系部品メーカーの工場も立地していた。

トヨタはこの敷地を早くから購入し、一九九〇年八月、自動車部品の製造を目的としてTAPを設立した。資本金一〇億ペソ、出資比率はトヨタ社九五％、フィリピントヨタ社五％である。九二年九月に操業を開始し、設備は愛知県のトヨタ衣浦工場から運ばれた。立ち上げのために、従業員を日本に派遣し、OJTにより仕事を研修させた。従業員数は約五〇〇人、製品はトランスミッションと等速ジョイントで、九〇％はASEAN、日本などに輸出することになる。

サンタロサ工場は、正門から工場まで一キロほどのアプローチがあり、緑の木々に囲まれていた。部品の受け入れからはじまる生産工程は整然としていて、完成車の組み立てラインを中心に、エンジンなど部品の製造ラインも無駄なく配置された。組み立て工場内は台車ではなくベルトコンベアが使われ、塗装部門にはロボットが導入された。天井は高く、生産スペースも広かったので、ビクータン工場に比べると暑さは凌ぎやすかった。「ビクータン工場では、汗をかくためTシャツを二枚着替えなければならなかったが、サンタロサでは一枚ですんだ」と労働者は言う。

トヨタは、カラバルソン計画の進展を見ながら、老朽化したビクータン工場のサンタロサ工場への統合を計画していたようだ。カラバルソン計画が進行すれば、マニラ港からバタンガス港への高速道路がつながり、道路をベルトコンベアとするジャスト・イン・タイムはスムーズにいく。バタンガス港からフィリピン国内へあるいは海外への新車や部品の搬送も容易になる。事実、バタンガス港の埠頭には船積みを待つ新車が並んでいたと、バタンガス港のウォッチをしている住民運動の活動家は、二〇〇六年九月、バタンガス港を訪れた私たちに教えてくれた。

サンタロサ工場のすぐ近くには、ホンダ、日産など日系自動車メーカーの工場が立地している。近隣には、ラグナ・テクノパークをはじめ、いくつもの工業団地がひしめき、一九九〇年代を通じて日系自動車部品メーカーが大挙して進出してきた。トヨタのサンタロサ工場は、カラバルソン計画と連動し、集積した部品工場群の中核に位置づけられていた。

第2章　若者たちは闘う

▼…2001 年のストライキ中に、サンタロサ工場の門前で
サークルデモをする組合員たち。

一九九三年の山猫ストライキから三年以上が経過した一九九六年半ば、エド・クベロは二五歳になっていた。工場内ではカイゼンプロジェクトが実施され、労働者への労務管理は厳しさを増していた。しかしながら組合活動は、会議も情報伝達もなくなっていた。自分の職場であるCSL（修理ライン）以外で働く仲間に聞いてみても何のニュースもない。思い余ってエンジェル委員長に直接状況を聞いたが、最高裁で訴訟中であるとの答えが返ってきただけだった。エンジェル委員長自身、職制に昇進し、会社とTMPCLU（フィリピントヨタ労働組合）との間に密約があるという噂が流れていた。

エドは友人だった日本ペイントの組合委員長に、労働運動を続けたいと相談すると、ラグナ州にある労働運動支援組織のCWELD（労働者教育開発センター）が開く三日間のセミナーへの参加を誘われた。トヨタは日本ペイントからペンキを購入していて、塗装工だったエドは、独立組合である日本ペイントの委員長と知り合いだったのだ。

セミナーに参加した後、エドは組合に関心のある仲間を飲みに誘い情報交換をしながら、志を同じくする仲間を探した。そして、ジェリーなど五人の仲間と出会い、密かに六人で新しい組合づくりの相談をはじめた。仲間のなかには現場労働者のほかにエンジニアもいて、現場労働者には入手できない情報を教えてくれた。TMPCLUの訴訟が最高裁でどうなっているのか、調べるべきだと勧めてくれたのも彼だった。エドは、最高裁にあるという訴訟を調査してみると、ケースはすでに最高裁で敗訴になっていた。最高裁は、等級のレベル4以上は職制であり、レベル4以上の組合員が混成しているTMPCLUは一般労働者の組合としては認知できないという会社側の主張を認めていた。TMPCLUは登録を抹消される最終段階にあることが明らかになった。新しい組合を結成しようと、組合づくりの仲間たちは張り切った。

2・1●――フィリピントヨタ労組の前史

◆…新たな組合づくり

新しい組合をつくるといっても、どこから手を着ければよいのか、若者たちは戸惑った。TMPCLUの主な役員はすでに組合を脱退していた。六人の仲間は、組織化の経験のない職場委員や組合員にすぎなかった。急いで指導者を探し求め、マニー・デトレスに出会った。マニーは、組合づくりの仲間の一人ロメルの義父で、一七年間、電球製造会社であるPEMCOの労組委員長をしている五〇歳を超えた労働運動のベテランだった。後日、事実に相違することがわかるのだが、左派系労働組合の全国組織KMU（五月一日運動）の創立にかかわったという噂もあった。マニーは、会議を始める前に、必ずジンやワインを飲み、組合づくりの仲間たちもマニーの家に集まっては、飲みながら明け方まで会議をした。マニーは、組合登録の法的手続き、労働組合運動、組織化の戦略を教えてくれた。

六人の仲間は、新しい組合の名称をTMPCEWU（フィリピントヨタ従業員・労働者組合）と決め、同じ職場や信頼できる友人たちから手分けして接触し、ビクータン工場とサンタロサ工場で、登録に必要な署名集めをはじめた。フグには、組合づくりのメンバーだったマヨが誘いをかけてきた。日本に研修生として派遣されたフグは、帰国してから仕事がないためゴミ収集など様々な仕事をさせられ、権利を守るために組合が必要だと感じていたので、役員を引き受けた。ＣＳＬの職場で働くジュンは、「エドに、組合を結成するので助けてくれないかと言われ、最初は冗談で言っている」と思ったが、ＴＭＰＣＥＷＵの職場委員になった。塗装の保守部門で働いていたトーマスは、部品を配っている時にエドに話しかけられ、休み時間に組合に誘われた。

サンタロサ工場、カローラ製造工程の溶接部門で働いていたベルは、職場の先輩のジェリーに誘われた。「組合をつくろうとしている。友達だから署名してくれ」と言われた。リッキーもジェリーに誘われ、なぜ組合が必要なのか説明された。トニーは、職場が同じでいろいろ教えてくれていた先輩のジョイに署名を頼まれたので、父親に相談すると、労働者に組合は必要だと賛成してくれた。マックスは、友人が家に訪ねてきて署名するように誘われた。しかし、彼は委員長の予定者や中心メンバーの名前を知らされなかった。登録する際、役員就任を依頼されたが断り、職場委員ならばと引き受けた。ある日、親しい友人のエドが、自分が委員長だと告白したので、「冗談を言うなよ」と思わず叫んだことを記憶している。組合づくりは、密かに速やかに進行した。

トヨタは有名企業で、「トヨタで働くことができたから幸運だ」と言われ、トヨタで働くことを誇りに思っていたと、後に解雇者たちは語っている。最低賃金しか得られないフィリピンの多くの労働者のなかにあって、「トヨタの給料は最低賃金の二倍はもらえたので、トヨタで働いているといったら金持ちだと思われた」。貧困な境遇で育った優秀な人材。トヨタは、未来の幸せを約束するパスポートだった。それなのに、なぜ、組合に加入したのか聞いてみると、ライン労働の厳しさと労働条件の酷さを指摘する。とりわけ、一九九六〜九七年は生産のピークだったので、増産、増産で残業は長時間に渡り、疲労困憊していた。労働に見合わない低賃金で、有給休暇が自由にとれず、病気の時さえも簡単に休めなかった。労務管理への不満もあった。些細なミスでも怒鳴られ、停職にされることもあった。上司に訴えても不満は無視された。そこで、組合の存在が必要だと感じたと口々に語った。溶接―塗装―組み立てと仕事がきつい部署の順番で、組合に加入する人が多かったという。

組合づくりの中心だったエド、ジェリー、ジョイは、労働雇用省に登録する前に、エンジェル・ディマランタをマニーの家に招き、話し合いをもった。できれば、影響力のあるエンジェルの協力を得たかった。最高裁でＴＭＰＣＬＵの登録が抹消されることが決定されているので、新たな組合を組織したい、新組合ができたら委員長になってほしいと提案した。毎晩集まって組合づくりの相談をしていたと知ったエンジェルの怒りはすさまじかった。酔ったエンジェルは、ＴＭＰＣＬＵは会社と「妥協協約」を締結して労務担当のゴー副社長に提出したので委員長にはならない、新たな組合を結成することにも同意できないと、新組合ＴＭＰＣＥＷＵの結成に強く反対した。三人は、「妥協協約」締結の経緯を詳しく聞かなかったが、組合員の合意もないまま、委員長が独断でこのような協約を締結したことに驚きと怒りを覚えた。この日が、若者たちとエンジェルの決別の時だったという。

一九九七年三月、規定の署名を集めたＴＭＰＣＥＷＵは労働雇用省マニラ首都圏地域事務所に登録された。組合員数は三〇〇人。登録時には役員の名前が必要なので、エドを委員長、ジョイとジェリーを副委員長、ジョーイを書記長、ローレンスを会計とした。登録が終わると、役員は登録を知らせるビラを工場内で配布した。次はいよいよ承認選挙の申請だ。

◆…傷害未遂事件

登録の直後におこなわれた会社の遠足で、新組合TMPCEWUとエド委員長の名を有名にする事件が起きた。フィリピントヨタ社は、毎年三月か四月にチームメンバー全員が参加する日帰り社員旅行を催している。送迎バスに職場ごとに分乗して行楽地に出かけ、イベントを楽しむのだ。その年は、海辺の行楽地、ケソン州サリアヤが目的地だった。チームメンバーは、バスにウィスキーやビールを持ち込んで、出発するとすぐに飲みはじめた。TMPCEWUの役員たちは、バスの中で新たな組合を登録したことを発表して、加入を誘うキャンペーンをした。

サリアヤの海辺には屋根つきの休憩所が点在していた。チームメンバーは一五、六人ごとのグループに分かれ、休憩所で会社支給のランチをとった。エド、ジェリー、ジョイ、デニスなどのTMPCEWUの役員は一つの休憩所に陣取り、組合の小さな旗を壁に貼ると、テーブルを囲み、組合で何をするかを話し合っていた。そこに、突然、酔ったエンジェルが、友人の警備員と運転手を連れて怒鳴り込んできたのだ。目がすわっているエンジェルの手にはナイフが握られていたので、皆あわてて逃げ出した。「座って、話をしましょう」というエドに、エンジェルはナイフを振り回して襲いかかろうとした。エンジェルの二人の友人があわてて止めたのでエドにケガはなかったが、休憩所の周りは黒山の人だかりとなった。

この事件の情報は瞬時に広がった。TMPCEWUの登録、エドとエンジェルの確執などが、休憩所で、また帰りのバスで噂された。「組合委員長のエンジェルが、酔ってナイフを振り回し、エドに襲いかかろうとした」。新旧の労働組合のリーダーが関わる傷害未遂事件だ。話はいやがおうでも盛り上がった。「酔っていたエンジェルが悪い」「エンジェルは自分の利益だけで動いている」。労働者たちの会話はエドに同情的だったと多数の人が証言した。この傷害未遂事件はエド・クベロの名を一躍有名にした。エドがマネージャーにこの事件の顛末を報告し、傷害事件を起こしたエンジェルを処分すべきだと申し入れたところ、「会社外で起きたことだから何もできない」との回答だった。「会社の送迎バスを使った会社の催しが、会社外のことなのか。来年の社員旅行で、自分が会社の人に暴力をふるっても、会社外で起きたことなので、不問にするのか」と詰め寄ったエドに、マネージャーは沈黙するばかりだった。

この出来事の興奮がまだ残っていた四月二四日、ＴＭＰＣＥＷＵは組合承認選挙の実施を労働雇用省マニラ首都圏地域事務所に申請した。しかし、申請から間もない五月になると、新組合ＴＭＰＣＥＷＵに対する異議申立てが、次々と労働雇用省に提起された。登録を抹消されたはずの旧組合ＴＭＰＣＬＵが、ＴＭＰＣＥＷＵの承認選挙申請の停止を訴えた。ＴＭＰＣＬＵの委員長エンジェルは、傷害未遂事件以後、会社とさらに接近したと噂された。続いて、ＴＭＰＣＥＷＵの登録に署名した七人が登録の抹消を訴えた。七人は、署名はしたがそれが組合加入の意味だとは知らなかったと主張した。七人の訴えの背後には会社の動きがあったという。七人のうちの一人の告白によれば、ＬＭＣ（労使協議会）の議長から解雇の脅しを受け、用意されていた訴えの文書にサインを求められた。この文書が組合登録の抹消を請求するものだという詳しい説明はなく、自分の組合脱退届だと思ったという。会社は、訴えを起こすことと引き換えに七人に昇進を約束したという噂が流れ、事実、七人は昇進していった。

会社を代表して、ゴー副社長とその腹心の部下であるホセ・アリガダが、ＴＭＰＣＥＷＵの役員に話し合いを求めてきたのもこの頃だ。デイビッド・ゴー副社長は、アテネオ大学で学び博士号をとると、フィリピントヨタ会長でもあるジョージ・ティーの経営するメトロポリタン銀行に就職した。フィリピントヨタ社が設立されると、ジョージ・ティーの片腕として送り込まれたのだった。ゴー副社長はアリガダを使い、会社の労使関係をコントロールしていた。二人はTMPCEWUの役員たちに、LMC加入を誘った。LMCの経営側・労働者側の代表は、会社により指名されていたのだ。できれば、TMPCEWUを労使協調路線へといざなおうと考えていたらしい。

次々と起こされる訴えは、労働者側に立つ組合をつくらせたくない会社の組合つぶしの常套手段なので、組合結成には弁護士がどうしても必要となる。しかし、若者たちは、法律の知識がなく、弁護士を依頼する資金もなく、無料で代理人を引き受けてくれる弁護士への伝もなかった。TMPCEWUは、訴訟、訴訟の連続に立ち往生した。マニーに頼ったが、彼にも訴訟は手にあまり、KMU系の二人の弁護士を紹介してくれたが、結局、手助けは得られなかった。

しかしながら、会社の組合つぶし工作にもめげず、TMPCEWUは新たなメンバーを獲得していった。一九九七年一一月の結成集会を兼ねた総会までに、組合員は七〇〇人以上に増えていた。総会には、ビクータン工場とサンタロサ工場から五〇〇人以上のメンバーが参加し、その数の多さに組合員たちは驚いた。役員選挙がおこなわれ、エドが委員長、ジェリーが副委員長、ジョーイが書記長に選出された。組合員のなかにはエド委員長を初めて見る人が多く、スピーチがうまく勇気があるリーダーだという評判をとった。

組合員が増加した背景には、秋頃から深刻になったアジア通貨危機の影響で、車の売れ行きが急速に落ち込んでいった事情もある。残業が少なくなり、いつレイオフされるか、いつ解雇になるかという雇用不安が広がっていた。とりわけ、第1章で記した一九九六年のカイゼンプロジェクトでラインから外された労働者の不安は増幅されていた。

◆…早期退職の実施

アジア通貨危機は一九九七年七月、タイ・バーツの暴落からはじまり、直ちにマレーシア、シンガポール、インドネシア、フィリピン、さらには香港、韓国へと波及していった。各国の通貨は連鎖的に暴落を続け、なかでも深刻だったインドネシアは一〇月、韓国は一二月にIMF（国際通貨基金）の管理下に置かれることになった。九八年のアジア各国は軒並みマイナス成長に落ち込んだ。落ち込みの激しかった順に並べると、インドネシアがマイナス一三・一%、タイがマイナス一〇・五%、韓国がマイナス六・九%で、日本、香港、フィリピン、マレーシアもマイナス成長になった。プラス成長はわずかに中国、台湾、シンガポールのみだった。

フィリピンの通貨危機は、九七年七月一一日、フィリピン中央銀行がペソ相場の維持策を放棄したことからはじまり、ペソの下落が進行した。フィリピンでは、以前の債務危機のためにIMFから救済融資を受けていて、この危機に際してもIMFの追加融資を受けた。結局、ペソは年末までに五一%の下落を記録し、一ドル二六・四ペソが、四〇ペソまで減価した。この間、金利の上昇、株価の下落、企業の倒産、失業率の上昇に見舞われたが、経済成長率はなお五・二%を維持した。主力の電機産業が好調だったためだ。

しかし、九八年に入り、農業、製造業、建設業の全般的不振が重なり、成長率はマイナスに沈んだ。製造業のなかでは自動車産業の低迷が大きかった。自動車の販売台数は、九六年の一六万台が九八年には八万台へと半減した。その後、二〇〇四年まで、販売台数は八万台前後に低迷した。ペソ相場は、二〇〇四年には一ドル五六・三ペソまで落ち込んだ。

フィリピンにおけるトヨタ車の販売台数は、一九九七年に三万一八七三台だったが、九八年には一万七〇四六台になる。景気後退により、フィリピントヨタ社では、早期退職の募集がおこなわれた。早期退職については多数の労働者に聞き、事実を突き合わせてみたが、いまひとつはっきりしない。第一回目の早期退職募集は、新組合TMPCEWUの総会の後、九七年の年末から九八年の初め、募集は一日だけで、現場労働者と職制・事務職は別の日ではなかったかと記憶されている。会社の規定によれば、退職金は基本給×勤続年数だが、会社はこれに八ヵ月分の基本給を上乗せする条件で早期退職を募集した。不況で仕事がなくなってくると、組合の活動家をラインから外し、仕事を与えなかったり、清掃をさせたりしてプライドを傷つけ、退職に追い込んだ。退職しなければレイオフされるという恐怖感が、職場に徐々に浸透していったという。また、規定の二倍以上の退職金が手に入ることがチャンスだと思い、新たな可能性にかけて職場を去っていく仲間もいた。

労働者の証言をつなぎ合わせてみると、第一回目の早期退職募集で一般労働者からは三〇〇人ぐらい、職制、事務職からも多数の早期退職者が出たという。二〇〇人の一般労働者のほとんどがTMPCEWUの組合員だった。七〇〇人いた組合員は、一回目の早期退職募集後、四〇〇人に激減し、一五人の組合役員のうち四人が早期退職をしていった。早期退職募集は一九九八年五月のボーナスの後と九九年四月にもあったとの証言があるが、これらの内容は不明だ。会社が発表している一般労働者、職制、事務職を含む全従業員の数字を見ると、九七年に二一四六人だったのが、九八年に一五一八人、九九年には一四四七人となっている。九七年の一回目の早期退職を経て六二八人の従業員が減少しているので、労働者の証言と辻褄が合う。数字から推測すると、組合員以外の一般労働者、職制、事務職の退職者も多数いたようだ。いずれにしても、アジア通貨危機以前、サンタロサ工場の移転に合わせ、カイゼンプロジェクトが実施されていた事実とあいまって、会社は経済危機を利用して組合つぶしを謀ったと若者たちは怒った。

一九九八年二月、労働雇用省マニラ首都圏地域事務所は、七人によるTMPCEWUの登録抹消の訴えを認めた。上訴しなければ登録は抹消されることになる。TMPCEWUの執行部は、訴訟には時間も費用もかかるため、上訴せずに新たな組合TMPCWA（フィリピントヨタ労組）を結成することを決めた。

2・2●——新組合の結成

◆…組合の登録

TMPCWA（フィリピントヨタ労組）は上部団体をもたない独立組合として、一九九八年四月一五日、労働雇用省マニラ首都圏地域事務所に登録された。上部団体に加入しない独立組合とすることは、組合員多数の意見だった。二週間後の四月二九日には、組合員五〇〇人の署名を集めて組合承認選挙の申請をおこなった。また総会を開催して役員を選出した。TMPCEWU当時の三役であったエド委員長、ジェリー副委員長、ジョーイ書記長が、新組合TMPCWAの三役に、ベル、アレックス、ジュン、ロメルなどが執行委員に選出された。事務所はなかったので、役員の家で月一回の執行委員会を開いた。しかしながら、承認選挙の申請に対して、会社は、TMPCWAの役員構成はTMPCEWUの焼き直しであると、異議を申し立てた。顧問弁護士をもたず、法的知識の不十分な若い組合は、この訴えに十分な対応ができず、承認選挙の申請は却下されてしまった。法的なアドバイザーが何としても必要だ。一九九八年末、マニーはTMPCWAに、YCW（カトリック青年労働者連盟）と、YCWの顧問弁護士であるマラビラ弁護士を紹介してくれた。

YCWは、一九一二年、ベルギーの靴磨きの青年たちをメンバーにして創立され、現在では、ヨーロッパ、中南米、アジア、アフリカの四五ヵ国に広がっている国際的な青年組織で、青年労働者への労働者教育、リーダーシップ・トレーニングなどに力を入れている。フィリピンでは、一九四七年、マニラ市のパコにベルギー人神父により創立され、マニラ首都圏、南タガログ、ビコール、ビサヤなどに支部があり、急進的労働運動組織のKMU（五月一日運動）ともゆるやかな連携があった。

企業顧問は絶対引き受けない労働弁護士として有名なマラビラ弁護士は、小柄で、眼鏡の奥から放つ眼光は鋭く、自信に満ちた雰囲気をもっていた。仕事は速く、有能だった。翌九九年の二月四日、マラビラ弁護士のアドバイスを受け、TMPCWAは労働雇用省マニラ首都圏事務所に、再度、組合承認選挙を申請した。

　ＴＭＰＣＷＡの新たな承認選挙の申請に対して、再度、会社から異議が申し立てられた。会社の訴えはマニラ首都圏事務所のゾシマ・ラメイラ調停仲裁人により認められ、承認選挙の申請は却下されてしまったが、ＴＭＰＣＷＡは労働雇用省に上訴した。六月二五日、労働雇用省ロザリンダ・バルトス次官は承認選挙実施の裁定を下した。これに対して会社は不服を申し立てたが、七月三〇日、労働雇用省は会社の不服申し立てを却下し、承認選挙実施の最終裁定を発した。フィリピントヨタ社は、労働雇用省の最終裁定を不服として、その仮差し止めの訴えを高等裁判所に起こしたが、高裁は会社の訴えを認めず、ついに承認選挙が実施されることになった。ＹＣＷの顧問弁護士であるマラビラ弁護士の手腕は見事だった。

　ＹＣＷは法的な支援と同時に、書記長のアラをオルガナイザーとして労働者教育に着手し、ＴＭＰＣＷＡの活動家をＹＣＷの事務所で開催されるセミナーに誘った。ＹＣＷのメンバーは、フィリピントヨタの労働者を対象にした教育プログラムを、組合の活動家とともに企画し、やがて、活動家たち自身が講師となりセミナーを開催した。労働者への教育プログラムが組織化の手段だった。セミナーのテーマはいくつかあったが、「真の組合とは何か」というセミナーは印象深かったようで、労使協調路線ではないジェニュインな（真の）組合がなぜ必要なのかをセミナーで学んだと、何人もの労働者が語った。

　アラは有能なオルガナイザーで、リーダーシップのとり方、リーフレットの作り方、演説の仕方、セミナーの開き方、報告書の書き方などを活動家に教えた。ＴＭＰＣＷＡの活動家たちが、それまでのような会議の合間や会議後の飲酒の習慣を慎むことを互いに誓い合ったのもこの頃だ。「自分たちのおこないがよくなかったら、リーダーとして労働者を組織化することはできない」。若者たちは自らを律した。

一九九九年半ば、組合承認選挙が認められ、TMPCWAの活動が活発になっていくと、会社は活動家たちに嫌がらせをはじめた。ビクータン工場で働くエド委員長、ジュン、ロメル、ボスをラインから外し、ゴミ収集の仕事をさせたのだ。CSL（修理ライン）で働いていたエドとジュンは、他の労働者から離されて、清掃の仕事をあてがわれた。部品組み立て工程がある工場に隣接したゴミ置き場が職場だった。部品を梱包していた材料が廃棄されるので、工程を歩き回って集め、金属、プラスチック、木材に分別した。分別されたゴミを買う業者がいて、トラックで取りに来た。ボスとロメルも、組み立てラインのゴミ集めをさせられた。ビクータン工場のエドたちがゴミ収集にまわされたという噂は、サンタロサ工場で働く労働者にも伝わった。労働者たちは、仕事ができるエドたちがミスもしていないのにゴミ集めをさせられているのは、組合の委員長や活動家を見せしめにするためだろうと、会社の汚いやり方に腹を立て、組合への同情を示した。

エド委員長は、職場であるゴミ置き場の一角で、毎日、昼食の時間に三〇分、組合の役員やチームメンバーを集めて会議を開いていた。ゴミ置き場はとても汚かったが、気にはならなかった。清掃の仕事は歩きまわることができたので、四人は組合員と連絡し、組織することができた。すると、職制はそのような活動をやめさせようと、掃除の範囲を限定してきた。

◆…組合承認選挙

一九九九年一〇月、組合承認選挙の実施が最終的に決定すると、活動家たちは忙しい日々が続いた。早期退職により多くの仲間が会社を去ったので、組合に同情的な浮動票をどれだけ獲得するかが勝利のカギだった。組合と会社の承認選挙をめぐるキャンペーン合戦は、日増しに熾烈になっていった。

組合がビラをまくと、職制が工場で、ガードマンがゲートで、会社側のビラを配布した。会社のビラには、なぜ組合は必要ではないかが書かれていた。TMPCWAの組合役員、マラビラ弁護士などを攻撃する内容もあった。会社側に立ってキャンペーンを張っているのは、LMC（労使協議会）のメンバーだった。ロッカールームやトイレには会社側のポスターやビラが貼られたが、TMPCWAが貼ることは禁止された。組合は、いっせいに大声で騒ぎ立てる「ノイズバラッジ」を休憩時間に組織し、赤い紙に「組合はイエス」と白字で書いたステッカーを、Tシャツやヘルメットに貼った。すると、職制や反組合派は、黄色い紙に「組合はノー」と白字で書いたステッカーを貼って対抗した。会社は組合役員の過去の欠勤データを調べ、停職処分の可能性を探ったりもした。

一九九九年末から承認選挙まで、数人の職制が自分の部下であるチームメンバーを、一〇人、二〇人と、一緒に飲みに連れていく「パーソノルタッチ」と呼ばれる、いわゆる「ふれあい活動」がしばしばおこなわれた。労働者が連れていかれたところは、マカティやサンタロサのホテルや高級レストラン。飲んでダンスをした。当時、金曜日や土曜日の夜、月一回のペースで三回ぐらい連れて行かれたのではないかと多くの労働者が証言する。職制に嫌がらせを受けないようにと、労働者たちは組合員であることを隠したり否定したりしていたが、それでも職制は部下たちに、「組合をやめたら、日本に行かせてあげる」、「組合をやめたら、レベルをあげてチームリーダーにする」、「会社は、労働者に必要なサラリーを増額するので、組合はいらない」等々と、酒宴の席で囁いた。会社は、職場の上司・職制を動員し、昇進への誘いを使い、カネを湯水のように使って、労働者の切り崩しを企てたのだ。

組合は選挙キャンペーンのために、セミナーの回数をさらに増やした。YCWの事務所だけでなく、工場の近くにも会場を借り、土曜日、日曜日に二日間コース、一日コース、半日コース、一時間の短いコースとさまざまなコースを揃え、組合役員も講師となった。最初は少人数だったセミナーの出席者は、回を重ねるごとに多くなり、三〇～五〇人が集まることもあった。「承認選挙に勝利したいと願い、二〇〇〇年一月、二月に多数の人が組合に加入した」という。

会社も、選挙を控えた数週間、「労使セミナー」を毎日のように開いた。労働雇用省の役人、弁護士、労使協調を掲げる組合のリーダーが講師で、ビクータン工場の食堂に隣り合っているTSTC（トヨタサービス訓練センター）がセミナーの会場だった。職制は、生産に支障をきたさないように各部署から一～三人の労働者を順次選び、セミナーに参加させた。サンタロサ工場の労働者は、会社の送迎バスでTSTCまで連れて来られた。一回の参加者数は三〇～四〇人、テーマが決められ、ほとんどのチームメンバーが参加させられたという。労使協調が、セミナーの重要なテーマだった。

労働者は業務命令でセミナーに参加しなければならなかった。ジェリー副委員長が参加を命じられたのは、承認選挙の二週間前だった。会社は、すぐに熱くなるジェリーの性格を知っていたので、司会者がジェリーに質問し、皆の前で挑発して怒らせた。エド委員長も、この後、セミナーへの参加を命令された。会場に到着すると一〇〇人の参加者がいた。各部署から現場労働者、マネージャー、LMCのメンバー、エンジェル、前組合TMPCEWUの登録抹消を訴えた七人の顔も見えた。TMPCWAのメンバーは、エド委員長一人。司会者はジェリーにしたように、怒らせるような質問を次々と繰り出し、TMPCWA

を貶めようとした。金曜日の二時から四時まで、とても辛い二時間のセミナーだった。

工場内外でのキャンペーンが激化するなか、政労使の三者で組合承認選挙に向けての予備会議が開かれ、投票日の決定、投票人となる一般労働者の名簿のチェックなどがおこなわれた。名簿のチェックとは、会社側が出してきた労働協約の対象となる投票人リストを、労使で確認する手続きである。TMPCWAは一般労働者の組合なので、誰が一般労働者なのかが問題となる。二月一五日の予備会議で、フィリピントヨタ社は、一一〇〇人の一般労働者の投票人リストを提出してきた。一人一人の投票人の名前と等級をチェックし、TMPCWAは、一二〇人が一般労働者ではないと反論した。会社と組合の間で、投票人の資格をめぐって激論が生じた。会社は投票日の延期を提案したが、会社側の組合員への切り崩し工作が日ごとに激しさを増していたため、エド委員長は「三月八日の投票日から一分一秒たりとも延期できない」と宣言した。そこで、組合は予定通り選挙を実施するために、一般労働者にあたらない一〇五人を、投票を認めるが開票しない「チャレンジ投票」とすることで妥協を図った。旧組合TMPCLUの最高裁の判例があるので、組合には、「チャレンジ投票」一〇五票は法的に開票できないという自信があった。TMPCLUのケースにおいて、一九九七年二月一九日、最高裁はフィリピントヨタ社の一般労働者の等級の範囲はレベル1～4と判定していた。

三月八日、いよいよ選挙の投票日だ。投票は二工場の食堂で、政労使三者立会いのもとに始まった。組合員数は四四四人。組合員ではなくても組合を支持しているチームメンバーがいる手応えは感じていたが、勝利の予想は半々だった。一〇六三人が投票し、組合を承認五〇三票（ビクータン：二〇五票、サンタロサ：一九八票）、組合を承認しない四四〇票（ビクータン：三〇二票、サンタロサ：一三八票）、チャレンジ投票一〇五票（ビクータン：九一票、サンタロサ：一四票）、無効票一五票（ビクータン：四票、サンタロサ：一一票）という結果に終わった。

労働者は選挙の結果に歓喜した。「組合を支持した票が五〇三票、有効投票数九四三票の過半数である四七二票に達していたので、一〇年にわたる闘争を経て、やっと勝利したと思った」「労働協約を交渉できるようになるので、サラリーについても組合を通じて交渉できると嬉しかった」「団体交渉権が承認され、組合が法的に認められることが夢だった」。アリガダは、〝組合は鼻くそみたいなものだ〟と言ったが、違うということを証明できると思った」と組合員は勝利の興奮を言葉にした。しかし、執行部は手放しで喜べなかった。組合が、投票総数一〇六三票から無効票一五票を除いた一〇四八票の過半数である五二五票を獲得していれば、「チャレンジ投票」が一〇五票あっても問題がなかったが、二二票不足していた。会社はこの「チャレンジ投票」を利用して、訴訟を起こしてくると想像された。事実、選挙の直後、会社は労働雇用省に、「チャレンジ投票」の開票を申し立てたため、四月一〇日、ラメイラ仲裁人は組合と会社に意見書の提出を求めた。

◆…組合は承認された

承認選挙の直後から、会社は法的な訴えと同時に、組合と組合員へのハラスメントを繰り返した。会社の構内に、執行部を中傷するビラやポスターが貼られた。数あるポスターの中には、ワニの姿をしたマラビラ弁護士が札束をくわえている漫画もあったと労働者は回想する。上司に呼び出され、組合脱退を説得された組合員がいた。LMCのメンバーから、TMPCWAに強要されて加入したという書類にサインするように求められた組合員もいた。

会社は、選挙直前に組合に加入した組合員をターゲットに、切り崩しを図ったという。その中の一人、マギーは、チームリーダーから組合脱退を説得されたので、「TMPCWAは現場労働者に必要だと思う」と答えた。上司が説得に失敗すると、会社は次の策として、SOM（シスター・オブ・マリースクール）出身の組合員への説得を学校に依頼した。組合に加入したSOMの卒業生は、次々と学校に呼び出された。マギーは、SOMで世話をしてくれたシスターに呼ばれ、クラスメートと二人で会いに行った。「マギー、トヨタで何が起きているのですか。組合に加入してはいけません。組合に加入したら、トヨタはSOMからもう募集しなくなるでしょう」「私たちが組合をつくることが、これからの卒業生をサポートすることになります。シスターは犠牲とチャリティが大切であることを教えてくださいました。これが私たちの犠牲とチャリティです。TMPCWAは本当の組合です」。マギーは、その後、組合の活動家となっていった。

嫌がらせを受けたTMPCWAは、以前にも増して頻繁にセミナーを開催し、労働者教育を実践した。労働雇用省に公正な裁定を要請するために、組合員をたびたび動員した。組織体制が強化され、各部署に職場委員を中心にコアグループができていった。

二〇〇〇年五月一二日、労働雇用省マニラ首都圏事務所のラメイラ調停仲裁人は、三月八日の選挙結果を吟味し、ＴＭＰＣＷＡが有効投票数の過半数を獲得したので一般労働者を代表する団体交渉権をもつ組合であると裁定した。「チャレンジ投票」は法的に認められないので、開票しないと決めたのだった。会社側はこの裁定を不服とし、労働雇用省に上訴した。一〇月一九日、会社の上訴を検討した労働雇用省ロザリンダ・バルトス次官は、ラメイラ調停仲裁人の裁定を支持し、ＴＭＰＣＷＡが団体交渉権をもつ一般労働者の組合であると再確認した。組合勝利の二度目の裁定を不服とした会社は、即刻、労働雇用省長官に上訴した。

組合員は喜びにあふれた。一九九八年に組合を結成してから二年、一九九二年の一般労働者の組織化から八年、フィリピン政府は一般労働者の組合・ＴＭＰＣＷＡに団体交渉権を認めたのだ。組合は、裁定の後、一〇月、一一月、一二月と三度、労働協約の団体交渉の申し込みをしたが、会社の回答はいつも、労働雇用省長官への再審要求が未決であるので交渉には応じられないというものだった。

その頃、フィリピンはピープルズパワーⅡの政治運動のうねりのなかにあった。ＴＭＰＣＷＡのメンバーも、ＹＣＷとともに、ピープルズパワーⅡの数々の集会に参加していた。エストラーダ大統領への批判の声は、二〇〇〇年一〇月から違法賭博献金や横領疑惑によりさらに大きくなり、弾劾裁判がおこなわれることになった。エストラーダ政権で社会福祉開発庁長官を兼任していたグロリア・マカパガル・アロヨ副大統領は、大統領辞任要求運動に加わった。フィリピンの問題をとりあげることの少ない日本のマスコミも、小柄なアロヨ副大統領と、往年のスターであるエストラーダ大統領の映像を断続的に流した。

二〇〇一年一月一六日からマニラの幹線道路、エドサ通りで市民集会がはじまり、一九日、エストラーダ政権は崩壊した。二〇日、グロリア・マカパガル・アロヨが大統領に就任し、三一日に組閣がなされた。

アロヨ新大統領はパトリシア・サント・トーマスを労働雇用省長官に新たに任命し、マヌエル・ロハス二世を貿易産業省長官に再任した。この二人はこの後、フィリピントヨタ争議に深い関わりあいをもつことになる。サント・トーマス長官は一九四六年生まれで、フィリピン大学とハーバード大学の修士号を持つ。大学で教鞭をとり、労働雇用省、文部省などの政府の要職を歴任していた。マヌエル・ロハス二世はロハス元大統領の孫として一九五七年に生まれ、マニラのアテネオ大学とアメリカのペンシルバニア大学で経済学を専攻し、上院議員をへて、二〇〇〇年から貿易産業省長官となっていた。

一月一六日、エドサ通りで市民集会が始まったこの日に、TMPCWAは会社の団交拒否を理由にストライキ通知を中央斡旋調停委員会（NCMB）に提出した。第1章で述べたようにNCMBは政労使の三者で構成される労働雇用省の付属機関である。労使間の交渉が暗礁に乗り上げた場合、NCMBに通告し、任意の仲裁を受けるが、同時に、一定の要件を満たせば、猶予期間をもってストライキが合法的に許可されることになっていた。

新政権の誕生により状況が変化するかもしれないという期待感が巷には満ちていたが、初めてのストライキ通告を提出した組合では、不安と緊張が高まりつつあった。そのような時、労働雇用省から、「チャレンジ投票」が一般労働者として適格かどうかを再検討する「明確化公聴会」を開催するとの決定が、突然舞い込んだ。新長官サント・トーマスが開催する公聴会だ。

労働雇用省の裁定を後ろ盾に、会社への労働協約交渉の申し入れを重ね、ストライキ通告まで出したこの時期に、なぜ公聴会を開くのか。「明確化公聴会」は、通常は開催されないと若者たちは聞いた。普通には起きないことがなぜ起きるのだろう。組合が労働雇用省の関係者から必死でとった情報によれば、この「明確化公聴会」で以前の裁定が覆される可能性がうかがわれた。労働雇用省の役人に賄賂が渡されたという噂も流れた。いやな予感がした。二月一五日には、二月末か三月初めのストライキの可能性に備えてストライキ権投票をおこない、組合員の圧倒的多数で「スト賛成」を決めた。不安と緊張、そして変革を求めるピープルズパワーIIの熱気が組合員の気持ちを高めていた。

◆…運命の公聴会

二月二一日朝、「明確化公聴会」の当日だ。組合は、会社から公聴会参加の許可を取った役員のほかに、有給休暇を取れる人にも参加の動員をかけたので、数十人の組合員が、「明確化公聴会」が開かれる労働雇用省労使関係局(BLR)の前に集まってきた。BLRの事務所はマニラ港に隣接する三階建てのクラシックな建物だ。イントラムロスの中にある労働雇用省のビルとも近い。働き出してから七年間、無遅刻・無欠勤だったレスターは、一九日に初めて有給休暇を申請して参加した。BLRで開かれる公聴会には、エド委員長、マックスなどの役員しか中には入れなかったので、役員たちは時々建物から出て来て外の組合員に状況を説明した。この「明確化公聴会」で会社は、TMPCWAが少数派にすぎないと主張し、二二人の「チャレンジ投票」者の証言を求めた。

「公聴会は二三日まで続き、明日、二二日は会社側証人二二人が業務内容を尋問される。労働雇用省は決定を覆すかもしれない。会社はTMPCWAを少数派と言った」。二一日、公聴会のニュースは携帯電話のメールで工場内に働いている職場委員、そして組合員全員に即刻伝えられた。二一日の昼休み、ビクータン工場でもサンタロサ工場でも組合員全員を召集し、緊急会議が開かれた。このような暴挙が許されるのだろうか。若者たちの正義感は熱く燃え、次々と抗議の声があがった。「われわれが少数派でないことを証明しよう」「公聴会に出席することは労働者の権利として認められている」「明日の休暇を申請しよう」「たとえ会社が許可しなくてもBLRに行こう」という声が大きくなっていった。若者たちは、自分たちが労働雇用省の決定を注視していることを示したかった。組合は労働者の気持ちに従い、二二日、二三日の公聴会参加と、労働雇用省への抗議行動を決め、仕事の終了後に再度集まり、翌日の打ち合わせをすることになった。

午後、ジョーイ書記長は、ビクータン工場にあった社長室に、「公聴会に組合員が参加します。二月二二日、二三日と二日間欠勤しますが、別の日にこの二日分は賃金なしで働きます」としたためた組合の正式な文書を渡しに赴いた。福田社長は不在だったので、秘書が受け取った。エド委員長のサインがあるこの文書には、アリガダ部長とゴー副社長の受け取りのサインがあり、会社も受け取ったことを認めている。同時に、組合員全員はそれぞれの上司に休暇の届けを出した。上司の対応はさまざまだったが許可は得られず、休暇届けは受理されなかった。

リッキーは、二一日のBLRの「明確化公聴会」が終わるとYCWの事務所に行き、翌日の行動の準備をした。翌日の公聴会に参加する組合員たちの昼食にと、大量の米といわしの缶詰を買い、その晩はYCWの事務所に泊まった。

二月二二日の朝、BLRから二キロ離れた中央郵便局の前で落ち合う約束をした組合員三〇〇人が、バスやジプニーを乗り継いで次々に到着した。三〇〇人は横五人の隊列を組み、郵便局からイントラムロスの中を通って、ボニファシオ大通りを渡り、BLRまでの二キロの道を一時間かけて行進した。四枚の組合旗を先頭に、屈強な若者たちは歩いた。プラカードはなく、TMPCWAのフルネームが書かれた何枚かの横断幕が、ささやかに組合らしさをうかがわせていた。ほとんどの組合員にとって、行進に参加するのは初めての経験である。行進を指揮していた組合役員たちにとっても、指揮は初めての経験だ。組合員が自分たちの指揮に従ってくれるだろうか、何事もなく終わるだろうか、心配だった。たくさんの警察官がいた。休暇を許可しない会社に逆らっての公聴会への参加である。将来何が起きるのか、皆不安だったが、労働者の権利を守ろう、正義を求めようという気持ちが不安感を吹き飛ばしていた。

会社側証人である二二人のチャレンジ投票者も、会社の送迎バスでBLRに到着した。二二人の「明確化公聴会」出席は業務の一環だった。公聴会の様子は刻々と外にいる組合員に伝えられた。アリガダ人事部長は、会社は一九九二年に採用していた給与体系を九四年一二月に変更したので、新たな給与体系のもとではレベル1~6の労働者が一般労働者にあたると主張した。組合は、旧組合TMPCLUへの最高裁判決を根拠に、レベル1~4の労働者が一般労働者だと繰り返し主張した。組合員たちはBLRの前に座り、メガフォンを手にして会社への怒りをぶつけるように、次々と発言した。「たくさんの労働者が参加しているのだから、組合はきっと勝利するだろうと思った」「多数の仲間が参加したのでとても嬉しかった。組合員は皆強く、闘えると感じた」「皆は緊張していたが、エネルギーに満ち溢れていた。そこには労働者の団結があった」と労働者たちはBLRでの感情を表現した。

翌二三日、公聴会への参加も二日目になると恐怖心は消えていたという。BLRの前にはさらに多くの組合員が集まった。「トラック一台に乗った警官たちが現場に来たが、協力してくれるように話をし、タバコを交換したりした。警官は自分たちに暴力をふるったわけではないので、恐怖は感じなかった」。三日間の公聴会は混乱もなく終了した。

そして、翌二四日は土曜日だったが、トヨタカレンダーで出勤日だったので、組合員は職場に戻り、生産は続けられた。

二月二七日の午後、会社はアリガダ人事部長の名前で、解雇されたくないならば、公聴会参加の理由書を二四時間以内に提出せよとの文書を、公聴会に参加した組合員二六〇人に配布した。会社はこの文書に、就業規則のセクションD、パラグラフ6――暴動、違法ストライキや会社の利益を害する行動に参加したりすれば解雇であるという条項――を引用し、労働者の恐怖感をあおった。TMPCWAは、組合員個人ではなく組合で回答するとして二日間の猶予を求め、三月一日に福田社長あてに、組合は違法ストライキをしたのではない、公聴会に参加しただけである、二月二一日に、二日間別の日に働くことを申し入れており、二四日には会社は労働者を受け入れたではないか、と回答した。同時に、TMPCWAはストライキ通告を発し、三月一日、両工場でのストライキ投票によって三月二八日からのストライキの決行を決め、NCMB（中央斡旋調停委員会）に通知した。

アリガダ人事部長は、その後も三月九日まで文書を送り続けた。会社は四回に渡って組合員に文書を出したと後に主張している。恐怖感をあおるこの手法をみた労働者の間には、アリガダは心理学を専攻したという噂が流れた。「解雇されたくなければ、TMPCWAから脱退するようにと会社から言われたが、拒否した」と、ある労働者は、この時のことを思い出す。組合員の結束は固かった。

三月一五日、組合員五〇人は、労働雇用省前でビジルと呼ばれる徹夜の抗議行動を決行しようと集まってきた。夕方になると、その数は一〇〇人に増えていた。労働雇用省長官がＴＭＰＣＷＡに不利な裁定を下すという噂が流れていたのだ。「役員と会ったサント・トーマス長官が、『明日、公正な裁定を出すので、安心して帰宅してください』と言ったので、その夜は帰宅した」と、その場にいた人は語る。

2・3●——ストライキに突入

◆…三月一六日、大量解雇

事態は三月一六日に急変した。この日、労働雇用省長官は、前夜組合員に確約したように会社側の不服申請を却下し、これ以上の異議申し立ては受け付けないと会社に申し渡した。一〇五人のうち一八人は一般労働者だが、チャレンジ投票を開票したとしても結果は変わらないというのがその理由だった。長官は、自分の決定が最終であり、通知から一〇日以内に実行に移さなければならないとした。しかし、この裁定の結果を喜ぶ前に、早朝から大変なことが起きていた。ビクータン工場とサンタロサ工場で解雇が断行されたのだ。

朝六時、送迎バスがビクータン工場の門前に到着した。ネルソンは、いつもと違う様子に当惑しながらバスを降りた。門の前には、送迎バスですでに到着しているのに工場の中に入れないでいるたくさんの労働者がいた。門には解雇者の名前を書いたリストが貼られ、ガードマンが、従業員証のＩＤカードを見て選別し、会社が解雇した労働者が構内に入るのを阻んだ。「ネルソンは解雇者のリストにあるよ」と友人に言われ、一瞬、ジョークだと思った。しばらくすると、会社は解雇者の名前を読み上げはじめた。二月二二日、二三日と二日欠勤した人は解雇、どちらか一日欠勤した人は停職にされていた。

レスターも、朝六時に会社に到着し、リストに自分の名前を見つけたが、秘かに工場に潜入し、ロッカールームやトイレに隠れた。工場内のラインは動いていない。労働者たちは、今朝起きたことを興奮気味に話し合っていた。二時間後、上司に見つかってしまい、工場から連れ出されたが、その際、会社側の作成した説明書を示され、署名すれば復職に努力すると言われた。レスターは説明書を受け取らなかったので内容を記憶していないが、会社は説明書を事前に用意し、大量解雇後の労務対策を周到に立てていたようだ。

サンタロサ工場でも同じようなドラマが繰り広げられた。サンタロサ工場で働くトーマスは、いつもはゲートを通過して工場前まで行くはずの送迎バスが、門前で突然止まったことをいぶかしげに思いながら、バスを降りるとゲートまで歩いた。門の前には、各セクション・マネージャーとガードマンが二〇人以上立ちはだかり、二月二二、二三日の二日間で、一日休んだ人は停職、二日休んだ人は解雇と二つのグループに分けていた。名前が読み上げられ、解雇になった労働者には、封筒に入った解雇通知書が渡され、ＩＤを取り上げられた。トーマスが、「受け取ることはできない」と言って受け取りを拒否すると、二、三日後に書留で郵送されてきた。

「三月一六日は、自分の人生で最悪の日だった。これからもっと大変なことが起きると思った。息子は一歳、妻は二人目の子供を妊娠していた。自分の給料だけが、家族のすべての収入だった。二四歳の自分の年齢と、高卒という学歴を考えると、新しい仕事を見つけるのは難しかった。会社に対して怒りがあった。自分たちのしていることは、憲法、労働法に違反していなかった。会社の規則は、国内法より上位なはずがない」「とても悲しかった。何も悪いことはしていないのに、なぜ、解雇されるかわからなかった。妻と母に説明したら、責めはされなかったが、ショックを受けていた。九九年の四月に結婚し、娘は一歳になったばかりだった。原因は、労働雇用省は組合を認めているのに、トヨタがそれを拒否したことからすべてがはじまっていた。トヨタに対する怒りがわいてきた」「解雇されるとは思わなかったので、悲しかった。娘はまだ、一歳だった。家族を養っていく収入がなくなってしまう。妻にどう言ったらいいか途方にくれた。トヨタの賃金は高いし優良企業であるという評判で、入社できたときはとても嬉しかった。妻は二日休んだだけで首にするとは、トヨタは人間ではないと怒った」「自分は解雇されないという自信があった。労働者として、規則を守り、しっかり仕事をしていたし、皆勤だった。模範労働者としてのパスポートを所持していると思っていたので、解雇されたときは、失望した。組合をつくろうとしたら解雇された。労働者がよい労働条件を望めば、会社の利益に反しているということが身をもって理解できた。解雇の手続きにも疑問があった。会社規則によれば、まず、口頭の注意、つぎに警告書、停職、解雇だった」。悲しみと怒り、幼い子供を抱えた暮らしの不安。他の解雇者も同じ気持ちだったに違いない。

三月一六日、組合は、即刻、ビクータン工場、サンタロサ工場の門前でピケを組織した。解雇の指名を受けた労働者たちは、車が走り抜けていく道路に向かって、「CBA（労働協約）を要求する」「解雇者を職場復帰せよ！」といったプラカードを掲げ、メガフォンを使って抗議の意思を表明した。連日、ピケが張られ、解雇にならなかった組合員たちも休憩時間には工場から外に出てきてピケに参加した。組合は会社に、解雇という不当労働行為の取り消しを申し入れ、ピケを張りながら、数日間、回答を待つことにした。話し合いもなされたが、会社はスト中止を要求する以外、誠意ある態度は示さなかったという。解雇者の数は全体で約三〇〇人になった。その数は、五五〇人だったTMPCWA（フィリピントヨタ労組）の組合員の半数以上だった。三月二三日は給料日だったが、会社は、労働者のSLAI（会社の提携する小口金融）からのローンを全額差し引いたので、事実上給料を受け取れなかった解雇者も少なくなかった。兵糧攻めである。

解雇者への切り崩しも繰り返された。「職制がピケットラインに来て自分の部下に接触し、会社が要求する説明書にサインすれば復職させると書類を示した。多くの仲間が、密かに職制に会った。信頼していた仲間もこの説明書を提出し、解雇をキャンセルされた。説明書を提出した人の正確な人数はわからないが、最終的に二二七人が解雇された。当時は裏切られたと怒ったが、今は理解できる。でも自分たちは、正義のために闘おうと思った。労働者としての権利を望んだだけなのに、どうして解雇されなければならないのか許すことができなかった。多くの解雇者も同じ気持ちだった。解雇された後も、ホテルなどでお酒を一緒に飲もうという誘いが、チームメンバー、職制、マネージャーからあり、会社に戻れるチャンスがあると言われた」と、ある労働者は自らの経験を語る。

会社は、二日間欠勤した人は解雇、どちらか一日欠勤した人は停職にした。停職者は一五～三〇日の停職処分になったが、実際、処分は実行されなかったという。二日休んだ人は解雇、一日は咎めなしというのは根拠が明確ではない。全員解雇すると生産が成り立たなくなるし、解雇と停職に分けることにより組合員を分断するねらいもあっただろう。さらに解雇者には、解雇撤回を条件に、組合からの脱退を促した。組合への忠誠心を試したのだ。大量解雇の後、会社は解雇者の穴を契約労働者で代替し、会社派組合の育成を図り、労使協調路線へのレールを敷いていく。組合をつぶし、会社に忠誠心のない労働者は辞めさせる。この大量解雇はトヨタにとって労使協調路線に向かう労務戦略を実施する千載一遇のチャンスだったのではないか。

そもそも、会社が労働雇用省の裁定に従わなかったことが労働者を「明確化公聴会」への参加に駆り立てたのだ。たった二日休んだだけで、会社の創立当初から誠実に働いてきた二二七人の労働者たちの暮らしを破壊することが許されるのだろうか。解雇者たちの家族、とりわけ小さな子供たちに、食べ物がない、教育が受けられないといった仕打ちを与えることができるのだろうか。正義はどこにあるのか、私はトヨタに問いたい。

◆…ストライキは楽しい

三月二八日は、法的な手続きを経てストライキが許可される日だった。三月一六日の労働雇用省長官の最終裁定に従って、組合は書面で労働協約の交渉を会社に申し入れていたが、会社は労働雇用省長官の裁定の取り消しを求め、同時に、裁定の仮差し止めあるいは一時差し止めを要求して、高等裁判所に訴えを起こし、それを理由にして、組合承認と労働協約交渉への拒否回答を繰り返した。解雇の取り消しに対しても譲歩の姿勢は全くないと組合は判断した。二七日の夜、組合は会議を開き、テントの設置、食事・警備の手配、資金集めなど、ストライキの準備にかかった。食料調達、医療、情宣、情報収集などの役割分担を決め、夜明け前にテントを張った。

二八日の早朝、解雇撤回と組合の承認を求め、ストライキに突入した。ビクータン工場、サンタロサ工場、それぞれ働いている工場の門前に集まった組合員たちは、七時の操業開始前に各地域から次々と到着する送迎バスを一台ずつ止め、ストライキ突入を説明し、入構を阻んだ。「このストライキは私たちのためだけではありません！　皆さんの権利を守るためのものでもあるのです！」ハンドマイクで、送迎バスの運転手や乗車している労働者に呼びかけた。送迎バスで会社に向かっていた職制は、組合員たちが門前でバスを止めていると携帯電話で知らされ、門を通過しようと思ったが、阻止された。近くのバスケットコートやスーパーマーケットの駐車場でバスを止め待機していたが、昼には帰宅するように指示されたと証言している。ガードマンは、その様子をデジカメやビデオで撮影していた。二工場で組合員と組合への同情者、総勢七〇〇人の労働者がストライキに参加し、生産は以後二週間に渡ってストップした。

三月二九日、「フィリピンスター」、「マニラブレティン」、「マニラスタンダード」などの新聞紙面には、「トヨタ労働者、違法ストライキ」という見出しが踊った。各新聞は、「一〇〇人の解雇者が違法ストライキを始めた。彼らは無断欠勤し、器物損壊をしたので、会社は法的手続きを経て解雇した」と会社側のコメントを報道している。

ストライキが始まると、労働者たちは、ビクータン工場、サンタロサ工場のゲート前にテントを張り、寝泊りしながら、スト破りをされないように監視した。

ビクータン工場は道路に面して五つの門があるので、それぞれの門のかたわらに、プラスチックや米の袋を縫い合わせて手製のテントを作った。テントといっても、日よけのためのシートを張ったような簡単なもので、組合員は歩道のコンクリートの上にじかに横になり、仮眠をとった。山登りをしていた労働者は自分のテントを持ち込み、五ヵ所に分かれてピケを張った。メインゲートであるゲート2のテントを本部とし、各ゲートでは役員や職場委員が責任者となり、ジョーイ書記長が全体をとりしきった。料理の場所を二ヵ所設け、当番を決めた。「水は、水売りから毎日、買っていた。ビクータン工場の裏手にあるマリマルバランガイに住む労働者の家でトイレを借りた。シャワーは、水を使うので、一回五ペソを支払って使わせてもらった」という。ビクータン工場は、南タガログに行く幹線道路に面していた。幹線道路の上には高速道路が建設されていたので、大量の排気ガスがピケを張る労働者を襲った。乾季だったので、太陽の光がコンクリートの上に座り込む労働者たちを容赦なく照りつけた。舞い上がるホコリ、土、スモッグで、顔が真っ黒になった。工場を囲む長い塀には、「私たちはストライキを決行しています」など、メッセージを書いたバーナーを貼った。

サンタロサ工場はゲートが一ヵ所で、構内に向かって左側にガードマンの詰め所があり、入構する車はガードマンにチェックされてから遮断機が上げられる。サンタロサ工場は門から国道までゆったりとしたスペースがあり、緑も多かったので、ビクータン工場よりピケは張りやすかった。ゲートの右側、左側と二つの大きなテントを張った。組合員の家族が竹を、ＹＣＷ（カトリック青年労働者連盟）のスタッフがナイロンシートを運んできて、大きなテントを作った。門に向かって右側の大テントはエミル書記次長が、左側の大テントはベル執行委員が責任者だった。エミルはサンタロサ工場のリーダーだった。勉強家で、セミナーの司会もスピーチもうまかった。テントを持っている人は自分のテントを持ち込み、大テントのまわりに張った。テントのかたわらに調理場をこしらえ、木を集めて火をおこし、野菜、豆、魚を料理した。門前の一角にある警察の詰め所の水道を使っていたが、ストライキが始まって三日後に止められてしまったため、その後は水を買い、二つのドラム缶で貯蔵した。そばにあったマンホールの上にテントを張り、仮設トイレにした。

「夜は、トヨタが襲ってくるかもしれない」ので、両工場とも見張りを立て、寝ずの番をした。スケジュールを作って、テントに泊まる当番を決めていたが、役員、職場委員などの活動家は、ストライキの間、テントを離れなかった。深夜でも車の往来の途切れない道路端で外気にさらされながら、交代で眠りについた。エド委員長とマックス副委員長は、襲われる危険性があるので、ボディーガード役の組合員とともに、ビクータン工場、サンタロサ工場、YCW事務所をまわり、夜はテントに泊まるのを避けた。両工場のピケットラインでは、毎夜、責任者が集まり、YCWのスタッフも加わって、状況報告と戦略を立てる会議を開いた。状況が緊迫すると、一時間ごとに会議を開くこともあった。

昼間のピケットラインには、組合員の家族、友人、地域の住人たちが次々と激励に訪れた。米や野菜やドライフィッシュなどの食料を持ってきてくれる人もいた。ピケのまわりは、労働者の小さな子供たち、妻やガールフレンド、両親や兄弟・姉妹が集い、祭りのように華やいだ。「ストライキは楽しかった」。

ビクータンでもサンタロサでも、組合員たちは資金集めをした。工場の前を走る幹線道路の両側に一〇数人で立ち、プラカードや缶や箱を持ち、通過していく車に向かってカンパを頼んだ。ストライキに入る前、組合には一万五〇〇〇ペソの資金しかなかったという。行きかう車やバスに向かってメガフォンで、思いの丈を語った。あっという間に通り過ぎていく車やバスに乗っている人たちに、自分たちの主張が届いたかは定かではないが、労働者は送迎バスの窓から、一ペソ、二ペソ、五ペソといったコインを投げてくれた。一〇ペソ紙幣もあった。組合員たちは、高速で行きかうバスや車に注意しながらカンパを拾い集めた。

それぞれの工場で、毎日、平均一〇〇〇ペソのカンパが集まり、ピケを張る組合員の食費となった。両工場で合わせて二〇〇〇ペソ集まったということは、毎日、何百人もの人がカンパしてくれたことになる。「お金をもらうのは、初めての経験だったので、最初の日は、とても緊張した。しかし、翌朝は、もうためらいがなかった。太陽の日差しから守るために綿のスカーフで顔を包み、埃をさけるために溶接の仕事で使うマスクやタオルで顔を覆った。空気はとても汚れていた。朝四時間道路に立つと夕方は別の組が代わった。お金を投げてくれる労働者たちは、私たちがどうして闘っているのかを知り、支援してくれていた」。組合員たちにとってカンパはもちろん喜ばしいことだったが、もっと感激したのは、見知らぬ労働者が自分たちの闘争に同情し支援してくれていることだったという。闘い続けるエネルギーだった。

両工場の門前で、組合員は朝、到着するバスの入構を阻止すると、昼は門の前で、プラカードや旗を持ち、シュプレヒコール「我々は労働者階級だ！　搾取は許さないぞ！」「恐れるな！　闘争を進めよう！」「トヨタ！　反労働者！」を叫びながら、サークルを描くデモを定期的におこなった。テントではYCWから講師を迎えてセミナーが開催された。仲間のギターに合わせての歌声も、あちらこちらから聞こえてきた。

「テントに泊まっていたときは、気持ちは高ぶっていた。ストライキはおもしろかった。テントのなかで、組合員と心を開いて話をした」「ストライキの前はSOMの同窓生と組み立てラインの同僚だけしか知らなかったが、テントに泊まっているときにたくさんの労働者と友達になることができた。会社の権利侵害に対してストライキは効果的手段だと皆が思っていることがわかった」「テントで闘争のことを語り合った。職場復帰はどのようにしたらできるのか、何年闘争が続くのか、最高裁までいくかもしれない。組合の仲間はとても真面目だった」。

職場を除けばTMPCWAの組合員といっても互いに知り合うチャンスはなかったが、ストライキは違う職場の組合員との交流の機会をもたらした。ストライキの思い出を語る労働者たちの目は輝いていた。

◆…労使の天王山

当時、ラグナ州にある日系企業の工場に出向していて、フィリピントヨタ争議を現地で体験した人の話を聞くことができた。「ストライキが始まるとフィリピントヨタ社の日本人出向者たちはパニックになった。家族を日本に帰国させた人もいた。尾行を恐れ、福田社長は一時所在を隠し、フィリピントヨタ社と取引先との連絡はすべて電話でおこなわれていた。近くのゴルフ場に仮事務所を置いていた」「たった二日間休んだ人を解雇するのはあまりにも姑息な手段なのでまずいと発言するトヨタの日本人出向社員もいた。日本人は三、四年間の出向なので、フィリピンにいる間に波風を立てたくなかったのだろう。トヨタのイメージに傷がつくので、お金を積んでも早く解決すべきだと考えていたようだ」と、この人は記憶をたどった。

日系企業の日本人出向者にとって、フィリピンはあまりにも異質な社会だった。日本人の多くは、高い塀に囲まれ、ガードマンに守られたマカティの高級住宅地か高層のコンドミニアムに住み、会社には運転手付きの車で通っていた。ストライキの半年前から勢いをもったピープルズパワーⅡで、マニラはデモ隊であふれかえり、交通規制がしかれた。平穏な時でも交通渋滞が珍しくないマニラの道路は、さらに大渋滞に陥った。

この当時、南タガログの日系企業では労働争議が頻発していた。先鞭をつけたのはフィリピンホンダの組合だった。一九九〇年に設立されたフィリピンホンダ社では、最初に会社派組合が組織されたが、その後、KMU（五月一日運動）に組織された組合、フィリピンホンダ労組（LMNH）が結成され、九七年七月の組合承認選挙で勝利を収めた。新組合は労働協約をめぐってストをかまえ、憂慮した日本大使館がラモス政権に収拾を働きかけたこともあり、労働協約が締結された。ホンダの組合の勝利は周辺部の労働運動を活性化させる波及効果をもたらした。自動車関係では、フィリピン日産で既存の組合に対抗してフィリピン日産労組（BANAL−OLALIA−KMU）が組織された。二〇〇〇年以降、会社側の生産調整、出勤停止措置をめぐってストライキが繰り返され、部品メーカーにも争議のうねりが広がりつつあった。

ストライキやデモを繰り返す急進的な労働運動に免疫がない日本人にとって、争議は恐怖を伴うものだった。情報源は現地新聞と日本語の日刊紙「まにら新聞」などに限られていた。互いに知り得た切れ切れの情報が口コミで伝えられていった。また、フィリピンは銃社会でもあった。「会社のガードマンは、マシンガン、カービン銃、拳銃などで完全武装していた。川崎モーターの労務担当のフィリピン人スタッフが共産党の新人民軍に襲われたことがあるという噂も流れ、噂はどんどんエスカレートしていった」と、自らが住んでいた日本人社会の状況から、フィリピントヨタ社の過剰反応を分析してくれた。

しかしながら、後に記すように、このストライキに対してトヨタをはじめとする日系多国籍企業とフィリピン資本側は、頑な姿勢をとった。KMUなどの急進的な労働運動の台頭に危機感を覚え、フィリピントヨタ争議を資本対労働の天王山と位置づけ、妥協はしない構えだった。

「経営者側は、ホンダで負けて、状況は労働運動側に押されている、もしトヨタで負ければ、組み立て工場だけでなく自動車部品の会社でも組織化がはじまると考えていたようだ。二二七人の解雇は理不尽だったが、金で解決するにしても、法外な金額になっては、悪しき前例をつくることになるので困ると言っているとも伝え聞いた」。

「大統領が代わり、アロヨ大統領は左派に同情的であり、労働者の地位向上を図っているということも経営者側の警戒心を強めていた。フィリピントヨタ労組は、裏で新人民軍とつながっているのではないかとも疑っていたようだ。フィリピンの総資本であるフィリピン経営者連盟（ECOP）からプレッシャーがかかっていたのではないだろうか。経営者側が、資本対労働の天王山としてこの争議を戦略的に位置づけていたのに、組合の方は楽観的で、脇が甘いように見えた。ピケの現場を通りかかったが、牧歌的だった。東海理化など、二、三社のトヨタの下請け工場がサンタロサ工場の敷地内にあり、操業を続けていたので、そこで働いている人は手を挙げて門の中に入っていったが、組合はOKだった」。

資本対労働の天王山であると位置づけられたフィリピントヨタ争議をめぐり、社内でも社外でも協議が重ねられたのだろう。ストライキに入った翌週の月曜日、四月二日から事態は大きく動きはじめた。

2・4●——弾圧がはじまる

◆…トヨタ撤退の脅し

四月三日付けの「日刊工業新聞」は、「トヨタ　フィリピン工場で労働争議　組合結成手続き『正当ではない』」という見出しで、一二段組のベタ記事を掲載した。記事によれば、トヨタ本社は、三月二八日から発生した労働争議は組合結成を巡るもので、組合結成は正当な手続きを経たものではないこと、組合結成に関連したデモに参加するために一部の従業員が無断欠勤をしたので二三〇人を解雇処分にしたこと、解雇者が工場を封鎖したので生産が停止していることなどを発表していた。フィリピントヨタ社は、違法ストライキを決行したとして中央労使関係委員会（NLRC）に提訴した。

フィリピントヨタ社は、ストライキの当初から、両工場での生産を何とか継続しようとした。ビクータン工場に隣接するコロンビアモーター社と話をつけ、壁を壊して出入口を築き、コロンビアモーター社の門からこの出入口を使って工場への道を確保し、かなりの数の労働者や資材を送り込んだ。隣接するバランガイと協議し、壁を壊して工場への通路を確保することも試みた。事務所からパソコンを運び出し、外部で仕事をするとともに、事務職員や労働者を工場に泊まらせ、工場内でも仕事を続けた。部品を搬入する取引先のトラックは、この臨時の出入口を利用するように指示されたという。わずかだが生産は続行されていた。

籠城を指示されたのだろう、スト破りをねらった送迎バスのなかには、着替えを入れたバッグを抱えた労働者もいた。工場の中にいた労働者はワインを飲み、近くのレストランから食事を運ばせ、仕事量が少ないのでテレビを見ていたという。

サンタロサ工場では、ストライキが始まると、生産した部品や労働者の運搬にヘリコプターを使った。

「ストライキに入った直後から、会社はベトナムの子会社に輸出するカローラの部品をまとめて金属の箱に入れて吊し、サンタロサ工場の外に運んだ」。

毎日、ヘリコプターは何回も飛んだ。ある労働者によると、ストライキ中に一〇〇回ぐらい飛行したのではないかという。組合員の一人が四つの大凧を作ったので、皆で上げて飛行を邪魔しようとしたが、敷地が広大だったのでヘリコプターを妨害できず、大凧は二日ほどで壊れてしまった。

「サンタロサ工場には大型のプレス機械があり、稼動していないと損失が大きいので、労働者を工場内に泊まらせ生産を続行した。ＦＴＡをにらんで、シンガポールの統括会社の下に、部品はＡＳＥＡＮ域内の安くできる工場で製造しているので、供給が止まると他の工場に支障がでる。毎日何回も行きかうヘリコプターの轟音は、ラグナ周辺の工業地帯に鳴り響き、ストライキの緊張感を否が応でも増幅させた」。

当時を知る日本人出向社員の証言である。

トヨタは生産を続行する一方で、アロヨ新政権に政治的な圧力をかけはじめた。労働争議の早期解決がなければ、投資を撤退するという脅しをかけたのだ。四月九、一〇、一一日付けの「インクワイア」「フィリピンスター」「マラヤ」「マニラブレティン」「ビジネストゥデイ」などの現地新聞の報道から情報を整理してみよう。

四月二日の月曜日から、貿易産業省のマヌエル・ロハス長官と労働雇用省のサント・トーマス長官は、対策を協議するためにフィリピントヨタ社と何回も緊急会議を開いた。アロヨ大統領はサント・トーマス長官に繰り返し連絡して状況の把握に努めるとともに、できるだけ速やかに争議を収拾するように指示した。トヨタは会議の席で、早期解決がなければ投資を撤退すると発言したという。この会議には、急進的な組合をかかえ、ストライキがすでに発生した、あるいは将来その可能性のある日系企業一〇社も同席し、トヨタへの同情を示した。これ以上政府が急進的な労働運動に寛容な態度をとるのであれば、トヨタに続き投資の撤退もありうると発言した。新聞各紙は一〇社がどこなのか特定はしていないが、この争議に影響を受ける企業としてホンダ、三菱、日産などをあげ、トヨタは日系自動車関連企業の支持を受けていると報じているので、これらの日系自動車企業も参加していたと推測される。トヨタはまた、「我が社はビジネスをするためにここに来て、労働者にはできうるかぎりの処遇をしている。公正な裁定をお願いしたい」と発言し、労働雇用省がストライキを中止にできないのは五月一四日の選挙があるからだろうと非難したという。このような会議をふまえて、サント・トーマス長官は復活祭が始まる四月一一日までにこの争議を解決することを明言した。

以上のような断片的な新聞報道だけでは、いつ、どこで、どのように、トヨタや他の日系企業が、アロヨ大統領、貿易産業省長官、労働雇用省長官などの政府関係者と会ったかという具体的な事実は明らかにできないが、アロヨ新政権がこの争議を重要なものと位置づけていたことは確かだ。アロヨ政権はアメリカ、日本の企業投資や借款に依拠して開発を推進しようとしていたので、フィリピントヨタ争議はトヨタが満足のいくように解決しなければならなかった。

しかし、ストライキの中止命令を出せば、争議は急進的な労働運動の支援を受け、さらに広がっていくことも予想された。アロヨ大統領はピープルズパワーⅡの後押しにより新政権を樹立したばかりで、間近に迫った五月一四日の上院・下院国政選挙、地方選挙で、支持基盤を固める必要があった。選挙では、労働運動をはじめとする社会運動の支持を失うわけにはいかなかった。資本側にも労働側にも満足のいく玉虫色の解決手段を示さなければならない重要な政治課題だったのだ。当時、私がＹＣＷ（カトリック青年労働者連盟）のスタッフから国際電話で聞いた話によれば、アロヨ大統領はフィリピントヨタ社にも、ＹＣＷのスタッフにも会見し、直接、事情を聞いたという。

政府の資本側への最初の態度表明は、労働雇用省の付属機関ＮＬＲＣ（中央労使関係委員会）によるスト一時差し止め命令だった。四月五日になろうとする午前零時、ＮＬＲＣは会社が三月二七日に提出した要求を認め、スト一時差し止め命令を発令した。この命令は、組合に、工場構内への自由な出入りの阻止行動をやめさせる主旨で、言い換えれば、会社にピケ排除の実力行使を許可するものだった。NLRCは、NCMB（中央斡旋調停委員会）と異なり、強制的にストを中止させる権限をもつ機関である。NLRCも政労使三者の代表から構成されているが、労働側はTUCP（フィリピン労働組合会議）が代表しているので、使用者寄りの組織だと評されている。

◆…長官がスト現場に

四月七日、土曜日は、二週間にわたるストライキのなかで忘れがたい日だろう。アロヨ大統領は、突然、サント・トーマス長官を二工場のストライキ現場に派遣した。この訪問を、前任者のラグエスマ長官から職務を引き継いだ新長官の大きな仕事とマスコミが評していることからもわかるように、新長官にとっては手腕が試される任務だった。

長官たち一行は二台の車に分乗し、昼前に、ビクータン工場のピケを訪れた。アルツール・ブリオン労働次官も同行していた。ブリオンは、一九四六年生まれ、アテネオ大学を卒業して、カナダのヨーク大学で修士号をとった。有能な企業側弁護士として長く働き、二〇〇〇年に労働雇用省次官になり、TMPCWA（フィリピントヨタ労組）の組合承認選挙や団体交渉権を扱う実質的な責任者だった。

メインゲートに到着した長官を、ピケ中の二〇～三〇人の組合員が取り囲んだ。この突然の訪問を知らされていなかった労働者たちは驚いたという。長官は、ピケの前に一五分ぐらいいて、労働者と話をした。「この問題を解決するためにあらゆることをします」と語った長官の言葉を、ビクータン工場の労働者たちは鮮明に覚えている。長官は、管轄権引き受け（ＡＪ）によって強制仲裁に入り、職場復帰させるという政府案を持ってビクータン工場を訪れたようだ。レスターは、長官の言葉を記憶している。「労働争議を解決するために緊急に手段を尽くす、会社とも交渉すると言った。ＡＪを出すので、ストライキは四月一六日に終わるだろうと話した。でも、私たち労働者はＡＪがどんなものなのか知らなかったし、ＹＣＷもよく知らなかったようにみえた」。

長官の調停に懐疑的な意見もあった。「長官は、このケースは政府が収拾すると言ったが、労働雇用省が自分たちの味方かどうかよくわからなかった。長官は三月一五日の夜に公正な裁定をすると語ったが、一六日に解雇されたこともあり、全幅には信頼できなかった。結局、会社の味方をするのではないかと思った」と、組合役員の一人はこの時の気持ちを語る。

しかし、そこにいた労働者の多くが長官の言葉に希望をもった。

「『労働者のために解決します』と長官が言ったので、『ありがとうございます』と代表者が答えた。自分たちは、長官を尊敬し、希望を抱いた」。

労働者たちは競って、感謝と希望を込めて長官と握手をした。長官は、「これから会社と話し合いをします。職場復職できるように最善を尽くします」と言い残して、ゲート2から会社のオフィスへと姿を消した。

長官一行は会社との協議を終えて、サンタロサ工場のピケ現場に現れた。午後一時半過ぎから二時前までの一五分ぐらいと労働者は記憶している。この時の映像が残っている。画質が悪い上に、労働者のマイクの声や車の騒音が邪魔をし、タガログ語の会話は切れ切れしか理解できない。しかし、映像に映し出された長官の姿には、ビクータン工場の労働者が語った時の態度とは明らかに大きな違いがあった。襟と長袖の折り返しに豹柄をあしらった黒いスーツを着たこの中肉中背の女性、サント・トーマス長官の顔はこわばり、最初は、眼鏡の奥の不安を隠すかのように両手をせわしなくネックレスに触れていた。サンタロサ工場のゲートのそばで、三〇〜四〇人の労働者が長官とブリオン次官の周りを取り囲むと、白いワイシャツに紺のネクタイとズボンとサングラス、自衛隊のような帽子をかぶったガードマンたちが駆け寄ってきて、労働者の外側をさらに囲んだ。ビデオの係りなのだろう、一人がビデオを回しはじめた。

政府で公務員として長く働いてきたいかにも生真面目そうな中年の女性、サント・トーマス長官は、「こちらはブリオン次官です。彼が承認選挙の件の責任者です」と早口で紹介した。ブリオン次官が労働者たちとの会話を引き取ると、長官は落ち着きを取り戻したように、腕組みをしてその様子を見守った。背が高く腹がかなり出た恰幅のいいブリオン次官は、グレーのチェックの半袖シャツというラフなスタイル。如才なさそうに労働者と話しはじめた。「ストライキは暴力的ではなく平和的に行われている」と言った。TMPCWAのスポークスマンでもあるエミル書記次長が状況を説明すると、会話の途中でブリオン次官は、「門の出入りは邪魔されていない。門は開いているのにどうしてヘリコプターを飛ばしているのかと尋ねた」という。五〇〇ペソのカンパをくれた。長官たち一行は、労働者の拍手に送られてサンタロサ工場から車で立ち去っていった。

この日、昼食をはさんで、会社と長官・次官が何を話したかを知る手立てはもちろんないが、ことによったら、職場復帰という政府案を、会社は受け入れなかったと想像するのは考えすぎだろうか。

四月七日は組合員が刑事事件を起こしたと会社のガードマンに訴えられた日でもある。この日に二件、三月二八日に一件、合わせて三件が、五ヵ月後の九月中旬に刑事告訴されたのだ。三月二八日の事件は、LMC（労使協議会）の代表二人が組合員七人を刑事告訴したケースだが、これは後に取り下げられたので、四月七日の刑事事件二件が、現在も法廷で争われている。

事件の場所とされたのは、長官一行が立ち去った後のビクータン工場ゲート2、メインゲート前である。ゲートに向かって左側にはガードマンの詰め所があり、ゲートの前にもガードマンがいた。ここにいたガードマン五人が原告で、一つのケースはガードマン二人が組合員一六人を訴えたもの、もう一つのケースはガードマン三人が組合員二〇人を訴えたものである。いずれも、部品を搬入するためにゲート2から構内に入ろうとしたところを、組合員たちに阻止され、罵られたので、身の危険を感じたとして、これらの行為が、刑法の「重大な威圧行為」に該当するという刑事告訴だった。告訴された組合員のうち二人が三件のケース、一四人が二件のケースにかかわり、三件で合計二五人の組合員が告訴された。

謎の多い事件である。四月七日に衝突や傷害事件があったわけでもない。会社は、証拠としてビデオテープと写真を提出した。ガードマンが写真やビデオを撮っていたという記憶はかろうじてあるものの、この日の出来事を被告たちは定かには覚えてはいない。証拠のビデオテープと写真に映っているのは、「我々は労働者階級だ！　搾取は許さないぞ！」とシュプレヒコールをしながら、二〇数人の組合員がメインゲートの前で、サークルを描くようにして歩いたりする、ストライキの日常的な光景だったという。サークルを描いてデモをするのは、ビクータン工場でも、サンタロサ工場でもストライキの当初からおこなわれていた。門の前にただ座っていても所在がないので、時間を決めてサークルを描いてデモをしたのだ。被告の一人は、「リーフレットを読みながら抗議行動をしていたのに、どうしてガードマンに罵声を浴びせられるのだろう」と納得がいかない。ジョーイ書記長はいつものように、メガフォンをもって大声でスローガンを叫んでいた。その場に、ジョーイ書記長のほかに二人の役員もいたが、なぜか、ジョーイ書記長だけが訴えられた。ガードマンたちは、ビデオや写真で名前を特定できる労働者を訴え、都合のいいフィルムや写真を証拠として提出したのではないか、刑事告訴はでっちあげだと、労働者たちは語っている。

◆…ピケが急襲される

四月九日、復活祭を数日後にひかえた月曜日から、トヨタの本格的な反撃が始まった。明け方の五時、労働者たちが帰宅していたため手薄になったピケを、国家警察とガードマンが急襲したのだ。四月八日は日曜日。ビクータン、サンタロサ工場のピケではミサがおこなわれ、労働者たちは、久しぶりの休日を家族と過ごすためにピケ現場を離れた。汗と埃にまみれた体にシャワーを浴びたかった。ゆっくりと食事をして、ベッドの上で寝たかった。七日に長官が自分たちのところを訪ねてくれたことは、労働者に希望と安堵をもたらしていた。しかしながら、四月九日付けの「インクワィア」紙によれば、週末の七日と八日、貿易産業省のロハス長官と労働雇用省のサント・トーマス長官は、休日を返上して協議をしていた。フィリピントヨタ争議がエスカレートして投資家へのイメージを悪くする前に収拾しなければと、対策を議論したのだ。政府は、労働雇用省長官の言葉にあるように、復活祭の前に決着をつけたかった。そして、月曜日の明け方、ビクータン工場前のピケに国家警察が投入されたのだった。

まだ夜が明けきっていないビクータン工場。国家警察とガードマン合わせて一〇〇人は、1～5のゲート前にあった五ヵ所のピケ現場を同時に襲った。その場に居合わせた労働者は、「自分がいたゲート3、4には、合わせて一三人の労働者がいた。ビクータンとタギクから来た警官、会社のガードマンと、会社に雇われた約二〇人のヤクザが車に乗ってやってきた。ヤクザは長い棒を持っていた。彼らは、『ここから立ち去れ。労働雇用省はここを撤退するように命令している。撤退しなければテントを撤去する』と言って、バリケードを壊し始めた。自分たちは抵抗しないで、黙って見ていた。彼らはテントを壊してストライキに使っていた備品を持ち去り、私物を路上に投げ捨てた。立ち去った後、ガラス片などが散乱していたので、皆で掃除をした」と、この時の様子を語った。瞬時の出来事だったという。

ビクータン工場のピケが急襲されたというニュースは携帯メールで流され、帰宅していた組合員は慌ててピケ現場に駆けつけた。サンタロサ工場でも多くの組合員が帰宅し、ゲートの前には二三人しか残っていなかった。ビクータン工場襲撃のニュースを受け取ると八〇～九〇人の組合員がピケに戻り、ガードマンに抵抗してピケを守った。役員は、緊急の対策会議を開いた。ビクータン工場でのテントはまた張り直したが、このままピケを維持することはできないと判断し、ビクータン工場の組合員たちに、夕方、帰宅するように指示した。ビクータン工場のピケは崩されたのだ。

会社がピケを急襲していた同じ朝、新聞各紙は、「トヨタは撤退と脅しをかける」「トヨタ、労働争議がひどくなれば撤退と警告」「トヨタ、労働争議がエスカレートすれば撤退」「日本企業、労働不安のため撤退と脅す」という見出しでフィリピントヨタ争議を報じた。二八日のストライキ開始の時、短く報道した後、マスコミはフィリピントヨタ争議に関して沈黙していた。この日、大々的に争議を報道した背後には、匿名の政府関係者による情報のリークが存在したことが、記事から読み取れる。

この政府関係者は、四月二日からの政府とトヨタを筆頭とする日系多国籍企業との会議の経過をリークし、資本撤退は単なる脅しではないとして、ネスレ社が労働問題を理由に生産の一部を他国へ移転した前例をあげた。また、トヨタは組み立て工場と部品工場で八〇億ペソの投資額、一四〇〇人の雇用者数、二〇〇〇年の販売台数は二万四〇〇〇台で全国シェア二八・六%、年間五〇〇〇万ドルの輸出額といった数字をあげ、この争議により一億二九〇〇万ペソの損失を受けたと発表し、フィリピン国内最大手のこの企業のフィリピン経済における重要性を指摘した。

新聞は、政府はフィリピントヨタ争議をトヨタだけの問題とみるのでなく、他の多国籍企業や労働運動に及ぼす影響を心配していること、日系多国籍企業の投資の重要性は理解しているが、労働者の権利も守らなければならず、双方が満足するような早期解決を考えていることを伝えている。

マスメディアの情報源は複数の政府関係者、貿易産業省と労働雇用省の高官であったことが新聞記事から推測される。政府関係者が誰かは不明だが、政府がマスコミを使って意図的にそれまでの経過をリークし、情報操作がなされたのだ。全国紙であるマスコミ大手のこのセンセーショナルな報道により、フィリピン全土にフィリピントヨタ争議のことが瞬時に知れ渡った。私たち日本の支援者たちがストライキの仔細を最初に理解したのも、フィリピン在住の日本人の友達からFAXで送られてきた四月九日付けのこれら現地新聞報道だった。この日、YCWから経過報告が送られてきたこともあり、ストライキの全容をやっと理解することができたのだ。ＴＭＰＣＷＡには、事務所もパソコンも電話もなかった。ＹＣＷや友人たちから送られてくる状況報告が、日本側が現地の情勢を知る主な手段だった。

トヨタ撤退のニュースは世論の関心を引いたのだろう、大手全国紙は、ＴＭＰＣＷＡ、会社、政府に取材をおこない、一〇日、一一日もフィリピントヨタ争議に紙面を割いた。しかし、なぜ九日からこのような情報操作がされたのだろうか。私には、一〇日にサント・トーマス長官が発することになる管轄権引き受け（ＡＪ）の先触れだったように思える。情報をリークして当事者や世論の反応を見る一方で、政府の争議への対処に世論の支持を得たかったのかもしれない。

◆…スト中止へ

四月一〇日、サント・トーマス長官は、労働法二六三条ｇ項に定められた管轄権引き受けを発令し、強制仲裁に入った。ストライキを即刻中止し、四月一一日からはじまる復活祭休暇明けの四月一六日、月曜日から労働者は職場に戻ること、会社は労働者の職場復帰を受け入れることがその内容だった。ただし、これは、ＮＬＲＣ（中央労使関係委員会）が違法ストライキかどうか裁定を下すまでの暫定的な職場復帰命令だった。長官は、この労使紛争の調停をＮＬＲＣに委ねたのだ。

ＴＭＰＣＷＡは、長官の命令に従い、ストライキを中止するかどうか決断を迫られた。長官の職場復帰命令は本当に実行され、解雇者は職場復帰できるのだろうか。会社は解雇者を職場に戻さないと決めているという噂もあった。執行部はＹＣＷのスタッフとも協議して、サント・トーマス長官の裁定を受け入れることに決めた。長官の強制仲裁に従わなければ、九日の朝にビクータンのピケが会社や警察に急襲されたように、攻撃のさらなるエスカレートが予想された。エド委員長は、この決断を苦い思いで振り返る。「すべての労働者が連帯しなければストライキは成功しない。ストライキを続けたかったが、強固な団結がなかった。長官の命令に従わなければ血を流す危険があった」。

また、ピープルズパワーⅡの後押しで誕生したアロヨ政権への信頼も、まだ労働者の心に存在した。四月九日の会社と国家警察によるピケの強制排除に対して、日本の支援者からアロヨ大統領への抗議文の送付についてYCWから頼まれていた私は、職場復帰命令が出たので送る必要がなくなったと言われた。YCWスタッフの口調には、アロヨ大統領への信頼が感じられ、私はストライキが好結果を生み出したのだとひとまず安心したことを記憶している。TMPCWAはYCWの支援を受けてはいたが、若い独立組合だった。ストライキ中に他の労働組合からのカンパは寄せられていたが、特定の労働組合、あるいはナショナルセンターからの組織的支援は存在しなかった。

「AJ（管轄権引き受け）の内容を知らなかったので、一〇日は、職場復帰ができると思い、とても幸せだった。一六日には職場に戻れると信じていた」という労働者の言葉は、職場復帰命令を受けた時の組合員たちの気持ちを代弁している。

一〇日、サンタロサ工場は早朝から緊張感がみなぎっていた。前日、九日の早朝にビクータン工場のピケが、警察、ガードマン、ヤクザによって急襲されていた。マスメディアはトヨタ撤退の記事を流布していた。なんとしても、サンタロサのピケは死守しなければならない。そのような時、サントス・トーマス長官の職場復帰命令が伝えられた。職場復帰できると喜んでいた若者たちに、昼すぎに再び緊張が高まった。多数のガードマンが門から出てきて、工場前のピケットラインを少しずつ排除していこうとしたのだ。スローガンを書いた布が引きちぎられた。棍棒を手にしている者もいる。労働者たちは、遠巻きにして非難していたが、突然、輪のなかから高らかな声がした。「我々は労働者階級だ！ 搾取は許さないぞ！」ガードマンたちは、結局、ピケを排除することはできなかった。労働者は非暴力で会社を撃退したのだ。

執行部は、この夜、ビクータン工場に続き、サンタロサ工場の門前でも集会を開いた。

「会社は、ピケもストライキもできるものかといった。しかし、忍耐と犠牲と勝利への強い願いで、我々はまだ闘いを続けている。会社は、今、我々が工場に戻れないという情報を流している。これは挑戦状ともいえる。会社が挑戦を続けるのであれば、大問題をもたらすことが、そのうち証明されるだろう」（マックス副委員長）。

「ストライキは我々の闘いの出発点だ。トヨタ労働者の行動が、新たな歴史の一ページとなることは間違いない。トヨタ労働者の闘いは、フィリピン労働者の闘いだけでなく、全世界の労働者の闘いだ」（エド委員長）。

集会での二人の発言は、フィリピントヨタ争議の未来を暗示しているかのようだった。労働者は二人の勝利宣言に歓喜した。三月一六日に解雇されてから二週間の無抵抗の抗議行動。二週間にわたるストライキ。つらい四週間にわたる闘いの果実だった。「ストライキが終わったとき、体重は三キロ減っていた」と、ある労働者は回想する。

四月一一日の午前中、サンタロサ工場では、自分たちでテントを撤去して掃除をした。午後、ＹＣＷがミサをおこない、サンタロサ工場でもストライキを中止した。最後に、皆で記念写真をとった時、若者たちは、職場復帰できるので闘争は勝利したと信じていた。

この日、TMPCWAは、エド委員長訪日の記者会見をした。四月一九日に訪日し、トヨタ東京本社前で抗議集会を開き、自動車労働者のセミナーに参加すると発表した。

四月一一日の現地新聞各紙は、「トヨタのストライキは終了　争議は強制仲裁で」「トヨタの労働者は職場復帰」「トヨタは今日から生産を再開」などの見出しで、ストライキの中止を報じた。マスコミは、労使ともこの仲裁を喜んで受け入れるウィンウィンの解決だともちあげた。

しかし、第1章で説明したように、労働法二六三条g項は、労働者の団結の自由を損ない、経営者や多国籍企業にとっては都合のよい法だという指摘がある。ILO（国際労働機関）もこの法を問題にしている。この法の問題点を証明するような文書を入手した。労働雇用省長官の管轄権引き受け、職場復帰命令について、マニラに事務所がある「タケザワ技術移転および産業コンサルト会社」が発行した、労働法や労働問題を日本語で解説したパンフ、「Q&A　2000―2001」である。マニラに滞在する友人が、フィリピン人を管理する立場の日本人使用者が読んでいるといって渡してくれたのだ。このパンフには、組合がストライキをした場合の対処法に関して、強制仲裁による職場復帰命令の重要性が書かれている。

「（前略）ピケを蹴散らかすには、法的には労働雇用省より『職場復帰命令』を入手し、これに従わぬ場合は地区の警察にこの『職場復帰命令』を提示して出動してもらうことになります。しかしながら、労働雇用省はこの『職場復帰命令』発給までにいたずらに時間を要し、通常一週間から最近の例ではほぼ一ヵ月近いケースもあります。残された手段は自分で蹴散らかすわけですが、ローカル企業では時としてこれを行いますが、外資系、とくに日系企業がこれを行うと『金持ちの日本人が可哀想なフィリピン人労働者をいじめている』という『図』になり、社会的批判、マスコミによる批判、ひいては労働雇用省をはじめとするフィリピン政府をも敵に廻してしまう事となる為、お奨め出来ません。従いまして、PEZA（フィリピン経済区庁）、DTI（貿易産業省）その他、あらゆる手段を講じてでも一刻も早く労働雇用省から『職場復帰命令』を出させることに専念するほかありません」。

自分の手は汚さないで、フィリピン政府を使い「職場復帰命令」を出させ、国家警察を出動させ、ストライキを中止させよというアドバイスである。日系企業がよく使う手段のようだ。フィリピントヨタ社もこの手段を採用した。

四月一六日、月曜日の朝、ビクータン工場。職場復帰できると信じながらも一抹の不安を抱え出社してきた解雇者が見たものは、壁に貼り出されていた労働雇用省長官の通知だった。通知の内容を労働者たちは説明してくれた。「解雇者の職場復帰は認めないが、賃金は支払うと書かれていた」。「復帰した労働者を実際に職場に戻すか、戻さないかは経営陣の判断による」というもので、実際の職場復帰は実施されず、会社は賃金を支払うだけでもよいという命令だった。門前でガードマンは、労働者のIDをチェックし、入構させてよいかどうかを選別した。サンタロサ工場では、「ガードマンがセクションごとに名前を呼んで長官の通知を配布した。ベルがこの書類に書いてある内容を説明してくれた。通知には、解雇者の職場復帰は認めないが、賃金は支払うと書かれていた。解雇者は構内に入ることができなかった」。

労働者はサント・トーマス長官の発動した職場復帰命令の中味を初めて知ったのだ。賃金の支払いもNLRCの裁定が出るまでである。NLRCが違法ストライキと認めれば解雇になり、賃金の支払いは止められることになる。政府の裏切りに怒った解雇者は、両工場の門前でそれぞれ集会を開くと、午後に労働雇用省に抗議に行くことに決めた。労働雇用省の前で抗議行動をしたが、長官が話し合いに応じたので、五時半に引き上げた。組合は、「ストライキを再開することも考えている」と表明した。アロヨ政権を信じていたこともあり、この裏切りを許すことができなかった。

解雇者の一人、ネルソンはこう言う。

「二番目の子供が四月一四日に生まれた。一年前に生まれた長女の世話のため、妻は前年の八月に工場を退職したばかりだった。妻の誕生日は、職場復帰命令の出た翌日の四月一一日。誕生日を祝いながら闘争が早く終わるようにと願ったのに。一四日に生まれた長男は闘いの証人だ」。

闘争のさなかでも、たくさんの新たな命の誕生があった。そして、若者たちの闘いはこの新たな命たちの運命にも大きな影響を及ぼすことになる。

第3章　飛び散る火種

▼…マニラ日本大使館前で抗議行動する日本とフィリピンの労働者たち（2001年7月31日）。

二〇〇一年四月一九日、TMPCWA（フィリピントヨタ労組）の委員長、エド・クベロを乗せたフィリピン航空四三二便は、定刻の一九時五五分より三〇分遅れて成田空港に到着した。迎えに出た私（遠野）は野口豊とともに、エド委員長の名前を書いた紙を掲げながら、第二ターミナルの到着出口で心配しながら待ち受けていた。エド委員長のビザが直前まで取れず、航空券やビザの手続きをしてくれたマニラ在住の友人と国際電話とFAXで何度も連絡を取り合っていたからだ。出入国の手続きで嫌がらせを受けるのではないか、本当に来日できるのか、不安だった。アメリカやヨーロッパから帰国したと思われる日本人観光客たちに続いて、子供を連れての里帰りから戻ってきたフィリピン人妻たち、エンターテイナーであろうかフィリピンの若い女性たちが集団で到着口に現れはじめた。フィリピン航空の乗客たちだ。一瞬、人波が途絶えた時、紺のジャンバーとジーパン、リュック一つの軽装でエド委員長が到着口から出てきた。写真で見るより若く、長期間のストライキを闘ってきた疲れも感じられなかった。漆黒の豊かな髪が印象的なハンサム青年だ。エドは手を振る私たちを見つけると、安心したようにニッコリ笑った。エド委員長は労働NGOであるAPWSL（アジア太平洋労働者連帯会議）日本委員会と自動車産別連絡会議の主催するセミナーに参加するために来日し、私と野口はAPWSLと自動車産別から迎えに出たのだ。

四月一一日、労働雇用省長官による職場復帰命令が出た翌日、ストライキを収束したTMPCWAは、訪日の記者会見を開いた。「会社が労組の結成を認めようとしないことで起きた今回の労働争議は、フィリピンだけでなく、世界中の労働者にとっても深刻な問題だ。労働者の団結権を認めようとしない同社の卑劣さを訴えたい。ILOにもこのケースを訴えるつもりである」というエド委員長の発言を、フィリピンの邦字紙「まにら新聞」は報じている。委員長が闘争の場を離れることへの不安はあったが、「世界の労働者は連帯しなければならない。自分たちの経験を共有したい」という気持ちが、組合員の大勢を占めた。

エド委員長がなぜ訪日することになったのか。日本での連帯の輪の広がりを見てみよう。

3・1●――争議は日本へ

◆……火種はメールで

TMPCWAと日本との連帯の糸は、二〇〇〇年一月二五日、フィリピンYCW（カトリック青年労働者連盟）の全国委員長をしていたデイジー・アラゴから小嶋武志に送られた一通のメールから結ばれた。メールには、「フィリピントヨタ労働者の闘いの歴史」が添付されており、三月に実施される組合承認選挙に向けて、日本から、とりわけトヨタ労働者から連帯のメッセージが寄せられることを求めていた。

敬虔なカトリック信者である小嶋は、ACO（カトリック労働者運動）のメンバーである。ACOはベルギーに本部があり、日本支部は一九七〇年に結成され、カトリックの労働者を組織している。小嶋は、ACOの青年組織であるYCWからマレーシアでのリーダー養成プログラムに派遣され、日本進出企業の現地労働者への仕打ちに疑問を抱いたという。二〇代半ばの頃である。その後、一九七〇年に石川島播磨重工に入社し二〇〇三年に退職するまで、現場労働者として働いた。小嶋の労働組合活動家としての転機は、一九八六年に実施された大合理化で、繰り返し退職を強要されたことにある。退職に同意しないと機械工の仕事から清掃にまわされる等、さまざまないじめを受け、ストレスで突発性難聴となった。しかしながら、労使協調路線であった造船重機労連加盟の石川島播磨重工労働組合は小嶋を守ってくれず、支援してくれたのは、少数派であった全造船機械労働組合（全造船）だったので、一九八六年一二月に全造船機械労働組合石川島分会に加入した。

全造船は戦後に結成された造船企業の労働組合だったが、一九六〇年代後半から大企業を中心に労使協調路線の第二組合が次々と結成されたため、少数派の第一組合となっていった。小嶋の所属した全造船石川島分会は、全造船関東地方協議会（ゼンゾウセン）のメンバーでもあった。ゼンゾウセンはユニークな組織で、協議会の枠にとどまることなく、外国人、パートなどの非正規雇用の労働者の権利を守ろうと、神奈川地域労働組合を結成し、川崎、横浜、横須賀、湘南でコミュニティユニオンを組織していく。小嶋は、二〇〇〇年当時、このコミュニティユニオンの一つ、ユニオン・ヨコスカの副委員長でもあった。

国際連帯に関心を抱く小嶋はまた一九八三年に発足した「フィリピンと日本を考える横須賀市民の会」の中心メンバーでもあり、フィリピンへの体験学習ツアーを度々企画していた。八〇年代初めから盛んになったフィリピンの反マルコス体制の運動（ピープルズパワーⅠ）に対して、日本の市民の間に支援、連帯の運動が広まり、フィリピン体験学習ツアーが頻繁に実施されていた。カトリックの労働組織であるフィリピンＹＣＷは、小嶋たちの長期にわたるフィリピン連帯運動のパートナーだった。フィリピントヨタ争議が日本に広がる火種となったＹＣＷからのメールは小嶋の手で、ＡＣＯ、ゼンゾウセンの仲間たちに転送された。

　トヨタ自動車の本拠地、西三河地域の労働者たちに火種が届けられたのは、二〇〇〇年二月半ばだった。小嶋はACOの仲間で豊田市に住むシスター、長谷川貴子に、日本のトヨタ労働者からフィリピントヨタ労働者への連帯のメッセージをもらうことを頼んだ。シスター長谷川は、パートとして自らもトヨタの孫受け企業で一〇年近く働き、西三河地域の労働者と知り合っていた。

　シスター長谷川は、ちょうどその時豊田市で開かれた自動車産別連絡会議の合宿で、小嶋の依頼を伝えた。自動車産別連絡会議は既成の企業内組合に批判的な自動車労働者のネットワークとして一九七五年に結成され、国内外の自動車労働者との情報交換やメンバーの争議支援などの活動を息長く続けていた。春闘がはじまるこの時期に毎年、全国から仲間が集まり、豊田市で合宿をおこなっていた。二〇〇〇年二月の合宿のメインテーマは日産村山工場閉鎖だったと記憶されている。日本の自動車労働者も自動車産業の世界的再編成の影響を受けはじめていたのだ。シスター長谷川が報告をしたフィリピントヨタの若者たちの話は、神奈川から参加していた大井呑の関心をひいた。自動車工場の現場労働者である大井は、野口とともに自動車産別連絡会議の事務局を担い、関東と関西のネットワークを繋ぐ要でもあった。成田にエド委員長を迎えにでた野口は、定年退職するまで、いすゞ自動車藤沢工場で溶接工として働いていた。腱鞘炎にかかり、労災の認定をめぐって会社相手に孤軍奮闘していた当時、自動車産別連絡会議の支援を受け、メンバーとなっていた。

　こうして、自動車産別連絡会議のトヨタ労働者など、日本からの数々の連帯のメッセージが、承認選挙キャンペーンのさなかに現地に届けられ、フィリピントヨタ労働者を勇気づけた。三月八日の投票日の直前のことだった。

メールによる闘争の火種は、小嶋から大井を介してAPWSL日本委員会のメンバーに送られた。そして、その一つを共同調整委員だった私が手にしたのだ。APWSL（アジア太平洋労働者連帯会議）は一九八二年に設立された国際労働NGOで、草の根の労働者の国際連帯を目標に、情報交換、争議支援、労働者交流をおこなっていた。アジア太平洋一二ヵ国・地域の労働組合、労働NGO、個人がネットワークに加入し、日本委員会は一九九〇年に結成された。自動車産別連絡会議は日本委員会のメンバーで、大井や野口はAPWSLの事務局も担っていた。

その後もTMPCWAからは、三月八日の組合承認選挙の結果、五月一二日の労働雇用省の裁定などのニュースが、YCWと小嶋が架けた橋を通って日本に伝えられた。


現地の様子に直接ふれ、交流をはかりたい。「フィリピンと日本を考える横須賀市民の会」は、二〇〇〇年夏の体験学習ツアーの日程に、七月二九日TMPCWAとの交流、七月二一日サンタロサ工場訪問を組み込んだ。ツアーには小嶋の他に、シスター長谷川と神奈川シティユニオンでフィリピン移住労働者の組織化を支援していた鈴木健も参加した。

七月二九日の夜、TMPCWAのリーダー一〇数人がビクータン工場近くのジョーイ書記長の家に集まり、メンバーの手作りの料理とサンミゲルビールで訪問団を歓迎した。フィリピントヨタの若者たちと日本の支援者たちとの初めての出会いだった。TMPCWAからは、五月一二日に出された承認選挙の裁定に対して会社が労働雇用省次官に不服を申し立てたので、その裁定を待っている一方、会社の組合への切り崩し、御用組合作り、組合員の引き抜き、中傷ビラの配布などがあるので、セミナーを開いて対抗しているという状況報告があった。シスター長谷川は、トヨタ労働者からのメッセージを携えていた。メッセージには、承認選挙が勝利したことへの祝福とこの勝利が自分たちトヨタ労働者の励みになったことがしたためられていた。TMPCWAのメンバーは、このメッセージにいたく感動したという。交流会ではさまざまな意見や質問が飛びかった。一人の執行委員からは、「世界のトヨタ労組の連合体があると聞いたが、どうしたら加入できるのか」という質問も出た。

「今まで出会ったフィリピンの労働者とは何か違ったものを感じた。一生懸命に活動していることはもちろんだったが、労働運動を自分たちの手でつくっていこう、トヨタに立ち向かっていこうという気概があった。この運動を世界に広げていこうと発言したらビックリしていた」と小嶋。「生活がかかっているのに、会社のやっていることはおかしいと感じたことを行動に移しているのは、勇気がある。大変な状況なのに、元気があり、みんな明るかった」と長谷川。二人はフィリピントヨタの若者たちとの最初の出会いを思い出す。エド委員長は、歓迎会の終わりを「フィリピントヨタ労組にとって、今もっとも必要なことは、国境を越えた労働者間の真の連帯、共同の闘いです」という言葉でしめくくった。

この場にいたリッキー執行委員は、「外国の人たちが国を越え、自分たちの組合を支援してくれることをとても誇りに思った。トヨタ労働者からのメッセージはコピーして会社の掲示板に貼った。ガードマンに剥がされたのでロッカールームの壁に貼ったが、それも撤去された」と後に私に語った。支援者の顔が見えたことは、連帯の気持ちをより強固にした。フィリピンでの交流後、ユニオン・ヨコスカはフィリピントヨタ争議への支援を組織として取り組むことに決めた。豊田市で一〇月に開かれた労働運動活動家交流集会でシスター長谷川はこの交流会の報告をおこない、西三河の労働者たちにとってもフィリピンはもっと近くなっていった。

◆…若者たちと会う

二〇〇〇年八月二九日、私はマニラ市パコにあるＹＣＷの事務所でＴＭＰＣＷＡのメンバーを待っていた。なぜ私がそこにいたのか、少し説明が必要だろう。火種を手にした人たちが、異国の争議支援という国際連帯に関わるようになった過程は、それぞれの人が生きてきた道と重なり合う。とりわけ、ゼンゾウセンや西三河の歴戦の兵《つわもの》の物語は、一人が一冊の本になるぐらい面白い。しかし、そこを書くことができないので、市民である私がどうして支援にかかわるようになったかについてふれてみたい。

私の九〇年代は鬱々としたものだった。介護や子育てや自分自身の病を抱え、さまざまな社会運動から身を引かざるえない個人的事情もあったが、しかしそのような個人的なものを越えたもっと茫洋とした閉塞感にとらわれていた。たぶん、八〇年代から九〇年代はじめにかけて私が実施した、日本を代表する繊維企業、中規模音響メーカーなどの多国籍企業の調査も関係していたのだと思う。調査はしたが、結果を発表する気にはなれなかった。非正規雇用化、工場閉鎖やアジアへの工場移転により働く人の権利が奪われ、企業戦略に抗った労働運動が負けていく歴史だった。そのような事実を公にして何の意味があるのか。国境を自由に越える多国籍企業を規制するには、労働者や市民の国際連帯が必要だ。しかし、多国籍企業の力はあまりにも強大で、私たち小さき市民に何ができるというのだろうか。希望はどこにあるのだろう。私の世界への窓は無力感からとても小さく、労働者や市民の抵抗の足音は聞こえてこなかった。ヨーロッパやアメリカでは国際産別やナショナルセンターに変革が起こり、韓国の労働運動も勢いをつけていた。その息吹は、多国籍企業本社のある日本へ抗議にやってきた韓国やアメリカの労働者たちを通して感じられたが、それでも世界は遙か遠くにあった。

希望の足音が聞こえてきたのは、突然だった。一九九九年一一月末から一二月にかけて「WTOシアトルの闘い」が起きたのだ。何か凄いことが起きているらしい。日本のメディアから得る情報ではかすかにしか聞こえなかった足音は、情報を集めていくにつれ徐々に大きく聞こえてきた。労働組合員とNGOの若者・市民が一緒に行動したらしい。シアトルからの足音が、労働運動とは無関係だった市民の私を、労働者の国際連帯運動に取り組むAPWSLの活動へと深入りさせていったのだと、今、思う。

二〇〇〇年夏、私は前任者からのピンチヒッターとして国際NGO・APWSLの共同議長となり、マニラで開催されたAPWSLの事務局会議に参加した。その会議の合間を縫って、自動車産別連絡会議のメンバー・大井呑からの手紙を届けるメッセンジャーとしてYCWを訪問したのだ。大井は、トヨタ世界協議会に加入したいといっていたTMPCWAのメンバーに、一九九九年七月、愛知県で開かれた第八回トヨタ世界協議会の情報を提供すると同時に、IMF（国際金属労連）と関係をつけることが重要だとしたためていた。「争議を国際化する必要があると思った。トヨタ世界協議会では、海外のトヨタの労働組合から、トヨタへの批判があったと聞いた。IMFを通じて、問題が国際化できればと思った」と大井は当時をふり返る。

八月二九日の夕方、台風がマニラを襲っていた。道路はいたるところで浸水し、パコにあるYCWの事務所までの交通渋滞はさらにひどくなっていた。事務所でしばらく待っていると、びしょ濡れになった三人の若者が現れた。髪の毛からは水滴がしたたり落ちている。組合のリーダーである三人の若者、マックス、エミル、マイクは、会社やLMC（労使協議会）が第二組合をつくろうとしている、TMPCWAはセミナーを開き労働者教育をしているなど、二〇〇〇年夏の組合の様子を報告してくれた。

訥々と語る若者たちのひたむきさに私は心魅かれ、彼らとだったら、放り出していた宿題を終わらせることができるかもしれないという直感が走った。私は日系多国籍企業の調査で、アジアにある子会社の組合役員たちを取材していた。国籍の違う彼らが共通して訴えたのは、本社の労働組合と連絡をとりたい、支援を受けたいということだった。どう答えたらいいのだろう。私は問われる度に、目を伏せうなだれた。答えは長い間の宿題として残っていたのだ。暗い夜道をバイクでラグナまで帰るという三人を見送りながら、一緒に答えを捜すために彼らをいつか日本に呼びたいと思った。

TMPCWAを日本に招待して、日本の自動車労働者と交流する機会をつくりたいという思いは、それから二ヵ月後の一〇月、ソウルで開かれたASEM（アジア欧州会議）の対抗会議「ASEM2000民衆フォーラム」に参加して、さらに強くなっていった。フォーラムのワークショップの数々に参加して、私は多国籍企業規制の手段として、企業行動規範、労働者の国際連帯、そしてトービン税などがあることを学んだ。小さな市民でも多国籍企業の規制に何かできるかもしれない。一〇月二〇日、ソウル・オリンピック公園からASEMの会場の近くまで二万の人とデモをした。二万人の足音を聞きながら、希望が湧き上がってくるのを感じた。帰国すると、APWSLと自動車産別連絡会議の共催で、アジアの自動車労働者の「下からのグローバル化」をテーマに連続セミナーを開くことを提案し、賛意を得て皆で準備を進めていった。

APWSLがセミナーの企画を進めていた頃、一〇月一九日に労働雇用省が、再度、組合勝利の裁定を下したとのニュースが入ってきた。吉報は、フィリピン側の窓口であったYCWのデイジーを通じて日本側窓口の小嶋に伝えられ、支援者に転送された。フィリピンの複雑な労働法を知らない当時の私は、メールの内容をよく理解できなかったが、デイジーの喜びに満ちた文面から、TMPCWAにとっての大きな前進であることを行間に読み取り、セミナーはきっと成功すると信じた。しかしながら、二〇〇一年に入ると、現地で何か緊急事態が発生したことが想像できた。ストライキを準備しているという。そして、二月二一～二三日のBLR（労働雇用省労使関係局）での公聴会への参加、三月一六日の解雇通告、三月二八日のストライキ突入と予断を許さない事態が進行していった。

三月二八日、ストライキに突入すると、現地から刻々と状況が伝えられた。ゼンゾウセン、自動車産別連絡会議、APWSL日本委員会は共同して三月二九日付けでトヨタ自動車への抗議文、自動車総連、トヨタ労組、IMFへの支援要請文を作成し、Eメールで送った。この支援活動は大井の発案だった。本音を言えば、要請文は送ったものの人国際産別であるIMFからの返事は期待していなかった。しかし、予想に反して、IMFのマルチェロ・マレンタッキ書記長から返事があり、聞いてはいたものの国際労働運動が実際に変化しつつあるという兆しを目の当たりにした。

大井と私は、フィリピントヨタ杜への抗議文とTMPCWAへの支援のメッセージをメールで世界に流そうと、プロテスト・トヨタ・キャンペーンを立ち上げた。技術援助をしてくれたのは、市民のインターネット活動を支援するために設立された通信NGO、JCAネットの印鑰事務局長だった。印鑰は、インターネットを使った労働運動NGOのパイオニアであるイギリスやアメリカのレイバーネットに、情報を流してくれた。小嶋もACOのネットワークを使って世界へと発信した。こうした日本からの要請に応え、フランス、ニュージーランド、パキスタンなどから、抗議文や連帯のメッセージがTMPCWAのストライキの現場に届けられた。

世界からの声はストライキ現場で紹介された。サンタロサ工場のピケでは、メッセージは、スケジュールや役割分担を示す表が掲示してあるボードに並べて貼られた。「抗議文やメッセージには励まされた。自分たちは一人ではない、他国の人たちが、自分たちの闘争を知り、一緒に抗議をしてくれていると思った。全組合員が同じ気持ちだったと思う」と労働者の一人は回想する。第2章で紹介した四月一一日の記者会見でのエド委員長の発言は、短期間のうちに確実に築かれてきた国際連帯に裏打ちされていた。こうして、四月一九日、エド委員長は成田空港に降り立ったのだ。

◆…エド委員長訪日

四月二一日、土曜日の午後二時から、「自動車産業のグローバル化とアジアの労働者」と題するセミナーが開催された。会場は早稲田大学文学部近くの早稲田奉仕園の集会場。日本基督教団の建物・教会などがある閑静な敷地の一角にあった。午後から降り出した雨に人が集まるかと心配だったが、席はすぐに埋まり急いで補助いすを用意した。ゼンゾウセンのメンバー、豊田や静岡からきた自動車産別連絡会議のメンバーの顔も見える。自動車産業における世界的再編成は、日産村山工場の閉鎖やGMの韓国子会社・大宇自動車の大争議を引き起こしていた。アジアにおけるトヨタグループの子会社でいえば、フィリピントヨタ争議のほかに、アラコ社のインドネシア子会社、カデラ社での争議も重大な局面を迎えていた。自動車のシートを製造しているカデラ社では、賃上げを要求して六〇〇人の労働者がストライキに突入していたが、三月二九日の未明にジャカルタ郊外の工場で篭城していた労働者をバス一〇台に乗った五〇〇人の暴徒が急襲し、一人の死者と一一人の負傷者を出していた。APWSLインドネシア委員会から連絡を受けた日本委員会では、APWSL関西グループがこの争議の支援に動き出していた。このようなニュースが人々の関心を引きつけたのだろう、参加者には労働運動の活動家のほかに、NGO関係者や研究者の顔も見えた。

大井による、闘う自動車労働者の下からのネットワークをつくっていこうという基調報告ではじまり、マレーシア国立大学のラジャ・ランシア教授の「東南アジア四ヵ国の自動車製造業と規制緩和」、マレーシア全国運輸機械関連産業労組のサイード・シャヒル書記長の「東南アジア四ヵ国の自動車労働者——日本の労組との関わり」の報告に続き、日本からは村山工場閉鎖への反対闘争の報告「ルノー・日産による『リバイバルプラン』とのたたかい」があった。最後は「フィリピントヨタ経過報告」だ。エド委員長はフィリピントヨタ闘争の報告を、アジアの自動車労働者のネットワークをつくることの重要性で結んだ。翌日に開かれた自動車産別連絡会議の討議でも、アジアの労働者のネットワーク形成の具体化、その第一歩として、「アジア自動車フォーラム」開催の計画が話し合われた。

APWSL日本委員会も自動車産別連絡会議も小さな労働NGOである。三人のゲストを招待して国際会議を開くことに経済的な余裕があるわけではない。ゼンゾウセン、研究者のグループである労働運動研究者集団（事務局長は増田寿夫法政大教授）などから寄付があった。財源の確保に加え、通訳、翻訳、宿泊や交流会の手配と、国際会議にはエネルギーと時間がいる。APWSL・自動車産別連絡会議のメンバーがフル回転をしたのはもちろんのこと、多数の人がボランティアとなった。TMPCWAへの共感が多くの心を動かしたのかもしれない。セミナーの会場は高揚感で包まれた。

JR水道橋駅を降り、東京ドームを前にして左側に外堀通りを歩くと、トヨタ東京本社がある。四月二三日、私はエド委員長とゼンゾウセンのメンバーとともに、トヨタ東京本社前に初めて立った。一七階建てのビルの裏手は後楽園の森だ。新緑が陽光に輝いている。午後二時に近づき、『トヨタは組合つぶしをするな』という横断幕を張った街宣車が横づけになった。駅から歩いてくる人たちも増えてきた。ゼンゾウセンとユニオン・ヨコスカの呼びかけに応えて集まってきた人たちだ。組合のスローガンを書いた黄色いゼッケンをつけているのは、神奈川シティユニオンの移住労働者たちだ。フィリピン人の組合・SMP（滞日フィリピン人労働組合）のメンバーもいる。人々は東京本社前に到着すると、のぼり旗や横断幕の準備をはじめた。神奈川シティユニオンは英語の赤いのぼり旗を何本も立てている。林立する赤い旗のなかに、さまざまな色の旗が立つ。白い旗は神奈川県高校教職員組合、紺色の旗は自動車産別連絡会議、青やオレンジの旗は県央ユニオン、ピンクの旗は全統一労組。外国人、下請け、非正規雇用の労働者たちの人権を守ろうと活動しているコミュニティユニオンの組合員たちの姿が目立つ。やがて全港湾、川崎清掃、中小政策ネットなども加わり、全体で二五団体、一五〇人がトヨタ東京本社前の歩道を埋めた。背広を着た一〇人ぐらいのトヨタの社員が、ガードマンと一緒に入り口に立った。一団の中を落ち着きなく通り過ぎたり、遠巻きにしたりする社員もいる。腕組みをして、何が起きるのか緊張している様子が伝わってきた。

いよいよ集会が始まり、参加者たちは次々とマイクを片手にトヨタに抗議するスピーチをおこなう。抗議行動の途中で交渉団がトヨタ東京本社に入ることになった。交渉団のメンバーは、エド委員長、ゼンゾウセンからは島田一夫議長、早川寛事務局長、ユニオン・ヨコスカの小嶋武志副委員長、いすゞ自動車分会の風呂橋修委員長、船越教会の宮崎徹牧師、そして私の七人。交渉団は拍手の中を会社に入っていくことになるらしい。組合流セレモニーに慣れていない私は、気恥かしく小さくなって後についていった。

新車が展示されているガラス張りの正面玄関を入り、二階の会議室に通された。後楽園を望む窓際の会議スペースだ。トヨタからは、東京総務部企画サービス室のS係長ら三人。私たちの言うことをひたすらメモにとる。トヨタ側からは、「フィリピントヨタは現地法人なので争議の内容は知らない。今はじめて聞いた」という発言があったので、「トヨタ広報は、ストライキのことをマスコミ発表しているのにおかしいではないか」とたたみかけると、「これから、担当部署をさがし、五月七日までに返事をします」と答えた。これが、一時間以上にも渡る申し入れの結果だった。

交渉の内容が抗議行動をしながら外で待っていた人々に伝わると、怒りの声があちらこちらからあがった。実は、私は写真を撮るのに忙しく、集会のところどころしか覚えていない。この日のうらに訪日の記録である写真を現像し、翌日の早朝に離日するエド委員長に渡したかった。エド委員長へのさまざまな中傷は工場内外に流されていたので、訪日についても何を言われるかわからない。日本での行動記録を持って帰ってもらいたい。マックスやエミルたちにも日本の支援者たちの姿を見せたかった。夢中で写真を撮っていた私に、突然、「ウーリング　マンガガワ！（我々は労働者階級だ！）ホクボーン　マパンパラヤ！（搾取は許さないぞ！）」とタガログ語のシュプレヒコールが耳に飛び込んできた。よく通る大きな声で、拳をあげているのはエド委員長だ。寡黙なこの若いリーダーの別な顔、TMPCWAを率いている力強い指導者の顔がそこにあった。

宮崎牧師は、翌朝の午前四時頃、帰り仕度をととのえ、玄関先にあるベンチにうずくまるようにして座っているエド委員長を見つけて驚いた。前夜遅くまで、横浜の港町診療所二階の会議室で開かれたゼンゾウセンとの交流会を終え、宿泊先である横須賀の船越教会に到着したエド委員長は、背中に痛みを感じ、一睡もしていなかったと宮崎牧師は私に語った。豪放そうに見えながら繊細な宮崎牧師は、エド委員長のこの姿に指導者としての苦悩を感じたのかもしれない。今思えば、来日するわずか三日前に、解雇者は給料を支払われるが職場復帰はできないことが判明していた。これからの険しい道をどのように切り拓いていくのか、指導者の肩にかかっている重圧は計り知れなかっただろう。

実を言えば、国際連帯を唱えていた日本側でも、フィリピン現地の様子はまだよくわかっていなかった。私について言えば、フィリピントヨタのストライキにはYCWの財政的、組織的なサポートがあると想像していた。フィリピントヨタ労組の闘争資金が、見知らぬ多数の労働者が送迎バスの窓から道路に投げてくれる小銭で支えられたことも、フィリピントヨタ労組が若い組合で、他の組合のサポートをほとんど受けていなかったことも知らなかった。不公正なフィリピン労働法、フィリピン政府の労働政策や多国籍企業トヨタの組合つぶしの歴史も知らなかった。フィリピンはまだまだ遠かった。

エド委員長の来日は、フィリピントヨタ争議を支援してきた人々が、セミナーやトヨタ東京本社前での抗議行動でエド委員長と出会ったばかりでなく、日本側でも一堂に会する契機となった。国際連帯の小さな火種は一つになり、かすかな灯りで真実を照らしはじめたのだった。

3・2●——連帯は広がる

◆…暴力を振るわれる

五月二九日、TMPCWA（フィリピントヨタ労組）から緊急事態を知らせるメールが送られてきた。前日、二八日に、ビクータン工場前で職場復帰と労働協約交渉の開始を求めてピケを張っていた組合員たちが、会社のガードマンに襲われ、多数がケガをしたというのだ。発砲もあったという。会社に抗議行動をしてほしい、ILOにも提訴したいという内容だった。エド委員長が帰国して一ヵ月以上が過ぎ、現地からの初めての連絡だった。何が起きたのだろうか。当時、TMPCWAには事務所も、電話も、パソコンもなかった。切迫したメールの文面にただならないものを感じた私は、翌日、プロテスト・トヨタ・キャンペーンの名で、ＩＬＯ、ＩＭＦ（国際金属労連）などの国際労働組織、国際労働ＮＧＯに向けてこのメールを転送し、抗議文をフィリピントヨタ社へ送ってくれるように発信した。

四月二四日に帰国したエド委員長は、ビクータン工場で清掃の仕事をしながら、大量解雇で打ちのめされた組合の再建に取り組んでいた。四四〇人の組合員のうち、活動的な半数以上が解雇され、職場に戻れなかった。一五人の組合役員のうち九人が解雇され、サンタロサ工場に四人、ビクータン工場に二人と六人しか職場に残れなかった。その六人もＮＬＲＣ（中央労使関係委員会）の裁定が出れば、「違法ストライキ」の扇動を理由に懲戒解雇される可能性が高かった。自分たち組合役員がいるうちに、何とかしなければならない。

巷は五月一四日におこなわれる選挙で騒がしかった。エストラーダ大統領の弾劾に貢献したピープルズパワー連盟（ＰＰＣ）の支持を取り付けたいアロヨ政権は、この争議の解決に向けて決定的な回答を出せないでいるというのが、大方の一致した分析だった。選挙の後に、ＴＭＰＣＷＡに何がおきるのか、予断は許されない。時間は無駄にできなかった。

アロヨ政権は、労働側に一定の譲歩をみせる一方、日本政府や日本企業への配慮もおこたりなかった。この点は第４章で詳しく記述するが、簡単にふれておこう。政権樹立後、貿易産業省のロハス長官が三月に訪日したのをはじめとして、高官を送りこみ、日本政府のみならず日本企業の経営者たちとの懇談を重ねていた。ロハス長官は日本企業がフィリピン投資で懸念しているのは急進的な労働争議であるとし、貿易産業省は労働雇用省と共同で大企業での労使紛争問題に対処する緊急対策チームの組織化を進めていた。これは、ホンダ、日産、トヨタなど日本の自動車組み立てメーカーで労使紛争が相次ぎ発生、操業に深刻な影響を与えているのを受けてのことで、対応の遅れが事態を悪化させているので、早期に仲介できる機関の設置を計画したのだ。

トヨタ本社もフィリピン争議の件で重役を派遣し、フィリピン政府との懇談をおこなっている。五月二日付け「インクワィア」紙によれば、ロハス貿易産業省長官ら政府高官は、トヨタ本社の重役と会談、ロハス長官は、今後会社を操業停止に陥らせるような山猫ストライキがおきないようにし、法を逸脱した労働者に対しては労働法を厳しく適用することを確約するとともに、工場をフィリピンから撤退しないようにトヨタを説得したとある。

私が関係者から得た情報によれば、トヨタから派遣された重役は労務関係を担当していたようだ。当時、トヨタ自動車は、フィリピントヨタ争議のみならず、インドでもインドネシアでも争議をかかえていた。一九九九年に操業を開始したトヨタインド（トヨタキルロスカモーター社）で賃金問題をめぐって紛争がおき、解雇者がでていた。インドネシアのカデラ社でも争議がおこっていた。トヨタ本社は、労務問題で将来に禍根を残すと困るとして、あいつぐ争議を深刻に受けとめ、この重役を子会社に派遣し、インド、シンガポール、インドネシアでの視察をおこない、五月の初めにフィリピントヨタを訪問していたと聞く。私たちが、四月二三日に抗議行動をした直後のことである。

しかし、トヨタ本社はこの事実を一切私たちに告げなかった。東京本社への申し入れから二週間後、約束どおり、五月七日に早川がS係長に電話をすると、「アジア部と人事部に連絡した。現地の情報はつかんでいることはわかった。どこの部署が対応するか決まっていない」という返事だったので、さらに一週間後に再び連絡すると、「トヨタにはこの事件に対応する部署がない」という回答だった。当時、私たちは、トヨタ本社には対応する部署がないどころか担当する重役までいて現地視察もおこなっていたことを全く知らなかった。後に、「フィリピントヨタ問題は担当する重役のところで止まっていてトップに報告がいっていないことが問題だ」と確かな筋から漏れ聞いた。私たちの申し入れ行動の際、提供する現地の情報はすべて上に報告しているとトヨタの担当者は繰り返し発言しているが、情報を把握するのは労務を担当していたということの重役なのだろうか。知りたいものだ。いずれにしても、この時から現在に至るまでのトヨタの私たちへの対応から推察すると、視察の結果、「現地のことは現地で」というスタンスをとり、私たちの抗議は一切無視し、窓口は総務部企画サービス室にすることを決めたようだ。ちなみに、企画サービス室はガードマンの手配なども担当している部署である。

五月一四日に上院下院の国政選挙、地方選挙が終わると、ＴＭＰＣＷＡにはいくつもの困難が襲ってきた。

最初は、日本への緊急連絡があった五月二八日の暴力事件だった。朝九時、解雇者たちは五月末に支給されるボーナスと給料の明細書を受け取りに、サンタロサ工場、ビクータン工場のそれぞれの職場に集まることになっていた。ビクータン工場に着いた解雇者たちは、門前の様子が普段と違っていることに嫌な予感がした。普段は道路に散らばっている小石、ブロックのかけら、木々がきれいに掃除されていたのだ。工場内で働いている組合員から、工場構内にたくさんのガードマン、ヤクザがいるから注意するようにという連絡が、携帯電話にかかってきた。この日は、給料日の二三日と同じように、職場復帰と労働協約交渉の開始を求めてピケを張ることにもなっていた。会社はなにかを仕組んでいるのではないか、緊張感が解雇者のなかに走った。

一ヵ月分の賃金に相当するボーナスは手にすることができなかった。会社は、解雇者は仕事をせず会社に貢献していないのでボーナスを支給しないと宣言していたが、やはり支給はなかった。受け取った明細書にはSLAIから借りたお金が全額ひかれていることが記載されていた。二三日の給料日にATMで引き出した給料の額が少なかったので、明細書で確認したかったのだ。SLAIは会社と提携しているローン会社で、労働者に三％の利子で小口のお金を貸付け、返済は月二回の給料から天引きするシステムだった。解雇者は四月に給料はもらえず、五月に予定していた額の給料も手にできなかった。ボーナスもない。お金を待っている家族にどう説明したらいいのだろうか。六月から始まる新学期には学費もいる。食べることが精一杯で、子供を学校に通わせるができない解雇者もでてきていた。

ビクータン工場の解雇者一〇〇人はメインゲートの塀に沿い、プラカードを持って一列に並び、職場復帰と団体交渉の開始を訴えはじめた。昼食でピケを離れる人もいたが、五〇人は残り、抗議行動を続けていた。そこに突然、ガードマン、暴力団、総勢五〇人が隊列を組んで襲ってきたのだ。午後二時頃だ。ある組合員はこう回想する。「自分は二回肩を叩かれ、わき腹を突かれた。解雇者たちは抵抗したが、固い木製の棍棒を手にしているガードマンは圧倒的に強く、ほとんどの解雇者が棍棒でしたたか打たれた。突然、ガードマンが銃を空中に向け、一〇回近く発砲した。見上げると、メインゲートの横にある見張り台から、ユニフォームを着た警官が銃を自分たちに向けていた」。この恐怖感はトラウマになり、しばらくの間、ゲートに行くのに勇気がいったという。「ゲートから離れても、ガードマンは追ってきた。二三人が病院に行き、一人は頭など全身を棍棒で殴られ、意識不明となる重症。病院で縫合手術を受けた」。

私も、後日、血で顔面を真っ赤に染め、意識がなくなったこの労働者の写真を、組合事務所で見たことがある。「組合はこの暴力事件を刑事告訴したいと思ったが、お金がないので実現できなかった。悔しさだけが残っている。できればＩＬＯに訴えたい」と言った役員の言葉を、私は今でも覚えている。五月二九、三〇日付けの「まにら新聞」によると、警備員三人もケガをし、会社は二九日に、「暴徒化した組員が警備員を襲ったため排除した」と声明を発表し、組合が違法ストライキをしたと訴えた。理不尽な話だ。六月一一日、ゼンゾウセンは、傘下の神奈川シティユニオンを主力とする一〇〇人で、この暴力事件に対してトヨタ東京本社に抗議行動を展開した。

続いての大きな困難は、六月二九日に襲ってきた。ＴＭＰＣＷＡを、団体交渉権を持つ労働組合と認定した労働雇用省長官の最終裁定に対して、高裁が仮差し止め命令を発したのだ。フィリピントヨタ社は、組合員の解雇と同じ三月一六日に下された最終裁定に対して、一時差し止めの訴えを高裁に起こし、労働協約交渉を六〇日間停止する一時差し止め命令を手に入れていた。そして、この一時差し止め命令の期間が終了する直前に、今度は仮差し止めの訴えを高裁に提出したのだ。七月一二日、仮差し止め命令が交付され、ＴＭＰＣＷＡは団体交渉を会社に要求できないことになった。つまり、組合承認と労働協約交渉は棚上げされてしまったのだ。高裁は会社に五〇万ペソの保証金を命じたので、組合は、「合法的な賄賂だ」と怒った。七月二七日、組合は高裁の命令を不服として、この無効を最高裁に訴えた。最高裁に上訴すると、結果が出るまでに二～四年かかることが予想された。これ以後、組合に不利な裁定が次々と出されていく。

七月半ば、ＴＭＰＣＷＡの承認選挙の実際の担当者だったブリオン労働雇用省次官が、日本労働研究機構の招きで来日し、七月一七日に、「フィリピンの労働事情」について講演した。七月二四日付けの連合通信によると、ブリオン労働次官は、日系企業における大規模な労働争議の頻発について紹介し、その代表的なケースとしてフィリピントヨタの事例をあげながら、フィリピンの労働法を説明したという。フィリピン財界はフィリピントヨタ争議をどうしても負けられない天王山と位置づけていたと、日系多国籍企業で働いていた人から聞いたことは前述したが、日本の政財界でも関心が深かったことが伺われる。フィリピントヨタ争議はフィリピンの労使関係の未来を予測するケースとして、フィリピンでも日本でもその行方が注目されていた。

◆…日本からの激励団

肌に痛いような暑さ、目が充血する排気ガス、車と音楽の絶え間ない騒音、そして笑顔。空港を出るとそこはフィリピンだった。

二〇〇一年七月三〇日の午後、私は、「かながわ交流」が企画した「フィリピントヨタ労組激励団」のメンバーとしてマニラに降り立った。「今度はマニラで会いましょう」と言い残したエド委員長の言葉に背中を押され、とにかく現地に行き状況を調査し、今後の支援の方法を相談しようという訪比団だ。「かながわ交流」（神奈川地域労働運動交流）は、一九八九年の連合（日本労働組合総連合会）結成の際、連合神奈川に加盟したくなかった、あるいは加盟できなかった労組と、連合に加盟した労組とが、思想信条を越えてゆるやかにつながった神奈川地域のネットワーク組織だ。かながわ交流の事務局長でもあるゼンゾウセンの早川寛を団長とする一三人の激励団のメンバーは、ユニオン・ヨコスカの小嶋武志、林允孝、宮崎徹、ゼンゾウセンいすゞ分会の風呂橋修、日本鋼管分会の日和田典之、神奈川高教組の藤本泰成、自動車産別連絡会議の大井呑、横浜の寿町に住みながらフィリピンからの移住労働者の相談を受けているレニー・トレンティーノなどで、その他に神奈川県央ユニオンや部落解放同盟からも参加があった。空港には、エド委員長と組合役員が迎えに来ていた。二台の車に定員オーバーで分乗し、キリスト教関係の宿泊施設に向かった。

夕方から始まった三泊四日の日程はよく考えられていた。一息いれて向かった会議室には、ＹＣＷ（カトリック青年労働者連盟）のアラ書記長と一〇数人の青年たちがいた。ほとんどが二〇代らしく、ちょっと緊張しているようで口数は少なかった。彼らがこの争議を担ってきたＴＭＰＣＷＡの役員のほぼ全員であることを知ったのは自己紹介が終わってからだ。自己紹介と日程の説明が終わる頃、フィリピンの礼服にあたる象牙色のバロン・タガログを身にまとったマラビラ弁護士が足早に現れた。裁判の経過を説明してくれるという。組合承認選挙、違法ストライキ、その他複数の訴訟を一人で担当しているマラビラ弁護士は、開口一番、「フィリピンの労働法は、植民地支配の中でつくられた法であり、統治者を擁護するようにできている」といい、「組合承認の訴訟は勝てるケースで、政治的意味をもつ」と、訴訟の話をしてくれたが、当時の私たちはフィリピン法の知識もなく、難解な弁護士の話に戸惑った。

マラビラ弁護士が席を立つと、ジョーイ書記長が口火を切った。「闘争は始まったばかりです。デモ、ピケと行動しているが、フィリピン政府は労働者側に立って動こうとはしないので、もっと広範なキャンペーンが必要だ。私たちは暴力を望んではいない、職場に戻りたいだけなのだ。フィリピントヨタには日本人も働いているので、彼らに私たちの問題を伝えてほしい」。続いてエド委員長が、「この争議は、①労働者の基本的権利の獲得のために闘う、②巨大企業が政府と癒着して労働者を抑圧していることと闘うという、とても単純な争議です。私たちが負ければ、フィリピンで新たに結成される労働組合への影響も大きい。国内そして国外の労働者階級全体の問題として、国際的にも闘争を広げていきたい」と語った。

翌日の午後二時からは、日本大使館前での抗議行動だ。大使館前は多数の人たちがビザの発行を待っていた。私たちが大使館に到着すると、解雇者を中心に一二〇人の組合員はすでにピケの準備を進めていた。皆屈強な若者たちだ。暑さ対策に帽子やタオルを頭に巻き、Tシャツ姿の若者は隊列を組んだ。英語、日本語の横断幕が、大使館の敷地ぎりぎりに何枚も張られ、多数の組合旗が掲げられ、熱風になびいた。赤い旗が多い。日本から持ってきた組合旗も掲げられた。

こぶしをあげてのシュプレヒコールは、若さと怒りのエネルギーが溢れ出て、力強く美しかった。ハンドマイクをもったジョーイ書記長が、「同志たちよ、日本人を目覚めさせよう、一、二、三」とタガログ語で叫ぶと、皆が一斉に大声をあげる。「ノイズバラッジ」と呼ばれる抗議の表現だ。日本側も、風呂橋がこぶしを振り上げてシュプレヒコールをした。「解雇を撤回して、交渉に応じろ！」「日本大使館はトヨタに対して指導せよ！」

一時間の抗議行動を終えると、日本大使館から近い文化センターのかたわらの公園で、解雇者と激励団の交流会が開かれた。海から少し涼しい風が吹いてくる。皆は木陰を見つけると、手入れが行き届いているとは言えない芝生に座った。妻たちも母親もいた。小さな子供たちは、元気よく駆け回る。子供たちをやさしく抱き上げる解雇者たちは、若いお父さんでもあった。

交流会はエド委員長の司会で始まった。交流会の目的について、解雇者の生活状況や必要な支援の内容を日本側に知らせることだと説明しているらしい。タガログ語だったので、レニーが英語に通訳してくれた。宮崎牧師の通訳で日本人の経験を語ることから始まった。ここは、ゼンゾウセンの独壇場だった。

早川が語った。「日本鋼管を三〇年前に解雇されました。子供が生まれたばかりの時でした。自分の不当解雇の裁判を闘いながら仲間と一緒に最初にしたことは、下請けの労働者と連帯すること。造船などの下請けの労働者は危険の多い職場で働いているので、労災が多いのですが、組合のない下請けの労働者の労災は会社が認めない場合が多い。そこで、労災職業病センター（神奈川労災職業病センター）を開き、続いて、病院（港町診療所）を開きました。ここには、フィリピンの移住労働者も治療に来ています。そして、コミュニティユニオンなどを通じて労働組合を結成する手助けをするようになりました。ゼンゾウセンは、結成した当時は二〇〇人の組合員でしたが、今は（コミュニティユニオンのメンバーなど）一二〇〇人に増えました。生活は苦しかったですが、運動が広がっていったので、意気軒昂でした」。

日本鋼管分会の日和田書記長といすゞ自動車分会の風呂橋委員長は、リストラに反対するためにゼンゾウセン分会を結成したので、ユニオンショップ違反を理由に解雇され、復職を勝ち取った経験を伝えた。

「職場でいじめにあいました。闘う姿勢を堅持すること、家族の協力で闘い続けることができました。

とりわけ、妻の支えは大きなものでした」と小嶋は語った。

フィリピンの若者たちも語った。役員たちの発言はなく、組合員の発言を見守っていた。「二二七人のなかには会議や動員に参加しない人も多い。成果のない長い闘争に疲れ、仕事を探すのに忙しいからだ。皆で協力していく必要がある」「今は十分ではないが給料は出ているから闘えているが、給料がなくなったときが闘争の分かれ目だろう。日本の支援者は私たちを経済的に支えてくれますか」。会社から出ている給料は、平均して普段の手取りの六〇％の四〇〇〇ペソ。日々の暮らしは厳しいものに違いない。「日本の皆さんに経験の共有をありがとうと言いたい。トヨタと最後まで闘い続けていく勇気をもらった。サラリーがなくなるのは大問題だが、教育を通じて、組合の行動に参加しない人たちだけでなく、トヨタ以外のフィリピンの労働者たちの意識化を進め、組織化をする必要があるだろう。私はあきらめない」。

女たちの発言もあった。「私は夫と仲間の闘争を支持する。希望を失わないようにと思う。様々な困難があるが、一緒に乗り越えていきましょう」。

交流会の最後は、藤本のシュプレヒコール、「(団結して)ガンバロウ！　ガンバロウ！　ガンバロウ！」とフィリピン側のシュプレヒコール「ウーリング　マンガガワ！　ホクボーン　マパンパラヤ！」の交換で終わった。

日本人と初めて出会った日の出来事を、多くの若者が鮮明に記憶していた。マックスが言った。「公園では組合員がよく発言した。日本からの訪問団はモラルサポートをくれた」。若者たちの言葉。「労働雇用省長官の仲裁を信じて待っていたが、何のアクションもなかった時に、日本からの訪問団が現れたのでびっくりした。闘争が国際的になったと思った」「私たちは一人ではない、多くの労働者がサポートしてくれていると思った。エドが日本に行き、カンパをもらったことは聞いていたが、実際に姿を見て、支援してくれていることがわかった」「他国の人がこの闘争の正義を信じているのだから、僕たち自身が信じなければいけない。世界の労働者は連帯しなければならない」。

「ガンバロウ」という日本語を、若者たちが覚えたのはこの日だった。

八月一日の朝、前日に「明日また」と別れた私たちは、ビクータン工場近くの繊維企業アストラ社の門前で落ち合った。この日は、フィリピントヨタ社に抗議行動をするのだ。貸切りのジプニーとワゴン車に分乗してマニラから、ビクータン工場のあるパラニャーケ市まで、一時間かけて来たのだ。この待ち合わせ場所は、オートバイに二人乗りの座席がつく庶民のフィリピン版タクシー・トライシクルやジプニーのターミナルになっているらしく、すでに多くの組合員がマニラ、ラグナ、カビテから到着していた。解雇者を中心に二〇〇人ぐらいいるだろうか。

ここからビクータン工場まで、デモをするのだ。二月にBLR（労働雇用省労使関係局）まで行進して以来のデモ、会社までは初めてのデモだった。先頭はフィリピンと日本の組合旗を持った五人、一列に並び歩きはじめた。横断幕、旗、プラカードを掲げた若者たちに交じり、年かさの日本人たちがいた。デモ隊は、スカイウェイと呼ばれる高速道路の下の一般道路に沿って歩いた。高速道路で空が遮られているせいか、南国だというのに妙に暗く、灰色の世界のようだ。病気もちの私は、スピーカーを搭載して街宣車になったジプニーに乗せてもらった。タガログ語なので、スピーカーを通して何を訴えているのか理解できなかったが、クラクションを鳴らして激励してくれる車もあるので、この争議のことはよく知られているのだろう。一キロも歩くと、「TOYOTA」の看板が右手に見え、メインゲートに到着した。

ゲートは固く閉じられ、建物の上に設置されていた監視台にはガードマンたちがいる。下にいる私たちを見ながら、ビデオをとる人、写真をとる人、メモをする人が見えた。門の前にもたくさんのガードマンがいる。白い半袖のワイシャツに紺のズボンとネクタイ、自衛官のような帽子をかぶっている。「今日は日本人がいるから乱暴はしないよ」と役員の一人が私の耳元で囁いた。工場の前に集まると、エド委員長、ジョーイ書記長、エミル書記次長、リーダーたちが前に出てタガログ語の抗議とシュプレヒコールを続ける。メインゲートに隣接して、会社の幹部が働く事務棟があるのを知っている労働者は怒りをぶつけた。日本人全員も次々とマイクを持ち、工場の内側に向かって抗議の声をあげた。その様子を見ていた組合員は、「日本人支援者たちの堂々としたスピーチを聞いて、筋金入りの活動家だと感じた」と後日感想をもらした。

午後は、激励団と組合役員の最後の会議だった。会議の冒頭、日本大使館から戻って来た早川、小嶋、藤本の報告があった。社民党衆議院議員阿部知子事務所の紹介と蜂谷隆政策秘書の尽力のおかげで、面会者三人に三〇分間だけなら会うという約束を取り付けてあったのだ。H経済参事と労働問題担当のT一等書記官の両名は、「争議についてはトヨタからも話は聴いています。申し入れ書の件は、会社と会うことがあれば伝えます。日本大使館は労使関係については中立で、何らかのアクションを起こす立場ではありません」「日本企業の利益を考えるのが大使館の役割なので、他国の企業に比べて日本企業に不利益があればフィリピン政府と話します」と発言した。日本企業が労働者の権利を踏みにじってもいいのかとさらに問うと、「（争議で）死者が出た場合や味の素のように三ヵ月も生産がストップした時は考えますが」と答えた。三人の報告を聞いた若者たちは、「エドとマックスが死ねば考えるというのか」と怒った。

ＴＭＰＣＷＡは会議で日本側に、「自動車修理工場」経営プロジェクトの支援を打診してきた。この突然の提案に対して、ゼンゾウセンのメンバーは、自分たちの組合の経験を語りはじめた。林は、ゼンゾウセンの東芝アンペックス分会が、会社の解散を理由に工場閉鎖・全員解雇が断行されたため、工場を占拠して社会的に有用な製品の自主生産を続けているケースを紹介した。早川は、自分が事務長を務める港町診療所を含む三つの病院からなる医療生協の例を示し、資金の調達やマネージメントの難しさについて語った。私にとっても初めて知ることが多く、ゼンゾウセンは、いろいろな経験が手品のように出てくると思った。

激励団との交流の最後で、組合の活動家たちは感想を述べた。「闘い続けることの大切さを学びました」（ベル）。「皆さんの豊かな経験に励まされ、私もまた豊かな経験をもつ労働者になりたいと思います」（エド）。「皆さんの継続的な支援が私たちの闘いの重要な要素になるでしょう。一緒に労働者の国際連帯のために働きましょう」（マックス）。「早川さんは、闘いは勝つか負けるかはたいした問題ではない、負けていても勝つことがあると言いました。フィリピントヨタの問題はフィリピン社会の構造的問題であり、労働者だけでなくコミュニティの人々と連帯していくことが大事だと思います」（エミル）。「皆さんがいらして、労働問題は国籍の問題ではないと感じました。世界の労働者は団結すると同時に、未組織労働者を組織化する責任ももっています。トヨタの労働者のところにきてくれてありがとう」（リッキー）。

私は、日本のベテラン活動家とフィリピンの若者たちの魂のふれあいに立ち会えたことを幸せに感じた。

◆…不当な裁定と告訴

日系企業はフィリピン政府に圧力をかけ続けた。激励団が帰国した四日後の八月六日、マカティのマンダリン・オリエンタル・ホテルで、フィリピン日本人商工会議所主催によるフィリピン政府高官との意見交換会「日系企業とフィリピン政府高官の懇談会」が初めて開かれた。日系企業から約二〇〇人、フィリピン政府からは、労働雇用省長官、貿易産業省長官、内務自治省長官など主要閣僚が出席した。八月七日付けの「まにら新聞」は、懇談会の冒頭で、亀山将一会頭が、「進出企業の抱える問題を解決しなければ、日本の投資は他国へ流れていくだろう。既存企業の成功こそが新規投資の誘致に結びつく」と挨拶したと記し、以下のように報じた。

「懇談会は、治安、インフラ、労働というテーマ別に進められた。日本側の質問が集中したのは労働問題。従業員の解雇や最低賃金引き上げなどをめぐり、『法はすべてクリアしているのに解雇は不当との裁定が出た。このような状態で工場運営を続けるのは難しい』『首都圏の最低賃金はインドネシア、ベトナムの三倍。貿易自由化を控えて国自体が立ち行かなくなるのではないか』と厳しい意見が出た。日系企業で多発している労働争議も議題に上り、一部参加者が『生産の遅れは死活問題。労働争議で企業側は（生産などの）計画変更を余儀なくされている』などと労働雇用省による交渉仲介の強化を要求した」。

二〇〇人の日系企業関係者が一堂に会したことは、過去なかったことだという。

「フィリピントヨタ争議の後、いろいろな噂が乱れ飛んだ。ホンダの前例もあったので、各社は日本人の労務担当が必死で情報収集をしていた。しかし、下請け企業は現場からのたたき上げが出向しているので、労務の仕事に慣れていなかった。日本では労使協調の組合が多いので、争議などの経験もない。情報も少なく、例えば、KMU（五月一日運動）といっても、過激な組合というぐらいしか知らなかった」。

現地の日本人は日系企業の反応を教えてくれた。ストライキ中に日系企業一一社が、労働争議が解決しなければ資本の撤退もありうるとフィリピン政府に詰め寄ったという話を現地マスコミがセンセーショナルに報じたが、危機感は日系多国籍企業全体に広がっていたのだろう。フィリピントヨタ争議のような労働問題がいつ起こるかもしれない。明日は我が身の出来事だった。

TMPCWAが最大の危機に陥ったのは、日系企業とフィリピン政府の懇談会から三日後、八月九日のことだった。NLRC（中央労使関係委員会）が、二月二一〜二三日の組合の公聴会への参加はストライキ実施の法的手続きを踏んでいない違法ストライキであり、五月二三、二八日の工場前での抗議行動も、労働雇用省長官のスト中止命令を無視した違法ストライキであるという裁定を下したのだ。これらの行為は会社に損害を与えたのでトヨタによる解雇は合法である、職場復帰命令は効力を失い、会社の給料支払い義務は消滅するが、勤務年数×一ヵ月分の基本給にあたる退職金を支払わなければならない、という内容だった。

この裁定から一週間後、会社は、二二七人の解雇者に、それまで解雇されていなかった六人の役員を加え、合わせて二三三人をあらためて解雇した。役員は、違法ストの指導を理由に、退職金なしの懲戒解雇だった。組合はNLRCに異議を申し立てたが却下された。工場に残っていた六人の役員の一人だったリッキーは、サンタロサ工場の門前でIDを取り上げられ、ガードマンに付き添われ、ロッカーに私物を取りに行かされた最後の日のことを、今も思い出すという。

解雇者に支払われていた賃金はストップし、九月八日が最後の給料日となった。解雇者は賃金なしでどのように闘争を続けることができるのだろうか。組合の役員および職場委員のほとんどが解雇され、リーダーのいなくなった工場内での組合活動はどうなるのだろうか。組合は闘争資金をつくることができるのか。恐れていた事態が現実になった。

危機はこれだけではなかった。九月中旬、ストライキのさなかの三月一八日と四月七日にビクータン工場で「重大な威圧行為」があったとして、前述したように会社のガードマンらが組合員を刑事告訴したのだ。刑事訴訟は、解雇者には無論のこと、工場内の組合員にとっても恐ろしいことだった。

訴えられたネルソンの家には、ビクータン工場のあるパラニャーケ市の検察庁から突然、刑事告訴の通知が届いた。通知を受け取って、最初は事態が把握できなかったという。四月七日はとりたてた事件もなかったし、怪我人が出たわけでもない。自分一人が訴えられたと思い、急いで組合の役員に電話すると、他のメンバーも訴えられていることがわかった。一週間後に組合は、告訴された二五人を集めて会議を開いた。四月七日に何があったのか、記憶の喚起に努めたが、「重大な威圧行為」にあたる悪い言葉を発したことも、睨み付けたことも覚えがなく、一〇月に二五人で異議申し立てをおこなった。「会社は弁護士を通じて、組合が労働関係の民事訴訟を取り下げるのであれば、刑事告訴を取り下げ、解雇者の退職金を勤務年数×一ヵ月の基本給でなく一・五ヵ月に増額して、海外の就職も斡旋すると提案してきた」とエド委員長は、一一月に訪日した時に語った。刑事告訴は、争議を終わらすための会社の策略だった。

こうしてTMPCWAは、組合承認選挙、違法ストライキ、刑事事件の三つの訴訟をかかえることになった。

九月一一日、アメリカの同時多発テロは、アロヨ大統領の就任後初めての訪日の前日に発生した。アロヨ大統領は、即刻、ブッシュ大統領に犠牲者への哀悼とテロ撲滅への協力の意を示す書簡を送った。しかしアロヨ大統領は訪日の日程を変えることなく、ロハス貿易産業省長官も同行した。九月一三日、東京で開催された日比経済合同委員会でアロヨ大統領は、「皆様がグローバルな競争に勝つために、フィリピン政府はできうるかぎりのことをします。フィリピンの新しい政府は、新しい世紀の新しい経済へと船出をしたので、フィリピンに投資を続けてくださることを希望します」と発言した。

来日中のアロヨ大統領は、九月一五日に在日フィリピン人の団体とフィリピン大使館で茶話会を設定した。茶話会に招かれた「滞日外国人と連帯する会」のレニー・トレンティーノに託して、ゼンゾウセンはフィリピントヨタ争議の早期解決の要請文を渡した。この日私たちは、TMPCWAを再度日本に招く資金づくりのため、訪比激励団のパンフレットを作成する作業をしていた。そこに、レニーが茶話会で出されたサンドイッチの残りを持って報告に来た。私たちは、サンドイッチをつまみながらアロヨ大統領の訪日を話題にした。私たちはまだ、フィリピン政府が解決に動くのではないかという淡い期待を抱いていた。

◆…トヨタ本社に赤旗が

一〇月一八日、「フィリピントヨタ労組を支援する会」（「支援する会」）が、横浜駅に近い港町診療所二階の会議室を会場にして結成された。共同代表に山際正道（神奈川高教組前委員長）とクラーク・ラモネダ（SMP＝滞日フィリピン人労働組合）、事務局長に林充孝（ゼンゾウセン）、会計に小嶋武志（ユニオン・ヨコスカ）、事務局スタッフには早川・風呂橋・大井・藤本・遠野がなった。

支援する会の最初の活動はTMPCWAのエド委員長とクリス職場委員を一一月二一日から二九日まで日本に招くことだった。二人は来日の翌日、二二日に、中小労組政策ネットや有期雇用労働者権利ネットワークが中心となって実施された『小泉改革NO！　戦争NO！　秋の共同行動』の一連の行動に参加した。朝一〇時からのトヨタ東京本社への申し入れ行動は、二五〇人が見守る中でおこなわれた。

二五日には、支援する会の会員たちと数台の車に分乗して豊田市に移動した。午後に開かれた「トヨタの組合潰しを許さない！　フィリピントヨタ労組激励集会」で、エドとクリスは、八〇人の参加者を前にして報告をおこなった。自動車産業の労働者を中心に、西三河地域の人たちがこの集会を準備していた。七〇〇〇枚のビラをまき、愛知県の労働組合・市民団体・政党などに協力を頼んだという。集会はこのグループの中心メンバーの一人である田中九思雄を司会にして進められ、自動車労働者が次々と自分たちの思いを語った。夜は交流会が開かれた。宿泊所となった寺の一角で、ストーブを囲みながら深夜まで飲み、語り合った。西三河の労働者にとっては、四月のセミナー以来七ヵ月ぶりのエド委員長との再会だった。昼はカレーと手打ちそば、夜は名古屋の郷土料理を自分たちで料理してもてなしてくれた。エドは一九歳で研修に来たこの地を一二年ぶりに再訪したことになる。さぞかしさまざまな思いが交錯したに違いない。

二六日早朝、私たち神奈川から来たメンバーを乗せた高教組の街宣車はトヨタ本社工場に向かい、トヨタの町を走っていた。フィリピン、神奈川、大阪、京都そして愛知から集まって来た五〇人は、トヨタ本社の最寄りの駅、豊田市駅・新豊田駅・三河豊田駅と本社工場との四グループに分かれ、フィリピントヨタ争議を知らせるビラを配布しようとしていた。同乗していたトヨタ労働者が、「トヨタ本社はもうすぐだよ」と言った直後、突然、身を乗り出すようにして外を見た。「トヨタの社員が道のあちこちに立っているぞ。トヨタ労組もいる」。彼の視線の方向に目を移すと、確かに、携帯電話を片手にまだ薄暗い交差点や工場の前に人が立っているのが見えた。トヨタは、本社工場を中心に半径二〇〇メートルの範囲にこうした見張り番を配置し、警戒体制をしいていたという。

私たち、本社工場グループが門前に到着し、駐車場から歩いてくる社員にビラをまいていると、近くにいた警備員が携帯電話をかけはじめた。「今ビラをまき始めました」「五、六人です」と、一挙一動を報告している声が聞こえてくる。そして、警備員に加え、背広姿の社員の数が見る見るうちに増えていった。ビデオや写真を撮っている社員もいる。警備員に聞くと、対策本部を設置していると教えてくれた。社員の二人に一人はビラを受け取ってくれる。やがて、門の内側にゴミ箱が運び込まれてきた。門を入るとビラを捨てるように言われているらしく、ビラがゴミ箱に放り込まれているのが見えた。写真を撮ろうとしたら、社員らしき人が慌ててゴミ箱を隠した。

九時、四グループはトヨタ本社前に集合した。トヨタ本社の住所は豊田市トヨタ町一番地。拍子抜けするほど簡素な四階建ての本社のビルにはトヨタのマークが標され、正面には創業者である豊田喜一郎の胸像が鎮座している。トヨタ町の交差点を中心に本社ビル、技術本部、本社工場が配置されたこの地が、話に聞くトヨタ城下町の本丸だ。

私たち五〇人は、本社ビルの敷地の外に立った。目の前の道路は緩やかなスロープとなり、正面玄関に続いていた。組合旗が晩秋の風になびく。西三河のグループが準備した「トヨタは組合潰しをヤメロ！」「トヨタは首切りを撤回」「トヨタはアジア蔑視をヤメロ！」と書かれたプラカードが何本も立った。白いワイシャツ、紺のズボン、ネクタイに自衛隊帽。紺のコートがなければフィリピントヨタと同じ制服を着た多数の警備員たちが、立ち入り禁止の柵をつくり、私たちを本社の構内に立ち入らせないようにガードした。「フィリピンから来たのですから、会って話を聞いてください」という支援者に、ガードマンは敷地の外に出て行くようにと繰り返した。支援する会はトヨタ本社に事前に面談を打診していたが、東京本社が窓口との理由で応接を拒否されていた。事情を知っていた人々は、立ち入り禁止の柵の前で、次々と声をあげた。笹島日雇労働組合の大西委員長の声はとりわけよく響いた。

柵の一番先頭にいたエドとクリスがＴＭＰＣＷＡと描かれた赤い横断幕を広げたのはこの時だった。横断幕の上部には大小さまざまな穴が開けられていて、穴からは細かな糸が無数に出ている。風穴だという。フィリピンでのＴＭＰＣＷＡの行動を見てきたのだろう。使いこまれ少々くたびれた赤い横断幕がピーンと張られると、エドとクリスは当然のように本社の玄関に向かう道へ一歩を踏み出した。日本人たちも、自然と二人の背後に並びデモの態勢をとった。ガードマンたちが慌てて止めにはいり、離れたところで警備していたガードマンたちも駆けつけてきた。激しい怒りの声が、抗議団から次々とあがった。このパワーに圧倒されてか、「会うだけならば」と、トヨタ本社はエドとクリスを含む五人の代表団を受け入れた。「本丸に赤旗が立ったぞ！」　輪のなかから誰かの興奮した声が聞こえてきた。トヨタの労働組合の歴史を知らなかった当時の私は、この言葉の意味することが理解できなかった。しかし、フィリピンからトヨタ本社まで来た二人の若者が、この西三河の地でトヨタと長年に渡って対峙してきた労働運動活動家たちに大きな勇気を与えていることだけは感じられた。

西三河の男たちはこの後も支援の輪を広げ、二〇〇四年五月三〇日に、「フィリピントヨタ労組を支援する愛知の会」を結成した。

3・3●──困難に挑戦しよう

◆…社内では労使協調路線

ＴＭＰＣＷＡ（フィリピントヨタ労組）の組合事務所ができたのは、二〇〇一年が過ぎていこうとするクリスマスの直前だった。エド一家が暮らす土地の一角に、大工の経験のあるエドの義弟に手伝ってもらい、エド、マックス、ベル、エミル、リッキー、ボスが建てたのだ。ブロック、セメント、木材などの費用は、日本からのカンパの一部があてられた。後日、セメントが何袋といった具合に費用の詳しい明細書が日本に送られてきて、ずいぶん律儀な若者たちだと思った。日本からのカンパは「組合の体制を立て直す上ではかりしれない手助けだった」とベルは語る。

エド一家、父、姉、妹二人と長男のエドの五人家族は、火事で焼け出された後、唯一の水源である井戸とトイレを囲むようにして、ブロックとトタンでそれぞれ小さな家を建てていた。水道はないので、飲料水は一ガロン二ペソで買った。エドの家は二階建て。階下はガレージだったが、車は訴訟経費の捻出のために売ってしまい、空いていたので事務所を造ったのだ。三畳ほどの二つの部屋ができ、会議のできるスペースも確保した。事務所の前はリリサリストア。外からは、子供たちの遊び声が聞こえてくる。近くにある飛行場から轟音をあげながら離着陸する巨大な飛行機は、手が届きそうにも思える。舗装されていない道路は乾季になると砂埃をあげ、雨が降るとぬかるみになる。台風が来れば洪水になり、低地にある事務所は腰の近くまで浸水した。それでも、日本からの激励団に贈られたパソコンを置き、TMPCWAの組合旗や日本の支援団体の旗を飾ると、立派な組合事務所だった。電話が設置され、インターネットが使えるようになり、地方に住んでいる解雇者とも、日本の支援者とも緊密に連絡をとれるようになった。

組合の活動家たちはこの事務所に泊り込み、交代で料理をした。「お互いに支え合うために組合事務所に一緒に住むようになった。仲間がいれば強くなれた」。時には、この小さな二部屋に一〇人で泊まることもあった。「一月には拠点と連絡の手段ができ、二年間にわたる闘争を反省し、今後の計画を立てた。総会を開き運動の立て直しをはじめた」という。二〇〇二年一月には、福田社長に代わり、本社のアジア部長だった田畑延明が新社長として赴任してきた。

二〇〇一年三月一六日に二二七名を解雇して以後、フィリピントヨタ社の生産現場ではどんな変化がおきていたのだろうか。会社は、非正規雇用の導入と労使協調的組合の育成を進めていた。大量解雇の直後から契約労働者の雇用を開始するが、非正規雇用については第4章で記すことにして、ここでは労使協調路線の組合についてふれてみよう。

会社は、TMPCLU（旧フィリピントヨタ労働組合）の委員長だったエンジェル・ディマランタを使って、労使協調路線づくりを着々と進めていた。エンジェルは、一九九七年のエド委員長への傷害未遂事件を不問にされてから、ゴー副社長、アリガダ人事部長と近くなっていったと、何人もの労働者が証言している。「会社はエンジェルに職場を自由に離れる裁量を与えているし、会社の車の使用を許可するなど便宜を提供している」とも聞いた。職制へと昇進したエンジェルは、一九九九年、二〇〇〇人の職制を組合員として、職制の組合であるTMPCSU（フィリピントヨタ職制組合）を結成し、二〇〇〇年に承認選挙を実施して団交権を獲得した。

エド委員長たちTMPCWAの役員六人が懲戒解雇されて、職場を去るのを待っていたかのように、労使協調路線の労務政策は加速した。二〇〇一年九月六日、会社は、職制組合のTMPCSUと初めての労働協約を結んだ。この労働協約は職制の労働条件を決めたものだが、会社は、協約に定めた労働条件や福利厚生の一部を一般労働者にも適用するというアメを与えた。例えば、一年間二五四日の勤務、年末ボーナスは職制一・五ヵ月、一般労働者一ヵ月、交通費は職制が月五〇〇ペソ、一般労働者四〇〇ペソ、食費は双方とも一日四五ペソ、米の支給は双方とも年六袋、薬代は職制が年四〇〇〇ペソ、一般従業員三〇〇〇ペソと細かく規定された。

ＴＭＰＣＳＵとの労働協約締結から一ヵ月も経過しないうちに昇進・昇給が実施された。例年であれば四月に昇進、六月に昇給が実施されるが、労働争議のために遅れたとＴＭＰＣＷＡを攻撃した。労使協調路線に同意すれば利益を得られることを露骨に示す分断政策だ。社内報「デートライン」（二〇〇一年一二月号）は、労働協約を締結した席上でディマランタ委員長と福田社長が握手する横にゴー副社長が並ぶ写真を掲載し、「労使は労使間の産業平和と生産性の向上を尊重する」というメッセージを配布したと報じた。

次に、労働者に人気のなかったＬＭＣ（労使協議会）の再編を実施する準備をはじめた。会社と会社が指名した部署の代表（職制）からなるＬＭＣを、職制に一般労働者の代表を加えた構成に変えようというものだった。この再編には小島正剛ＩＭＦ―ＪＣ（全日本金属産業労働組合協議会）顧問が関わっていたという。一〇月二六日、フィリピントヨタ社は小島を招待し、マネージャー、ＬＭＣ、ＴＭＰＣＳＵの役員の参加のもと、ビクータン工場のＴＳＴＣ（トヨタサービス訓練センター）で四時間に渡るフォーラムを開催した。英語の堪能な小島は日本鋼管の出身で、ＩＭＦ―ＪＣの国際部長として長く活躍し、ＩＭＦ東アジア事務所長を退任した後は、鉄鋼労連顧問、ＩＭＦ―ＪＣ顧問、自動車総連国際アドバイザーとなっていた。フィリピンには、フィリピンの生産性機構の要請でアジア生産性機構から派遣されたという。アジア生産性機構は、日本生産性本部（現在の社会経済生産性本部）により、アジア各国での生産性向上運動を展開するために一九六一年設立された。事務局は東京にあり、フィリピンは一九六一年当時より加盟している。

社内報「デートライン」の記事によれば、小島は、「LMCは価値の創造、情報の共有、相互信頼の構築、調和の実現のために労使双方が協力する場である」と労使協調路線を提唱した。小島の訪問に関してはあまり情報がないが、「小島氏が工場を視察しているのを見かけたが、何をしに来たかはわからない。IMFの幹部だと聞いた。LMCの構成を変えるようにアドバイスし、戦略を作ったともいわれている。LMCの構成は、会社と管理職であったが、一般従業員のメンバーも入れるようにした」と内部で働く労働者は語る。私は小島顧問がIMF-JCのリベラルなリーダーで、アジアの労働運動に対しても開明的な行動をとっていると聞いていたので、TMPCWAの組合員から突然、名前が出たときは驚いた。

この労働者の言葉を裏付けるように、一一月と一二月、会社の人事部は両工場の労働者を参加させセミナーを開催し、LMC規約の変更を提案した。提案の中味は、LMCの議長・副議長にはTMPCSUと一般労働者の代表が一年交代で就くこと、議長・副議長各一名のほか、部署ごとに指定されるLMCの労働者側代表としてTMPCSUから二名、一般労働者から四名、合計八名を選出し、会社側代表六名とともにLMCを構成すること、ワーキンググループを作り実施機関とすることなどだった。会社のねらいは、一般労働者の労働条件の一部分を交渉する場としてLMCを位置づけることだった。TMPCWAとの労働協約交渉には応じず、LMCとの交渉によって一般労働者の不満を暫定的に解消しようと意図したのだ。

この提案を承認する投票が二〇〇二年一月八日におこなわれた。TMPCWAの執行部は、工場内の職場委員と討議した結果、承認投票をボイコットすることにし、前日の七日、ボイコットをよびかけるビラをまいた。投票結果は、二工場の全従業員一一八九人のうち、賛成七五二票、反対一五七票で、二八〇人がボイコットした。反対票はTMPCWAへの「沈黙の支持」だと組合は分析した。会社は投票用紙に番号をつけ、記名投票と同じように、ボイコットした人、反対票を入れた人の名前を把握しようとした。数日後、会社は投票をボイコットした労働者を呼び出し、理由を問いただした。「二三三人が解雇されたことを忘れているのではないか。会社と協力するのが身のためだ」と脅かされたとある労働者はいった。この承認投票の後、エンジェル・ディマランタTMPCSU委員長が、新体制LMCの議長を兼務した。

会社と新たなLMCは、三月から一般労働者の福利厚生など一部の労働条件を取り決める交渉を開始した。TMPCWAはLMCが一般労働者に関する交渉を始める権限がないことをリーフレットにして配布したが、二〇〇二年八月一九日に覚書が締結された。LMCによる労働条件の交渉は労使協調型の組合へのさらなる一歩だった。

◆…解雇者への仕打ち

会社は、六人の役員が職場を去り、解雇者への給料支払を打ち切った二〇〇一年九月以降、解雇者への切り崩し工作を強めた。会社は、解雇者の住居を知っている直属の上司・職制に家庭訪問をさせ、退職金の受け取りを勧誘したほか、LMCのメンバー、心理学専攻とおぼしき労務担当者たちにも解雇者の家を訪ねさせた。会社は、TMPCWAへの忠誠心がそれほどないと推測した組合員、あるいは影響力をもっていると思われる組合員を選別してアプローチした。YCW（カトリック青年労働者連盟）の事務所が使えなくなり、連絡が一時困難になっていた事情もあり、会社にアプローチされた解雇者は混乱した。出費がかさむクリスマス前には退職金を受け取るケースが増え、退職者はクリスマスまでに五〇～六〇人を数えた。

闘いに踏みとどまった解雇者には、さらに過酷な仕打ちが待ち受けていた。二〇〇一年九月に告訴された刑事事件が、翌年、起訴されたのだ。起訴を組合が知ったのは、二〇〇二年二月一八日だった。当時、組合は、前年の公聴会参加からストライキに至る激動の二ヵ月を忘れまいと、一連の抗議行動を計画していた。二月二二日は高裁と最高裁で、三月一八日にはサンタロサ工場、四月一九日は日本大使館とマニラベイトヨタ販売店、四月二五日は労働雇用省で抗議行動を展開した。この日程の合間を縫ってリーダーたちは刑事事件の対策に奔走した。刑事告訴は解雇者を攻撃するだけでなく、工場内に残っている組合員に向けて、会社敷地内で抗議行動をすれば告訴の危険があることを示す心理作戦でもあると組合は分析した。絶対に屈するわけにはいかなかった。

二月二四日、起訴された組合員は緊急に会議を開いた。三月一一日の朝、被告となる解雇者のほぼ全員に、検察庁からこの決定が郵送されてきた。三月一二日、刑事事件の弁護はマラビラ弁護士の友人、サミエント弁護士とルガ弁護士が担当することになった。LMCの二人が告訴した三月二八日のケースで七人、ガードマンが告訴した四月七日の二つのケースでそれぞれ一七人と二〇人、三件のケースで起訴されていた。三つのケースすべてで起訴された人、二つのケースで起訴された人もいるので、二五人の解雇者が被告となった。いずれも、ストライキ中に工場構内に入ろうしたガードマンらを、睨みつけたり、汚い言葉を投げつけたりしたことが、「重大な威圧行為」にあたるという罪状だった。

弁護士費用も保釈金も必要だ。組合は、フィリピンで資金集めの方法としてよく使われる富くじをつくり、当事者たちはもちろんのこと組合員総出で必死になって販売した。バスを巡って募金活動もした。しかし、必要額にははるかに及ばなかった。保釈金がなければ逮捕され、刑務所に収監されてしまう。逮捕の可能性は起訴された組合員ばかりでなく、解雇者全員に恐怖感を与えた。組合は、保釈金の支払いが終わるまで、被告になった組合員をかくまう算段もした。組合の力量が試されていた。窮地に陥っている様子が、メールや電話で毎日のように連絡をとっていた私にも感じとられた。

発砲と暴力行為のあった五月二八日の事件が刑事事件にならず、スト破りを阻止したことでなぜ起訴されるのか理不尽だが、とりあえず日本でも緊急に保釈金カンパを集めなければならない。支援する会はビラを作成し、カンパの要請をメーリングリストで回した。最初のカンパは、三月一四日、かながわ交流が毎年実行している春闘共同行動の決起集会で呼びかけた。夜、川崎市役所近くの稲毛公園を埋めた五〇〇人ほどの労働者を前に、神奈川高教組書記長で支援する会事務局の藤本がカンパを訴えた。支援する会とゼンゾウセンのメンバーが一斉にカンパ袋を持って会場を回った。なかでも、いすゞ自動車の川崎工場閉鎖に伴って実施されたリストラと闘っているいすゞ分会、ヤサカ分会のメンバーは一生懸命だった。公園を照らす薄暗い街灯が、カンパを集める男たちの顔を映し出す。いすゞとヤサカの労働者には、フィリピントヨタの若者たちの苦境が我が身のように感じられるのかもしれないと、私はふと思った。この時集めたカンパの総額は八万五〇〇〇円余り。この後も全国から続々とカンパが送られてきて、保釈金集めの難局を乗り越えることができた。

◆…マルチプロジェクト

組合は違法ストライキ、刑事事件で不利な裁定を受け、労働協約交渉も仮差し止めにされた。解雇者は退職の強要、内部の労働者は労使協調路線で会社からの攻撃を受け、組合の活動家たちは、家賃、学費そして食費さえもこと欠く日々だ。どん底だった。プロジェクトはこの状況から這い上がる、起死回生のプログラムだった。二〇〇一年八月に激励団に提案されたプロジェクトは、一〇月のはじめに自動車修理工場の経営という最初の企画案が送られてきた。支援する会は、財務に精通している早川を中心に内容を検討した結果、現実性がないこと、日本側からの貸付はあっても贈与はないことを説明し、再検討を求めた。一一月にエド委員長とクリス職場委員が訪日した際には、プロジェクトの参考にするため、自主生産を続けている東芝アンペックス分会との経験交流の場を設けた。

保釈金の一件が落ち着くと、組合は中断していたプロジェクトの準備に取りかかり、解雇者たちとの会議を経て、三月末、新たなプロジェクト案を作成した。プロジェクトの内容は、①解雇者は養鶏・養豚などの農業プロジェクトをそれぞれの居住する地域で立ち上げること、②内部の労働者は会社がタイアップしているローン会社・SLAIに対抗するようなマイクロクレジットを立ち上げること、③サリサリストアの経営の三項目からなり、マルチプロジェクトというタイトルがついていた。

当初の壮大な計画はより具体的になっていた。農業プロジェクトは、解雇者が住む地域をいくつかのブロックに分けて養鶏場を設け、そこを連絡の拠点にする目論見だった。給料が支払われなくなった解雇者たちの生活は困窮し、家賃が払えず両親の住む故郷に帰る人たちも多かった。交通費が捻出できず、組合の動員に参加できない人もたくさんいた。そこで、地域ごとに養鶏場をつくり連絡センターにしようというのだ。マイクロクレジットは、内部の労働者に協同組合に加入してもらい、毎月二〇〇ペソを出資すると融資が受けられる仕組みだ。一回三〇〇〇ペソを借りると利子は五%、五〇〇ペソの小口の場合は一%と、その詳しいシステムの説明も送られてきた。組合費や貸付金の集金を通じて内部の組合組織を強化しようというねらいだった。また、プロジェクトを通じて、解雇された組合員と内部で働き続けている組合員が、互いに理解しあい、助け合おうとする目標も掲げていた。

支援する会はマルチプロジェクトを承認し、詰めの作業がフィリピン側と日本側で進められた。組合は五月三一日の総会でプロジェクトの実施を決議し、六月五日に支援する会との間で契約書の仮調印をおこなった。日本では、支援する会が融資する資金を募った。プロジェクトのスタートだ。

◆…プロジェクト現場を訪問

マニラから一時間半も車に乗っただろうか。南スーパー高速道路からラグナ湖に向かい、やがて小道に入り、二台の車は停車した。畑と点在する家々、そして名前がわからない南国のさまざまな木々、雑然としたフィリピンの農村風景の中を、案内してくれたマックスとエドについて歩いていくと、農家の庭に出た。左手に高床式の小屋が見えた。ここが目的地のラグナの養鶏場だという。農業プロジェクトのサイトの一つだ。

二〇〇二年七月二九日、かながわ交流が企画した第二回激励団のフィリピン到着二日目のことである。今回は、プロジェクトの現場を見に行き、育てた鶏を皆で食そうというキャッチフレーズで、「焼き鳥ツアー」を七月二八日から八月二日まで企画したのだ。団員は一二人、前年の第一回参加者六人に加え、支援する会代表の山際正道など新メンバーが加わった。

ラグナの養鶏場は一四畳ほどの広さで、トタン屋根に竹で作られた壁と床。雨をよけるためだろう、窓らしき開口部にはビニールシートが吊されていた。一週間前に第一回目の出荷が終わったばかりで鶏はいなかったが、一ヵ月前にビデオが送られてきていたので、養鶏場を見ながら雛鳥がいる様子を想像した。この養鶏場で働く三人の解雇者から、炎天下無数の小蝿が飛ぶ中で話を聞いた。朝五時から夜一一時までの三交代で、月給は一五〇〇ペソ。解雇者同士で話し合って、生活が困っている人を優先して雇用を決めたという。三人とも養鶏の経験がないので、教えてもらいながら雛を育てたと、生真面目に書かれた連絡帳を見ながら説明してくれた。雛が竹の床に足をはさまれて死んでしまったり、太った鶏が出荷直前に死んでしまったり、生き物相手の慣れない仕事に四苦八苦しているようだった。帰る間際にランブータンの実を見つけると、一人が実をもいでくれた。南国の果実の珍しさに子供のように喜ぶ自分の父親の世代といってもいい日本人たちを見て、三人は嬉しそうに微笑んだ。

八月一日には朝から一日かけ、プロジェクトの活動報告がおこなわれた。解雇者も内部の労働者も、多くの組合員が次から次へと報告した。農業プロジェクトでは担当者が定期的にサイトを訪問していた。マイクロクレジットプロジェクトは、サンタロサ、ビクータン工場の組合員たちが役割分担して実施していた。地域ごとにプロジェクトに関する会議を重ねたので、解雇者の状況を知ることができ、内部の労働者からのサポートを伝えることができたと報告が続く。決して座り心地のいいとはいえないプフスチックや木製の幅の狭いベンチに座っての報告会である。心遣いで借り集めてきてくれたらしい何台もの扇風機からの風も、滴る汗を止めることができない。パワーあふれる若者たちのひたむきな報告を短くしてとも言えず、思わぬところで年齢の差を思い知らされた。

◆…強制送還の脅し

七月三〇日の朝、激励団を迎えにきた若者たちの様子がおかしかった。宿泊所の外で深刻そうに話をしていて中に入ってこない。この日は朝九時から、解雇者とともに最高裁前で抗議行動を展開し、昼食を一緒にとってから、午後はビクータン工場に行き、可能ならば激励団がフィリピントヨタ社に申し入れをおこない、四時からは帰宅する労働者に組合員とともにビラをまく予定だった。心配になって様子を見に外に出ていくと、エドが困惑した表情で言った。「日本から過激な組合が来た。政府は抗議行動に日本人が参加したら逮捕すると発言していると新聞が報じている」。

前日七月二九日、「マニラスタンダード」紙は、「日本の労働組合員が自動車工場でピケ」という見出しで、「労働組合のリーダーたち三〇人が、大手自動車会社への一連の抗議行動に参加するために名古屋から訪比する。アンドレア・ドミンゴ入管局長は、もしこれらの日本人が現地の自動車労働者と一緒にデモに参加した場合、逮捕・強制送還し、再入国を禁止すると警告している。労働雇用省も日本人の行動を監視し、抗議行動に参加するようであれば罪に問うと断言している」と報じていた。フィリピントヨタ社は工場内で、テロリストが来ると噂を流していた。ビクータン工場はガードマンを増強し、門前にはパレットなどの障害物を置いた。サンタロサ工場でも警備員を増やしてピリピリしているという。

組合と激励団で相談した結果、スケジュールは変更し、最高裁・高裁での抗議行動は、最高裁前にすでに集まってきている解雇者と家族のフィリピン人だけでおこなうことにした。私が、「女性だから警察も手荒な真似はしないだろう。一人で抗議行動の写真を撮りに行く」と言うと、エド委員長が、「本当に大丈夫か」と心配した。山際代表も同行し、ボスがボディーガードとして付き添ってくれることになった。繁華街のエルミタ近くにある最高裁判所は、コロニアル風な白い壮麗な建物だ。門前では、車道をはさんで一五〇人の解雇者と家族による抗議行動がすでに始まっていた。皆怒り心頭に発しているのだろう、すごい迫力だ。人々の背後は教会で、よく手入れされた庭が塀越しに見える。道路は、車も人も忙しそうに行きかっていた。動き回って写真を撮っていると、物陰に座って抗議行動の様子をビデオに撮っている不審な男を見つけた。白いバロン・タガログに、サングラスをかけた屈強な体躯の男だ。「あれは誰?」とボスに尋ねると、「たぶん、トヨタの回し者だろう。いつもビデオを撮っている」と答えた。

カメラをTMPCWAの集団に向けていると、レンズを通して解雇者たちの汗を浮かべた怒りの顔が迫ってくる。なぜか、女性や子供たちの姿が目についた。きっと朝早くからジプニーを乗り継いで来たのだろう。思い切って集団の後ろについてみた。一五分経過しても何も起きない。少し離れたところにいる山際代表に合図して、二人で集団の後ろについた。ヘルメットに盾、銃をもった警官の一団がトラックに乗って最高裁前に到着したのは、それから一〇分もたたない頃だっただろうか。恐怖が体を走った。混乱が起きてはまずいので立ち去ろうとした時、行動の指揮をとっていたマイクに問われた。「どこへ行くの？　ここに私たちと一緒にいてほしい」。二人はその場を動けなくなった。逮捕されても仕方がないと覚悟したが、何事も起きなかった。

次の抗議行動は歩いて数分の高等裁判所前だった。警官の数も最高裁前と比較すると少数で、遠巻きに見ている。激励団の仲間が加わったこともあり、緊張感はにわかに薄れた。サングラスの男はここにも現れたので、こちらに視線を向けた瞬間に私はカメラのシャッターを押した。高裁の前では、山際代表が連帯の挨拶をした。挨拶の中身はよく覚えていないが、フィリピン政府の脅しにもかかわらず堂々としていて、さすがに神奈川高教組の前委員長だと感じたことだけは記憶している。

◆…解雇者は語る

午後は、ＡＳＩ（アジア社会学院）のホールを借り、解雇者と家族とともに弁当を食べ、交流会になった。先ほどまで晴れ渡っていた空からスコールが降り出した。会場の入り口は複数の組合員がガードし、参加者をチェックしていた。警戒している様子がよくわかる。

会場には横断幕、組合旗、そしてこれまでの活動を示す写真の数々が展示してある。交流会はマックスによるプロジェクトの説明から始まり、激励団の自己紹介、そして解雇者たちの話へと進んでいった。

解雇者たちが次々に立って話をする。生活も闘争も、一年前の交流会に比べさらに苦しいものになっていた。契約労働者の仕事さえも見つからないこと、家族の病気、妻の出産、子供たちのミルク代。教育費にもこと欠く貧困、そして家族から責めを負う日々が、四人の解雇者から語られた。四人の物語はあまりにも酷似していた。「フィリピンでは一八～二五歳だったら、一日二五〇ペソで六ヵ月の契約労働者の職を見つけることができる。二五歳以上だと、資格がなければ契約労働者の職を見つけるのも難しいといわれている。解雇者は二〇代の後半か三〇代の前半なので、職を見つけるのはとても困難」だという。ある解雇者は二〇～三〇回入社試験を受けたが、書類審査を通過しても面接試験で落ちた。清掃人として働こうと思ったがその仕事すらも断られた。多数の解雇者が同じことを経験し、刑事事件の被告は仕事を探すのがさらに大変だという。

最後に、小さな男の子の手をひいて皆の前に出てきたのは、ビクータン工場で働いていたロナルド。彼の言葉を、激励団の一員、高教組の横山滋が神奈川地域労働運動交流のパンフレット（『フィリピントヨタ労組と共に　2』二〇〇二年発行）で記しているので引用してみよう。

「正義の闘いで解雇されたあと、派遣会社を通じて臨時工などいろいろな仕事をしました。というのも、働いて日当を受けられるのが、一ヵ月一五日くらい。働いていても仕事がなくなるのです。トヨタにいた、ということで自分は何もやっていないのに、要注意人物・バッドマナーといわれ、仕事がなくなるのです」。ロナルドさんは、小さな子供を胸に抱き上げ、流れる涙もふかず、話し続けました。「最近子供を亡くしました。妻が妊娠中だったのですが、突然破水し病院に運ばれましたが手遅れで死産でした。メディカルケアがもらえず大変苦労しました。この二人の子供をなんとか育てたい。今も仕事を転々としながら働いています。この一ヵ月は、ラジエーターを作っている会社で働いています。子供の死産の時は組合に助けてもらいました。日本の皆さんの支援に勇気づけられ感謝しています。これからもよろしく」。幾重の涙を流しながら静かに語るロナルドさんに激励の拍手が続いた。

一緒に拍手をしていた私は、ふと横の壁によりかかっているエドとマックスの方を見た。マックスの目は涙でいっぱいだった。私と目が合うと「僕たちも初めて聞く話だ」とエドが悲しそうに言った。プロジェクトの責任者として、解雇者の住む全域を訪ね歩いていたマックス。誰よりも解雇者の苦しい生活を知っているのだろう。私は、このいかつい大男の小さな目に溢れる涙を美しいと感じた。交流会は、「皆さんの話を聞いて自分も泣きそうになった。私たちは皆さんを見捨てないので、皆さんも私たちを信じて、団結して闘いを続けてほしい。今の闘いは新しい花を咲かせるためのものだ。新しい社会を開花させるために、日本の皆さんと共に闘っていきましょう」というエド委員長の言葉で終わった。

七月三一日、午前中はパラニャーケ市まで行き、刑事裁判の傍聴。八時から公判が始まる予定なので、朝早く宿舎を出た。法廷の外でしばらく待っていると、中に入るように指示された。正面に裁判官、横にそれぞれの弁護士がいるが、日本の法廷と違い、二〇件の裁判の関係者をすべて同じ法廷に入廷させ、順番に審理するという。刑事事件の被告となっているTMPCWAの組合員も、私たちと同じ席に座った。法廷は広さ八〇平方メートルぐらいだろうか。とても狭く、人が多い。やがて、黄色やオレンジのTシャツを着た人たちの一団が入廷してきた。街で見かけるようなごく普通の人たちだ。若い女性もいる。タガログ語だったので内容はわからなかったが、後で聞くと、収監されている人たちだという。

ＴＭＰＣＷＡの三ケースの審理は、二、三ヵ月に一度のペースで、いつも最後に三ケースまとめて審理され、三〇分ぐらいで終わるそうだ。この時もまとめて審理され、裁判長とルガ弁護士の短いやりとりがあってすぐに終わった。被告の一人、ネルソンは、「日本人が傍聴に来てくれたので、一人で闘っているのではない、共に多国籍企業トヨタと闘っているのだと感じた」と、この日のことを記憶していた。

法廷が終了し、ルガ弁護士から刑事事件の説明を聞こうと、法廷近くの食堂に移動した。ルガ弁護士は、彼の車に同乗した私に言った。「ここに来る前に、入管局長がラジオでインタビューされ、日本人がパラニャーケ市の法廷の前でピケをはるようなことがあれば強制退去させると言っていた」。ミラーに映ったルガ弁護士の目は心配そうだった。昨日は何事も起きなかったので、脅しだけかと思っていたが、フィリピン政府はどうやら本気らしい。食堂で裁判の状況を説明してくれたルガ弁護士は、入管局長のインタビューにふれ、逮捕されたら連絡するようにと名刺をくれた。

◆…日本大使館は誰の味方か

午後からは、昨年と同様に、日本大使館前での抗議行動。昨年は中に入れるのは二人だけだったが、今年は激励団全員とＴＭＰＣＷＡからエド委員長とマックス副委員長の入館が許可された。日本大使館の入り口に歩いていくと、抗議行動の声が聞こえてくる。しかし、セキュリティが行き届いた玄関を入った館内は、ここがフィリピンかと思うほど静寂に満ち、外の声はまったく聞こえてこない。昨年も、私たちの声はきっと大使館の中までは届かなかったに違いないと思った。

大使館側は、厚生労働省から出向している労働問題担当のN一等書記官と他に一人、主にN書記官が対応した。激励団は、事態は昨年よりさらに悪くなり、トヨタは解雇者を兵糧攻めにしている、早期解決するように日本大使館がトヨタとの仲介の労をとってほしいと申し入れた。TMPCWAの二人からも、トヨタがフィリピン法を守り、不当解雇と刑事事件の撤回、組合承認をするように指導し、交渉の仲介をしてほしいと重ねて要請した。これに対して、N書記官は、「訴訟はフィリピンの国内法に従って係争中だと聞いている。トヨタ本社は現地で解決すべきだといっている。個別企業の労使紛争に関しては、介入することはできない」と、昨年と同様の日本大使館のスタンスだったが、フィリピントヨタ社にこちらの意見を伝える努力をすると答えた。一時間近くの申し入れが終わり、外に出ると、雨が降っていた。激しいスコールが通り過ぎたようで、大使館前の組合員たちは全身ずぶ濡れで抗議行動を続けていた。

翌八月一日、全国紙「マニラ・ブレティン」に再び、激励団に関する記事が掲載された。この日は、先に記したように、終日、組合事務所でのプロジェクトに関する会議だったが、会議が始まる朝、リッキーが買ってきた新聞を皆で読んだ。記事の内容は間違いもあったが、私たちの行動をよく把握しているのでびっくりした。「まにら新聞」を除いて現地マスコミからは一切の取材がなかったのに、どこがニュースソースだったのか。いずれにしても、記者会見を開いても黙殺された昨年とは大きな違いだ。

「マニラ・ブレティン」紙は、日本人のグループの支援を受けてTMPCWAは、最高裁・高裁・パラニャーケの裁判所で政府とフィリピントヨタ社の共謀を非難する行動をとったとして、以下のように報道した。「ラジオのインタビューでドミンゴ入管局長は、もしこのグループが政府の利益に反するような行動をしたら入管は彼らを尋問すると語った。先週の初め、日本大使館は入管局に日本人グループの訪比を伝え、警戒するように警告した」。この新聞報道が真実だとすれば、フィリピン政府に私たちの訪比を通報したのは日本大使館だ。日本大使館はトヨタを守るために、フィリピン政府を使って私たち日本の市民を脅したのだ。怒りが沸々と湧いてきた。

組合事務所での長時間に渡る会議の後、夜はプロジェクトで飼育された鶏の焼き鳥をメインディッシュにしたパーティーだった。サンタロサ工場、ビクータン工場からも組合員が駆けつけた。激励団との交流会があると知った会社は、急遽、二時間の残業を命令したが、それを拒否してきた組合員たちもいた。役員、解雇者、内部の組合員、夜が更けるにつれ人がだんだん増えてきて、小さな組合事務所は外まで若者たちであふれた。ビールと焼き鳥とフィリピン料理の数々。みな若者たちの手料理だ。私たちは歌い、笑った。会社と政府の脅迫をはねのけて何事もなかった最後の晩が、私たちを解放していた。「インターナショナル」と「ウィ・シャル・オーバーカム」を、皆で腕をつなぎながら歌った。闘いと連帯は世代や国境を越えていた。

八月二日、高雄経由の中華航空で帰国することになっていた私は、一人だけ先に空港に到着した。持病のため欠かせないミネラルウォーター三本、薬、洗面用具、一日分の着替え、ルガ弁護士の名刺を入れた手荷物のバッグを握りしめ、逮捕された場合のシミュレーションをするほど緊張したが、出国検査はあっけなく終わった。後日聞いたところによると、組合の緊張感も大変なものだったらしい。「日本人が滞在している時、対策を討議する会議が何回も開かれた。日本人が逮捕されたらマラカニアン宮殿の前で抗議行動をしようと話し合った」。フィリピントヨタ社も激励団の訪問は脅威だったのだろう。組合から届いたメールによると、「日本人たちはねずみのように急いでフィリピンを逃げ出した」というリーフレットを工場内で配布したという。

私はしばらくして、フィリピンから帰国した知り合いから親切なメールをもらった。そこには、「トヨタ争議支援の件で、マニラでは遠野さんはコミュニストと言われています。ジャーナリストの間でそう言われているそうです。誤解とはいえ、そのような評価を受けているので、当分の間、フィリピンには行かないほうがいいと思います」と書いてあったので愕然とした。私はこれまでいかなる政党にも加入したことがないし、学生運動さえもしたことがない。二日間欠勤しただけで解雇になったフィリピントヨタの若者と家族を、一人の日本人市民として支援しているだけだ。この大嘘の背後にある真実を調査するために、フィリピンを再訪しようと自分に誓った。

日本とフィリピンの労働者の間の相互訪問は、この脅しにもめげず継続した。一〇月二六〜二九日、自動車産別連絡会議による「フィリピントヨタ連帯ツアー」がおこなわれた。西三河の自動車労働者たちは、大井呑をリーダーに組合事務所やプロジェクトのサイトを訪問し、ＴＭＰＣＷＡの組合員との交流をはかった。一一月二一〜二九日にはベルとエミルが訪日した。日本経団連やトヨタ東京本社への申し入れ行動、豊田市での集会とトヨタ本社への申し入れ行動、かながわ交流主催の「元気の出る集会」と、恒例の日程で交流をはかり、フィリピンと日本の労働者の結びつきはさらに深くなっていった。

3・4●――希望が見えた

◆…会社派組合の結成

フィリピンの若者と日本の労働者との国際連帯が深まる一方で、フィリピン政府とトヨタとの関係も、アロヨ大統領が自らフィリピントヨタ社を訪問するまでに親密になっていった。二〇〇二年一〇月九日、マカティのデュシットホテル日航で、「トヨタとフィリピン――協力のもとで」の名称で、フィリピンの政財界五〇〇人を招いて祝賀会が開かれた。「デートライン」(二〇〇二年一一―一二月号)によれば、この祝賀会はトヨタグループによるフィリピン経済への多大な貢献とトヨタオートパーツ社(TAP)の一〇周年、トヨタファイナンシャルサービス・フィリピン社(TFSPH)の創業を祝うものだった。

祝賀会はフィリピントヨタ社(TMP)とTAPの会長であるジョージ・ティーの挨拶から始まった。ティー会長は、「一九八八年以来、TMPはフィリピン政府に対し、三九〇億ペソの税と関税を支払った」等、数字をあげてトヨタのフィリピン経済への貢献を述べた。来賓として招かれたロハス貿易産業省長官は、「政府はさまざまな政策の準備に取りかかっている。中古車輸入の禁止などもこれに含まれており、地元の自動車産業の競争力を向上するような政策を目指したい」と、政府の自動車メーカーへの協力を約束した。張富士夫トヨタ自動車社長は、「我々は、まもなくTMPおよびTAPに対し追加投資をおこないます。この投資はこれまでトヨタが取り組んできた投資に比べ、更に野心的なもので、巨大プロジェクトの一部となるものです。我々のフィリピンにおける事業は、今後もこの国の経済に大きく寄与するべく、雇用創出、技術移転、輸出拡大などを通して共に協力し努力を続けていくことを皆さんにお約束します」と祝賀会を締めくくった。労働争議を押さえ込んでくれたアロヨ政権に対するトヨタのご褒美のようだ。

アロヨ大統領とロハス貿易産業省長官がサンタロサ工場を訪問したのは、この祝賀会の翌朝一一時だった。張社長、ティー会長、トヨタ自動車のプリンス豊田彰男、三井物産の田代淳、田畑フィリピントヨタ社長などに迎えられたアロヨ大統領は、工場内を視察した。「デートライン」には、スポーティーな姿で工場を見て回るアロヨ大統領の写真が何枚も掲載されている。大統領はカローラ組み立てラインでは、労働者に福利厚生などについて質問し、トヨタの製品、購買、輸出、生産工程などについての説明を受けた。最後は、トヨタの張富士夫社長から大統領に、ハイブリッド車プリウスの鍵が渡され、フィリピン政府への贈呈式がおこなわれた。

工場内の組合員が、「TMPCWAに公正を」と書いたステッカーを身につけたのは、この大統領の工場視察の翌日と翌々日、一〇月一一～一二日だ。田畑社長がチームメンバーを集め、話をしているステージの前で、職場委員がプラカードを持って立ち、抗議行動をおこなったという。

フィリピントヨタ社はアロヨ大統領の工場視察の後、労使協調路線へさらなる一歩を踏み出した。会社が会社派組合づくりに使ったキーパーソンが、エンジェル・ディマランタだ。エンジェルが職制組合のT

ＭＰＣＳＵ（フィリピントヨタ職制組合）を一九九九年に結成したこと、二〇〇一年に労働協約を締結したこと、会社とともに一般労働者を参加させてＬＭＣ（労使協議会）を再編成し初代の議長になったことなどは、すでに記した。労使協調路線の職制組合を軌道に乗せ、ＬＭＣの再編に成功したエンジェル委員長と会社が次に手を着けたのが、ＴＭＰＣＷＡ（フィリピントヨタ労組）に代わる一般労働者の組合をつくることだった。

ＴＭＰＣＷＡに対抗する会社派の一般労働者組合、ＴＭＰＣＬＯ（フィリピントヨタ労働者組織）は、エンジェルをアドバイザーにして結成され、二〇〇二年一二月に労働雇用省地域事務所に登録された。実は、ＴＭＰＣＬＯの結成以前、一九九九年に一般労働者の組合、「カサマ」が結成されている。「カサマ」は登録をしなかったが、二〇〇一年三月にほぼ同じメンバーでＴＷＬＡ（トヨタ労働者会）と名称を変え登録した。しかし、ＴＷＬＡのリーダーの多くがＴＭＰＣＬＯの結成に参加したので、メンバーはわずかになったという。現在、フィリピントヨタ社には、ＴＭＰＣＷＡ、ＴＷＬＡ、ＴＭＰＣＬＯの一般労働者三労組が並存している。

ＴＭＰＣＬＯがどのように結成されたのか、入手できた情報は限られている。しかし、組合の人脈づくりにはバスケットチームが貢献したと多数の労働者が語っている。バスケットはフィリピントヨタ社の創立当初から人気のスポーツで、社内に複数のチームができていた。エンジェルは、一九九二年に最初の組合、ＴＭＰＣＬＵを組織した時もバスケット人脈を使った。バスケットを組合づくりに利用したのはエンジェルだけではない。ＴＭＰＣＬＯの執行委員の多くが、労務担当のアリガダ部長が率いる人事部のバスケットチームに属していると聞いた。

エンジェルは自分の職場からも組織化をはじめた。彼はTMPCLOの委員長になったウィルソン・ロモトスをはじめとする役員たちの上司であり、結婚の保証人や子供のゴッドファーザーとなっている。公私に渡る関係を使いながら、TMPCLOの組織化を支援し、現在もアドバイザーだ。このようにエンジェル委員長との関係が強いTMPCSUと会社の支援を受けながら一般労働者への勢力拡大を図っていった。工場内のTMPCWAの活動家も個人的に接触を受けた。TMPCLOへの加入の勧誘、二つの組合の連携、合併による労働協約締結の提案などがあったとTMPCWAの工場内組合員は証言する。

会社は、新LMCの体制と、TMPCSU、TMPCLOといった会社派組合との協力関係を構築しながら、労使協調路線を推進していった。チームメンバーと呼称される従業員全員の参加を義務づけている会社の総会や創立記念日などで、経営側の方針を伝えるとともに、月末に開催されるバースデーランチの場を使って労働者と意見交換をおこない、コミュニケーションの円滑化を図っていく。話に聞くトヨタ本社の労使協議会制度を髣髴とさせられる。二〇〇三年八月、創立一五周年を祝う行事の目玉として、会社は、サンタロサ工場の敷地内に二階建てのTASC（トヨタ管理サービスセンター）を開設した。ここには食堂、クリニック、売店、ローン会社SLAIの事務所の他、チームメンバーのロッカー、シャワーも備えた。LMC、TMPCSUの事務所もあり、TMPCLOもこの施設を利用した。もちろん、TMPCWAは使用が許可されていない。

◆…プロジェクトの失敗

志高く、希望に満ちてはじまったプロジェクトだが、農業プロジェクトでは次々と芳しくないニュースが日本に届けられた。リサール州の養鶏場では台風の影響もあり、五〇〇羽のうち一八〇羽が死に、育ちがよくないので仲買人に買い叩かれた。鶏の出荷時には仲買人に渡すために、役員たちは総出で鶏の羽をむしり、「鶏の頭ばかり入ったスープが連日続いた」という。ラグナでの収益も悪く、赤字が積み重なり、投じた資本金は使い切ってしまった。養鶏に見切りをつけ、新たにはじめた養豚では、解体や保存に問題が生じ、腐敗したり、中国産の輸入豚肉との価格競争に押されたりして大損をした。プロジェクトのニュースは、一〇月に訪比した「フィリピントヨタ連帯ツアー」のメンバーや一一月に来日したベルとエミルからも報告された。失敗の原因は、養鶏や養豚の経験や市場の知識が不足していたことだった。

一二月末には、プロジェクトの失敗は明らかになった。「責任者だったマックスは多くのメンバーに非難されたが、それを受け入れた」。しかし皆は、誰もが努力をしていたこと、資金に不正がないことを認めていた。「お金を貸してくれた支援する会が知ったら怒るだろうと想像したが、プロジェクトのお金は自分たちのために使ったのではなく、収支の明細もあったので説明できると思った」と、プロジェクトの会計を担当したジュンは思い出す。当時、「マックスが落ち込んでいる」と電話口で告げるエドに、「支援する会、なかでもゼンゾウセンはいろいろ経験があるので、このくらいのことでは動じない。正直にきちんと説明すればきっとわかってくれる」と慰めたことを覚えている。事実、支援する会、とりわけ資金集めの責任者である早川の対応は見事だった。

二〇〇三年夏、プロジェクトの今後を協議するため、支援する会の二人、山際代表、新たに事務局長になった小嶋、それに早川が、通訳の川畑摩記を伴って、七月一四日から一七日まで現地を訪れた。プロジェクトの経過が分析され、日本側から厳しい意見が出された。協議の結果、順調なマイクロクレジットプロジェクトは継続するが、農業プロジェクトは凍結と決め、「プロジェクト継続に関する覚書」が交わされた。「実は、今回の失敗でプロジェクト全体を切られるのでは、と心配していました」とマックスが会議の席上語ったことを、早川はかながわ交流の発行したパンフレット『闘い続けるフィリピントヨタ労組』（二〇〇三年発行）に寄稿した報告に記している。若者の失敗に正面から向き合う、闘ってきた男たちの厳しさと優しさが、その文章にはあふれていた。

後日、このプロジェクトの顛末を多数の関係者に聞いてみて、プロジェクトは解雇者の雇用を創出できなかったが、組合の再組織化には重要な役割を果たしたことを理解した。当時、解雇者はマニラ首都圏、南タガログ地域に点在して住んでいて、交通費がないため会議にも動員にも出てくることができなかった。気持ちもバラバラで、解雇された人、されなかった人の間に微妙な溝があった。しかし、プロジェクトを契機に、組合の活動家たちは解雇者との話し合いの場をもつことができた。家を訪ね歩き、経済状況、家族の様子を知り、気持ちを聞くこともできた。内部の労働者の支援、日本からの国際的支援も解雇者を勇気づけたという。会社はこの年の二月から一二月まで、再度、解雇者に退職金受け取りを迫る家庭訪問をした。組合が把握したかぎりでこの時期に、会社は解雇者の半数の家を訪問していた。組合も七月から家庭訪問をして、ほとんどの解雇者と接触した。「もし組合が家庭訪問をしなければ、もっと退職者が多く出ただろう」。ラグナ・カビテ・リサール・バタンガスなどに地域拠点ができ、マニラの組合事務所を拠点にして組合員との連絡が円滑になった。海外へ行っている人には家族へ、遠いところは携帯電話のショートメールで連絡をとりあっていった。そして何よりも、若者たちにとっては抗議行動をすることとは別に働く場ができたことが希望となった。あの薄暗く蒸し暑い組合事務所のなかで、次々とプロジェクトの報告をしていた若者たちの輝きを、私は忘れることができない。

◆…困窮の日々

二〇〇二年一二月八日、生活の困窮、プロジェクトの失敗などで沈みがちな気持ちを吹き飛ばそうと、組合は総会をかねたクリスマスパーティーを開いた。二〇〇人以上の組合員と家族が参加したパーティーでは、日本から帰国したばかりのエミルとベルが交流報告をした。組合員たちは、組合からハムをクリスマスプレゼントされたのがとても嬉しかったという。しかしながら、日々の現実は厳しかった。解雇者たちの生活はさらに追い詰められていた。

SOM（シスターー・オブ・マリースクール）で学んだあのレスターの物語を紹介しよう。レスターは、多国籍電子メーカーで働いていたフローラと、友人を介して知り合って、一九九八年に結婚した。翌年生まれた長男は同居していた母が世話をしてくれたので、夫婦共働きをしてローンで家を買った。「父親がいなかったので、良い父親になろうと思った。自分と同じような目にあわせたくなかった。最も大事なものは家族だった」。組合に加入したのは長女が生まれた時で、病弱だった妻は一月に仕事をやめた。解雇される一ヵ月前だ。解雇された時、自分も労働者だった妻は夫の気持ちを理解し、「あなたが決めたことを応援する」と励ましてくれたが、給料がなくなり行動や会議で家をあけると夫婦喧嘩になった。

二〇〇一年一一月、生後一〇ヵ月の娘が水痘症にかかり経過が思わしくないため、病院を三度転院し、最後にフィリピンジェネラルホスピタルに入院した。長男もデング熱にかかり、二人の子供は同じ病院に入院したので、治療費の捻出のためにローンが残っている家を売った。職につくことができなかったので、趣味で集めていたビデオを貸す店を開き、この店からの利益、日に五〇～七五ペソの収入が生活費となった。

二〇〇二年一二月にフローラは双子を出産した。女の子だった。「七ヵ月の未熟児で、一人は三時間、一人は八時間の短い命だった。妻は三日間意識不明だった。棺桶を買うこともできず、新聞紙に包んで家の裏庭に葬った。死んだ子供たちの骸は、新聞紙に包むとおにぎりのようだった。双子を産んだことを知らない妻は、意識を回復すると赤ちゃんに会いたいといった。すでに死亡したとは言えず、退院する二日前に事実を告げた。仕事もなく、子供は亡くなり一番悲しい時だった。宝石、電気器具、すべてを売り払い、治療費にあてた。組合が窮状をみかねてカンパを集めてくれた」。

組合も経済的に逼迫していた。財政担当だったリッキーは、組合の経費や活動家の食費や交通費を作ろうと、事務所近くのケーブル製造会社で、五ヵ月の契約労働者として働き出した。二交代制一二時間労働で日給は二五〇ペソ。残業もふくめて、時には一六時間働き続けることもあった。機械操作の仕事だったが、トヨタとは違う仕事なので、よくケガをして傷が膿んだり、重い製品を持ち上げなければならないので、歩けなくなるほど足がむくんだりした。きっと栄養不足で抵抗力もなかったのだろう。リッキーは皆に強く言われ、三ヵ月で退職した。

フィリピントヨタ社が組合との話し合いを求めてきたのは、二〇〇三年一月二五日、マカティのトヨタベルエア販売店に抗議行動に行った一週間後だった。販売店前での抗議行動は会社が嫌がるので過去にもおこなっていたが、ベルエア販売店からどうにかしてくれと申し入れがあったという。同時に会社は、プロジェクトが失敗しているというニュースを掴んでいたので、組合を揺さぶる意図があったに違いない。フィリピントヨタ社はゴー副社長の指示のもと、アリガダの部下のソブレヴェガを送り込んできた。組合からは二人に限定されたので、エド委員長とマックス副委員長が指定された日本料理店に赴いた。ここでの会話は、かながわ交流のパンフレット『闘い続けるフィリピントヨタ労組』に掲載されている。

ソブレヴェガ「もし私がゴー氏に、話し合いを続ける一方で刑事事件を取り下げるよう提案したらどうだろう？　問題解決に向けて、まず刑事事件を取り下げたら？」

エド「知っていますか？　刑事事件はこの問題の根源じゃないんですよ。従業員の不当解雇が根源で、あとは全部つくられたものだ」

ソブレヴェガ「君たちは全部いっぺんに解決したいのか？」

エド「当たり前だ！　刑事事件が問題の根源じゃない。不当解雇された者を職場に戻し、ＴＭＰＣＷＡを認めて労使協議を開始すること、でっち上げ刑事事件を取り下げること。この要求に変わりはない」
ソブレヴェガ「エド、提案があるんだが。解雇者の健康を心配していてね。生活を続けるためにも、裁判が行われている間に退職金を受け取って問題の解決は全て法廷にまかせようじゃないか？　仲間が退職金を受け取るように働きかけてくれないか？　金額はいくらでも付け足すから。今、返事をしなくてもいい。仲間同士で会社の助けに対して合意が必要だろうからね。返事はまた次の時でいいさ」
（急にエドが静かになる。どうやら血圧が上がってしまったようだ）
エド（落ち着いてから）「俺の目を見ろ！　今から俺が言うことをよく聞いておけ。どんな金額を提示されようともそれを受け取る意思はない！　たとえあなた方から金を受け取らなくても自分たちの生活を続けられてきたし、これからも続けていく」
ソブレヴェガ「エド、どう思う？　君たちは勝つと思うか？」
エド「前から組合は勝つと思って闘っている。そして何が起こっても不当解雇者を職場に戻すことが組合の使命だ」
ソブレヴェガ「さっきから言っているように裁定として出されたことには従うつもりだよ」
エド「どうだか。これまで、トヨタは中央労使関係委員会や労働雇用省に圧力をかけて自分たちの都合の良いようにしてきたからな」
ソブレヴェガ「あー、あの国際支援はどうなっている？」
マックス「俺たちを支援してくれている日本の人たちのことか？」
ソブレヴェガ「あぁそれだ、それだ。どうしている？」

ソブレヴェガは、ゴー副社長にここでの話を報告するといって会談は終わった。この会談からも判明するように、会社は譲歩する姿勢はまったくなく、裁判所から出される今後の裁定に自信があり、刑事事件を取り下げにできることを明らかにしている。しかし、トヨタ車の販売への影響や国際的評判を考慮して、退職金を積んで早期解決を図ろうとしていたようだ。この会談の後、「いかなる手段を使ってもTMPCWAをつぶす」と会社が宣言しているとの報告が組合から届いた。

この会談から一ヵ月経過した二月二七日、高裁は、中央労使関係委員会が下した二〇〇一年二月二二、二三日の公聴会への参加、および五月二三、二八日の工場前行動は違法ストライキであるという裁定を支持する決定を下した。そのうえ、解雇は正当であるので解雇者への退職金の支払いは必要がないという組合にとってさらに不利な決定を付け加えた。組合はただちに高裁に再審を請求するが、退職金さえも出ないという高裁決定は解雇者を不安に陥れた。会社が反共団体のAPDUP（フィリピン活動的民主主義肯定派組合）を使い、解雇者の家を訪問をしているという情報が伝わってきたのは、この高裁決定の後である。APDUPのラグナ支部のメンバーが解雇者の家を訪問し、銃をテーブルの上に置いて退職金を受け取った解雇者の名前を告げ、退職金の受け取りを強要したことを、組合は解雇者から知らされた。トヨタがこの組織を使ったのだろうと組合は推測した。

解雇者に、九州の南日本造船での仕事の誘いがあったのも、プロジェクトの失敗が明らかになってきた頃だった。日本の造船所で日給一万円で働く溶接工を探しているリクルーターがいるという話を聞き、解雇者たちがこのリクルーター、レイ・ロブレスと連絡をとるようになった。

「身体検査に二五〇〇ペソかかったので三〇〇〇〇ペソ借りたが、一ヵ月後には、利了を合わせて三六〇〇〇ペソを支払わなければならず、妻が商売の元手を崩して支払ってくれた」と応募者の一人は語る。パスポートや手数料込みで、六〇〇〇ペソをリクルーターに支払った人もいた。この動きを心配した組合は事情を調べ、二〇〇三年二月初めに南日本造船について小嶋事務局長に問い合わせてきたので、小嶋はすぐに調査をして資料を送った。日本からの情報を受け取った組合は三月五日にこの件で緊急会議を開いた。レイ・ロブレスが七〇人を募集し、フィリピントヨタから一八人がリクルートされ、スービックの造船所での訓練に参加する予定で、その連絡を待っているという話だった。しかし、その後、突然、ロブレスと連絡がとれなくなる。ロブレスの背後にAPDUPがいるとの情報もあったが、真相は闇の中だ。しかし、解雇者たちの健康診断やパスポートは無駄になり、さらなる経済的負担を強いられたことは事実だ。

◆…画期的な最高裁決定

二〇〇三年三月、不当解雇され、ストライキを決行してから三年目を迎えた。組合は、三月二六〜二八日、最高裁前でのビジル（徹夜集会）、ベルエア販売店前での抗議行動、イラク戦争反対の集会への参加など、連続行動を展開した。四月には、前年に引き続き、刑事事件被告への保釈金請求があり、支援する会の協力を得て支払うことができた。そして、組合員の誰もが本当に苦しい日々だったと語るこの二年間を耐えて、ようやく新たな希望が見えはじめていた。希望の一つは国内のネットワークが広がり仲間が増えていったことであり、もう一つの希望は、負けてばかりいた法廷闘争で初めて有利な決定が出されたことだった。

二〇〇三年四月、TMPCWAはマニラ首都圏における反戦を掲げた労働組合のネットワーク、SOLAR（権利と福祉のための労働者連帯）に加入した。フィリピントヨタ社は、マニラ首都圏にビクータン工場、リージョンⅣ（南タガログ地域）にサンタロサ工場がある。SOLARは、二〇〇三年三月、アメリカのイラク攻撃を契機に発足したマニラ首都圏のネットワークで、反戦を掲げて共同行動するとともに、各組合の闘争を相互に支援する目的をもっていた。TMPCWAは、エルミタにあるマニラミッドタウンホテル組合の争議支援を通じて、SOLARへの参加を誘われたのだ。「TMPCWAはストライキを他の組合の支援なしに単独で組織した。しかし、フィリピントヨタ社は巨大で、経験の少ないTMPCWAだけでは立ち向かっていけないので、SOLARに加入した」と、SOLARとのパイプ役、マックスは語る。この後、メーデー、反戦集会などの社会運動の場面で、TMPCWAはSOLARとともにあった。

SOLARのメンバーには、TMPCWAのような独立組合とともに、KMU（五月一日運動）のような上部団体をもつ組合もあり、事務局は女性の下着を製造しているトリンプ労組の組合事務所の一角に置かれた。代表の代わりにスポークスパーソンを置くこととし、ネットワークの核を形成していた六組合が順番にスポークスパーソンを送った。TMPCWAはこの中心六組合の一つとなった。SOLARは、その後、一〇〇近くの組合が加入し、反戦などの共同行動とともにセミナーを定期的に開催し、メンバー組合の闘争を相互に支援した。

九月二四日、最高裁の決定が下った。二〇〇一年七月一二日の高裁決定は、ＴＭＰＣＷＡが団体交渉権を持つと認定した労働雇用省長官の最終裁定に対する会社側の仮差し止め申請を認めたが、最高裁は高裁の決定を無効と判断したのだ。会社はＴＭＰＣＷＡと団体交渉をしなければならないというのが裁定の意味するところだった。最高裁の決定は、組合員たちに勇気と希望を与えた。この決定より三ヵ月前にも小さい勝利があった。ＴＭＰＣＷＡの再審申請により、六月三〇日、高裁は、ストは違法、退職金の支払いは不要という二月二七日の決定を一部変更し、解雇者に退職金を支払うようにとの判断を下していた。

一〇月二二日、組合はマラビラ弁護士からこの最高裁の決定を電話で知らされた。吉報は直ちに日本に届けられた。会社に労働協約交渉を申し入れるので、支援する会からも会社に要請文を送ってほしいと書かれていた文面の行間からは、法廷で会社から押されてばかりいた組合が初めて押し返した喜びの声が聞こえてくるようだった。この最高裁判決は会社にショックを与えたらしい。会社は対策を練るためにトップマネージャーを集め、会議を開いたという噂が流れた。工場構内を、軍の兵隊が見回りはじめたという知らせも入ってきた。

一〇月二四日、ＴＭＰＣＷＡは、早速、田畑社長あてに労働協約交渉の申し入れ書を提出したが、一〇月二八日、会社の弁護士から交渉拒否の回答がきた。最高裁の決定は高裁の仮差し止め命令を却下しただけであり、ＴＭＰＣＷＡが労使交渉をおこなえる適法の団体かどうかという本訴は、まだ高裁で係争中であるので、交渉はできないという従来と変わらない内容だった。組合は、一一月四日、二一日に重ねて労働協約交渉の申し入れをした。

労働協約交渉の申し入れは拒否されたが、負けっぱなしだった法廷闘争での初めての勝利は解雇者に勇気を与え、この争議に勝利できると信じる気持ちが新たに湧いてきたと多数の組合員から聞いた。実際に、この最高裁決定の後、退職金を受け取る人はほとんどいなくなった。二〇〇二年夏の激励団と解雇者の交流会で皆の涙を誘ったロナルドのことを覚えているだろうか。彼は最高裁決定の直前に退職金を受け取ってしまい、決定を知らされると号泣したという。悲しい、悲しい現実だ。

◆…日比同時行動日

最高裁決定の吉報をもって一一月一八日にマックス副委員長が、一九日にエド委員長が来日した。組合の重責を担っていた二人は、どん底まで突き落とされながらやっと見えてきた希望に、心が弾んでいるようだった。二人は、一一月一九日の東京共同行動でトヨタ東京本社申し入れ行動に参加し、一一月二二日に港町診療所二階で開かれた報告会に臨んだ。「労働雇用省、最高裁は、会社に私たちの存在を認めるようにという決定を下した。私たちは労働者の権利を守る自分たちこそが正しいということを主張し、多国籍企業トヨタと闘い続けていきます」とエド委員長が挨拶すると、「トヨタは世界のいたるところに工場をもっています。世界の労働者が一つとなって闘うために国際的ネットワークが大事です」とマックス副委員長が続けた。東京、横浜でのスケジュールをこなし、例年のように支援する会のメンバーなど二〇人とともに、二三日に豊田市に向かった。午後には「トヨタの組合潰しを許さない豊田集会」に参加し、夕方には豊田市駅前とジャスコ豊田店前でビラまきをした。

そして、一一月二四日の月曜日は、日本とフィリピンの同時行動の日だ。

日本では、朝五時、本社工場、元町工場、三好工場前の三ヵ所に分かれ、朝六時に仕事を始める早番の労働者へのビラまきをした。八時半からはトヨタ本社前に五〇人が集まり、申し入れ行動と抗議行動をした。応対にでた総務部統括室のK庶務グループ長らにエド委員長とマックス副委員長は、「九月二四日の最高裁判決は労使協議をおこなえと言っている。本社は、フィリピントヨタ社は別会社であると言っているが、社長を送り込み、研修をおこなっているのだからその論理は通用しない。組合つぶしに目をつぶっているのならば、組合としては更なる闘いの準備はできている。最高裁判決と自分たちの来日を機に、解決の糸口をつくることを求める」と要求した。しかし、権限のない二人はいつものように関係部署に伝えるとの回答を繰り返すだけだった。

フィリピンでは、解雇者と家族、SOLARのメンバー一〇〇人が、TMPCWAの赤い組合旗を先頭にビクータン工場までの一キロの道を行進し、工場前で抗議行動を繰り広げた。林立するプラカードの中で、白地に水色でSOLARと書かれた横断幕を持っているのは女性たち。可愛い日傘がいくつも開いていた。多数のガードマンと警官がいたが、混乱はなかった。抗議行動の最中に、日本にいるエド委員長から電話がかかり、日本のトヨタ本社とフィリピントヨタ社で同時行動をしているのだという実感が増したという。

トヨタは、この日比の同時行動に危機感を抱いたようだ。フィリピントヨタ社は同時行動に怒り、トヨタ本社前での写真と世界各地から送られて来た要請文を、TMPCWAが国外の勢力を使って会社に対して圧力をかけている証拠として最高裁に提出した。トヨタ本社前での写真は、トヨタの敷地内から抗議団へカメラが向けられていて、トヨタ本社からの提供であったことがわかる。要請文とは、世界中からフィリピントヨタ社に送られたものだ。ＴＭＰＣＷＡから連絡を受けた支援する会は、労働協約交渉の開始を促す要請文を田畑社長に送るように世界の社会運動団体に頼んでいたのだ。

田畑社長は、毎月末に開かれるバースデーランチで、フィリピントヨタ争議に関して発言したり質問されたりする機会が多い。以前は、「このことは法廷の決定に任せよう」と繰り返していたが、「トヨタはこの争議の解決の道を探している。今や争議は国際問題となっている」とバースデーランチの席上で語ったと、工場内の組合員は証言した。トヨタは、フィリピントヨタ争議が国境を越えて広がっていくことに恐れを抱き始めていた。

第4章 どちらの道を選ぶのか

▼…TMPCWAを迎えトヨタ本社（当時）前での初の抗議行動（2001年11月26日）。

フランスと国境を接する国際都市、ジュネーブ。多数の国際機関が集中し、フォーマルな装いをした外国人の姿が目につく。とりわけ、奇抜な色彩の衣装と大きなアクセサリーが褐色の肌に美しく映えるアフリカ諸国の女性たちが発するエネルギーとオーラには圧倒される。ここジュネーブには、フィリピントヨタ争議に深く関係することになるＩＬＯ（国際労働機関）とＩＭＦ（国際金属労連）本部も置かれている。

中央駅であるコルナヴァン駅を背にして、ホテルが立ち並ぶ駅前通りを東に歩くと、レマン湖に行き着く。三日月の形をしたレマン湖は、フランスとスイスの国境に横たわり、最大幅は一三・八キロ、長さは七三キロもある海のような湖だ。湖上からは、アルプスの山並み、晴れればモンブランの稜線を望むことができ、湖畔には選ばれた人たちの邸宅が建つ。ジュネーブの街は、このレマン湖の湖尻の両岸を囲み、外縁へと伸びている。

コルナヴァン駅から北に向かう路面電車に乗り、しばらくすると、左手の丘に青い屋根に赤い十字のマークが目にはいる。一三〇年以上も前、ジュネーブに最初に置かれた国際機関・赤十字だ。そして右手には、色とりどりの国旗がはためく壮麗で重厚な宮殿。レマン湖の西岸に建つパレ・デ・ナシオン、旧国際連盟の建物だ。国際連合が設立されると、本部はニューヨークに置かれるようになったが、パレ・デ・ナシオンは国連ヨーロッパ本部となり、数々の国際会議が開かれている。クラシックなこの二つの建築物に迎えられると、二〇世紀初頭へと時空を超えて来たような感覚に捉えられる。

ＩＬＯはパレ・デ・ナシオンからさらに少し北にあり、鬱蒼と茂った木立に囲まれ、手入がゆきとどいた芝が広がる。近代的な建物は、同じ形をした小窓が並ぶその姿から、蜂の巣という異名でも呼称される。ＩＬＯは、戦争を招いた原因の一つに劣悪な労働条件があったという認識の下に、ベルサイユ条約により、一九一九年、国際連盟とともに誕生した。国連機関のなかでも最も古いこの機関は、独特の政労使の三者構成をとり、政府代表だけでなく労働者側、使用者側代表も等しく発言して、「国際労働基準」を定め、さまざまな技術援助や情報提供を日的に掲げている。現在、一七八ヵ国が加盟し、チリ出身のファン・ソマビアが事務局長である。

コルナヴァン駅から南に向かい、レマン湖にそそぐローヌ河を渡ると旧市街。歴史の街、ジュネーブのもう一つの顔がある。旧市街でひときわ目をひくのは、尖塔をもつサン・ピエール寺院。カルヴァンの宗教改革の拠点で、今も旧市街の中心だ。IMFのビルは、この旧市街のはずれにある。IMFは、一八九三年、チューリッヒで結成された伝統を誇る金属労働者の国際産業別組織で、現在はスウェーデン金属労組出身のイタリア人、マルチェロ・マレンタッキ書記長に率いられ、世界一〇〇ヵ国の二五〇〇万人の労働者を組織している。

このジュネーブの地に本部を置くＩＬＯとＩＭＦが、フィリピントヨタ争議が世界に広がるうえで大きな役割を担っていった。

4・1●――多国籍企業の規制

◆…ILOとOECDに提訴

二〇〇三年二月二四日、TMPCWA（フィリピントヨタ労組）はILO条約第八七号、第九八号の不履行を理由に、フィリピン政府をILO・結社の自由委員会に提訴した。二〇〇三年一一月に開かれたILO・結社の自由委員会は、TMPCWAの案件（事件番号二二五二）を審議し、第三三二次報告としてフィリピン政府に以下の勧告をおこなった。

（a）国内法制を、結社の自由と団体交渉の原則、および比政府が批准した条約の規定と完全に一致させる観点から、委員会は以下の点を政府に要請する。

（i）公平で独立した迅速な承認手続を許容し、かつこれらの事柄への雇用者の介入に対する十分な保護を提供できる法律の枠組み設置のために、関連する法律の規定を改正すること。

（ii）労働法の関連規定、特にストライキ権の行使に関する二六三条（g）項の改定に関し、既に開始されている措置を推進すること。

（iii）委員会は、政府がこの点についてたえず報告し続けることを要請する。

（b）誠意ある交渉の原則に関して、委員会は、TMPCWAとフィリピントヨタ自動車社が労働協約の締結に至るようにするために誠実に交渉することを実現するよう、政府があらゆる努力をするであろうと信ずる。委員会は、政府がこの点についてたえず委員会に報告するよう要請する。

（c）二〇〇一年二月の行動は違法ストライキとみなされたとしても、ストライキに関わった労働者の解雇という深刻な処分を考慮し、委員会は、フィリピントヨタ自動車社の二二七名の労働者と、中央労使関係委員会から雇用上の地位の喪失を宣告された組合執行委員らのうち二二七名の中に入っていないものの復職の可能性に関し、政府が組合活動による差別を排して議論を開始することを要請する。復職が不可能な場合は相当の補償金が当該労働者に対して支払われるべきである。委員会は、政府がこの点に関し、および組合員数名に対する刑事責任の追及を取り下げるために取る手段に関し、たえず委員会に報告し続けることを要請する。

（d）委員会はこの訴訟に関し、政府が協議団受け入れの可能性を検討することを要請する。

勧告は、ILO条約に沿った国内法の整備、労働協約交渉の実現、解雇者の復職などをフィリピン政府に求め、TMPCWAの主張をほぼ認める内容だった。続いて、二〇〇四年三月、TMPCWAとフィリピントヨタ労組を支援する会は、トヨタ自動車が「OECD多国籍企業ガイドライン」に違反したとして、OECD（経済協力開発機構）のNCP（ナショナル・コンタクト・ポイント）である日本の外務省に提訴した。ILO勧告とOECDへの提訴により、フィリピントヨタ争議は日本から世界、そのなかでも国際労働運動のリーダーシップをとっているヨーロッパへと知れ渡ることになった。そして、最も伝統のある国際産別組織ＩＭＦが支援に乗り出すきっかけとなった。

フィリピンの若い独立労組であるＴＭＰＣＷＡが、どのようにしてＩＬＯ・結社の自由委員会とＯＥＣＤ多国籍企業ガイドラインのＮＣＰに提訴することになったのだろうか。資金も人材も十分ではない小さな労働組合やＮＧＯが、将来、これらのシステムを利用するのに参考になればと思い、提訴までのプロセスを記しておこう。提訴は、行き詰まった状況をどうにか打開しようと、多数の人の知恵と連帯に支えられて実現した。

ＴＭＰＣＷＡは、フィリピントヨタ争議を世界の労働者に共通する問題にするためにＩＬＯへ提訴したいと、ストライキ直後から希望していた。とりわけ、二〇〇一年五月二八日、ビクータン工場前で、会社のガードマンから暴力行為を受け、ひどい怪我をさせられたが、時間的にも金銭的にも余裕がなく刑事告訴できなかった悔しさと怒りが、ＩＬＯに提訴したいという気持ちを募らせた。しかしながら、第3章で記したように、この直後に押し寄せたいくつもの難題への対処に追われ、ＩＬＯへの提訴準備は一時休止状態になり、翌年、二〇〇二年の春からまた、可能性を探りはじめていた。

ゼンゾウセンは、闘争経験の宝庫からＩＬＯ提訴の経験を取り出してきた。日本鋼管分会は持橋多聞を核に、ＮＧＯの仲間、川崎にある浅田教会のエドワード神父などのＡＣＯ（カトリック労働者運動）のメンバーとともに、戦後補償の問題を条約勧告適用委員会に提訴していたのだ。この経緯を知っていた小嶋武志は、ＡＣＯの関係者からの強い勧めもあり、ＴＭＰＣＷＡもＩＬＯに提訴すべきだと、支援をはじめた当初から考えていた。ＴＭＰＣＷＡの要望を受け、支援する会のメンバーと手分けして情報を集め、資料をフィリピンに届けた。ＴＭＰＣＷＡも、提訴の手続きについてＩＬＯに何回も問い合わせた。その度に、ＩＬＯの担当者からは丁寧な返信が届き、マニラＩＬＯ事務所を訪ねることも勧めてくれた。ナショナルセンターや産別組織に属していない独立組合が、単独でどのように提訴するか教えてくれたのもＩＬＯの事務局だった。

フィリピントヨタ争議のケースは、ＴＭＰＣＷＡが、フィリピン政府はＩＬＯ条約第八七号、第九八号を批准しているにもかかわらず履行していないという状況を提訴文に記し、資料とともに結社の自由委員会に郵送すればよいことがわかった。この提訴文をどのように作成するかが次の課題だった。主任弁護士であるマラビラ弁護士は、ＩＬＯ提訴に期待をもっていないようだったので、二〇〇二年九月、刑事事件の弁護人であるルガ弁護士に書類作りの助力を頼むと快く引き受けてくれた。こうして書きあがった提訴文は二〇〇三年二月に結社の自由委員会に郵送された。

ＩＬＯの総会は、ジュネーブで毎年五月末から六月にかけて開催され、条約や勧告を討議し、採択する。加盟国は四人の代表（政府二名、労使各一名）を参加させるが、その他、政労使から多数の参加者があり、日本からも大代表団が送られている。総会のほかに、三月、一一月に理事会が開かれ、ＩＬＯの組織運営と活動の決定をおこなっている。理事会も政労使の三者構成で、正理事五六名（政府から二八名、労働者側一四名、使用者側一四名）、副理事六六名である。ちなみに、日本は財政的に貢献しているためか、政労使の正理事ポストを得ていて、労働者側の正理事は元連合国際総局長の中嶋滋、使用者側正理事は日本経団連国際協力センター参与の鈴木俊男である。理事会のもとに、事務局、各種委員会が設置され、理事はいずれかの委員会に所属する。

委員会の一つである結社の自由委員会は、ＩＬＯの条約の中でも結社の自由が重要な原則であるところから、結社の自由に関する八七号条約、団結権及び団体交渉権に関する九八号条約違反の提訴を受け付けている。政労使から各三人、九人の理事で構成され、委員長は政労使三者から独立した専門家が指名され、提訴された案件を審議するのだ。二〇〇三年二月に提訴されたTMPCWAの案件は、フィリピン政府に送られ、答弁書が寄せられた後、一一月の理事会で審議され、前述した勧告が出された。

フィリピントヨタ争議ですばらしいILO勧告が出たというニュースがもたらされたのは、二〇〇三年一二月中ほどだった。小嶋事務局長がILOのウェブサイトで勧告を見つけ、関係者にメールで転送したのだ。提訴はしてみたものの、はたして勧告が出るのか、時期はいつなのかなど、結果が予測不可能だっただけに、突然の勧告、それも労働者に好意的な内容に私たちは驚き喜んだ。「マラビラ弁護士も、勧告を一読した後、『グッド、グッド』と親指をあげて喜んだ」とマックスは後日、楽しそうに話してくれた。

法律用語が散りばめられたILO勧告の内容をどのように評価すべきなのか、ILOへの提訴経験のある人たちからアドバイスを受けた。「フィリピンの国内法を抜本的に改革するように言っている。職場復帰、刑事事件にもふれ、現地調査の可能性も示唆し、今後もILOは注目していくと宣言している強い勧告だ。ILO総会でロビー活動をした方がいいだろう」「現地の状況を報告する追加資料は、これに対する政府の答弁書の準備や翻訳の関係もあるので、理事会の六〇日前にまとめて出した方がいい」「政労使の三者で構成されているILOが出せる最高の勧告だ」と、それぞれ勧告を高く評価した。

ILO総会でのロビー活動が重要と示唆を受けたTMPCWAと支援する会は、二〇〇四年六月にジュネーブを訪れた。この最初のロビー活動の様子は、支援する会とかながわ交流が発行したパンフレット『ILO、フランス・トヨタ訪問団報告集』(二〇〇四年発行)で生き生きと語られている。エド委員長は六月二〜五日と九〜一二日、小嶋事務局長をはじめとする日本とフランスの支援者四人は六月一〜五日にジュネーブに滞在し、ILO事務局への状況説明、各国労働団体への争議支援要請を目的に、ロビー活動をおこなった。ILOでは、とりわけスイスとフランスの労働団体が協力してくれた。エド委員長はILO事務局長宛に要請文を書くことを勧められ、要請文は多くの人の協力で事務局長に届けられた。ILO事務局も暖かく迎えてくれ、エド委員長は、「これからも時間がかかることを覚悟して、決して諦めることなく忍耐強く毎年ILOに来てください」と、担当者の一人から励まされた。

勧告が出されて以後、TMPCWAは、年三回開かれる理事会の六〇日前に結社の自由委員会に定期的に追加資料を提出している。ILO勧告以後、ゼンゾウセンから支援する会に新たに有能な人材が加わった。これによって、資料の翻訳、各種文書の作成などの力量が飛躍的に高まった。新たに加わった人材の一人が、ILOのロビー活動に参加した吉田稔一だ。吉田は全造船ジャルコ分会の元委員長で、海外駐在の経験をもつ国際派であり、定年退職後、事務局の強力なメンバーとなった。

ILO勧告がフィリピントヨタ闘争にとっていかに重要な武器なのかは、日がたつにつれ徐々に明らかになっていく。

二〇〇三年の秋、早川寛は支援する会の事務局会議で、日本のトヨタ本社を「OECD多国籍企業ガイドライン」違反として、OECDのNCP（ナショナル・コンタクト・ポイント）に訴えるように勧められたと報告した。その場にいた私は即座に賛成した。二〇〇〇年一〇月、ソウルASEM民衆フォーラムのワークショップでスピーチしていたOECD−TUAC（経済協力開発機構−労働組合諮問委員会）のジョン・

エバンス事務局長の姿が目に浮かんでいた。彼のスピーチで、「OECD多国籍企業ガイドライン」なるものがあり、二〇〇〇年に改定されたことを知ったのだ。誠実そうな語り口で話すエバンス事務局長にも好感を抱いたことを思い出していた。

OECDは国際経済に関して協議するための国際機関で、先進諸国三〇ヵ国が加盟している。OECDは一九七六年、多国籍企業の企業責任を記した「OECD多国籍企業ガイドライン」を発表し、以後、状況に合わせて改定してきた。現在のガイドラインは二〇〇〇年に改定されたもので、人権、情報開示、汚職防止、租税、労働、環境、消費者保護などの分野において企業が自主的に守る原則が示してあり、労働の項ではILOの中核的労働基準の四分野が盛り込まれている。「OECD多国籍企業ガイドライン」は、各国政府がその促進を約束している唯一の企業行動規範であり、二三ヵ国語に翻訳され、企業責任に関する重要な国際的指針となっている。

二〇〇〇年の改定では、多国籍企業がガイドラインに違反した場合の訴えを処理する仕組みを規定し、窓口として各国にNCPを設けた。ガイドライン違反への罰則規定はないが、NCPを通じた監視体制の強化が期待された。この改定には、OECDの労働者側の諮問機関であるOECD-TUACの貢献が大きかったという。

NCPの構成は国によって違い、政労使の三者構成、あるいはNGOも入れた四者構成の国もあるが、日本の場合は、政府三省――外務省・厚生労働省・経済産業省が担っている。通常、海外の労働組合が日本のNCPに提訴する場合は、自国の産別組織やナショナルセンターから、日本のナショナルセンター・連合などを経由して訴えるが、TMPCWAは上部団体をもたない独立組合であり、支援する会というN

GOも一緒に提訴したので、外務省が受け付けることになったようだ。

　TMPCWAと支援する会は共同で、二〇〇四年三月四日、および一二日付けで、トヨタ自動車の「OECD多国籍企業ガイドライン」違反を、日本のNCPである外務省国際機関第二課に提訴した。提訴の内容は、ガイドラインのII一般方針の2．国際的義務、人権の尊重と、IV雇用・労使関係の1．労働協約・団体交渉がおこなわれない、6．解雇問題を起こした、7．団結権の妨害、威嚇をおこなっている、8．団体交渉、労使協議を認めようとしないなどの条項に、トヨタ自動車は該当しているというものだった。外務省担当者からは三月八日付けで、早急に調査して報告しますとの文書が送られてきた。

　実は二〇〇四年三月の提訴に先立って、二〇〇三年一一月二〇日、大脇雅子参議院議員の紹介で、来日したエド委員長、マックス副委員長と支援する会のメンバーは提訴のために外務省を訪れていた。しかしこの時は、書類が不備だったため、提出を延期したのだった。この面談を含めると、二〇〇八年三月までに合計九回、外務省で担当官と面談していて、TMPCWAは、このうち五回参加している。提訴後のNCPの対応は、日本政府の多国籍企業規制への姿勢を反映しているように思えるが、詳しくは後に譲り、先を急ぎたい。

　ILO提訴とOECD多国籍企業ガイドライン違反の訴えは、フィリピントヨタ社だけでなく、フィリピン政府とトヨタ本社の争議に対する責任を問う意味をもっていた。

◆…多国籍企業規制の背景

なぜフィリピントヨタ争議はＩＬＯやＯＥＣＤへの提訴によって国際的な注目を浴びたのかという問いが出されるかもしれない。その答えは、この問題が、多国籍企業の行動を規制しようとする世界の風に乗り、実践の場として受け止められたからだと考えられる。その世界の風——多国籍企業規制の歴史的背景を振り返ってみよう。

多国籍企業に規制を加える最初の動きは一九七〇年代に起こっている。この時代はＵＮＣＴＡＤ（国連貿易開発会議）などを通じて国際社会における開発途上国のパワーが増大し、一九七四年の国連資源特別総会で「ＮＩＥＯ（新国際経済秩序）宣言」が採択されている。同年、国連経済社会理事会のもとに、「多国籍企業センター」と「多国籍企業委員会」が設置され、多国籍企業の行動綱領案が策定されたが、採択には至っていない。ＩＬＯは一九七七年、「多国籍企業および社会政策に関する原則の三者宣言」を採択し、公正な労働基準遵守などの規範を提示した。またＯＥＣＤは、一九七六年に最初の「多国籍企業ガイドライン」を作成している。

これらは多国籍企業に対するゆるやかな規範の提起であったが、一九八〇年代から九〇年代にかけて、開発途上国が債務危機を脱するべく多国籍企業の誘致に関心を移すなかで、規制の動きは後退していく。国連の多国籍企業センターは一九九三年に廃止され、多国籍企業委員会はＵＮＣＴＡＤの中に吸収された。

しかしながら、一九九〇年代に入り急速に企業主導の経済グローバル化が進展し、多国籍企業が絶大な力をもち、途上国の政策まで左右するようになるなかで、人権・労働・環境などにかかわるさまざまな問題が改めて注目されることになった。労働については、多国籍企業が途上国の低い労働基準を利用して不当に利益をあげることに対して、チェックを求める声があがるようになる。そして、市民運動（NGO）と国際労働運動組織が規制を主張し、多国籍企業（それを代弁する先進国政府）と経済成長優先の途上国政府が反対するという構図が描かれていった。

欧米では、ナイキなどブランド企業のおこなっている、途上国のスウェット・ショップ（過酷な労働搾取工場）への生産委託、児童労働の利用、突然の工場閉鎖などが問題とされ、NGOによる企業批判キャンペーンが展開された。アジアでは、タイと中国の玩具工場火災で多数の労働者が焼死した事件を契機に、途上国の劣悪な労働条件を先進国の消費者に伝える運動がつくり出された。これら北と南の運動は出会い、調査や会議を重ねていきながら相互に連携し、そこに国際労働運動組織も加わって実効性のある多国籍企業行動規範の制定を求める潮流が形成されていく。

多国籍企業側は、NGOや労組の企業批判キャンペーンをかわすために、九〇年代初めからアメリカのナイキなどを筆頭とする多国籍企業が独自の企業行動規範の制定に動き出した。やがてヨーロッパの多国籍企業もそれにならった。企業サイドの規範には、国際労働基準に関する規定、とりわけ団結権や団体交渉権が抽象的で曖昧なもの、生産委託先には適用されないものなど、問題を含むものが多い。企業側の規範作りは、二一世紀に入り、CSR（企業の社会的責任）への取組みに継承されていった。

このような動きと並行して、国際労働運動では、冷戦構造解体という新たな情勢のもとで、ICFT

U（国際自由労連）やITS（国際産業別組織）としても多国籍企業の規制は取り組まなければならない大きな課題となった。ILOの中核的労働基準（結社の自由・団体交渉権の促進、強制労働の撤廃、児童労働の廃止、雇用・職業における差別の禁止）をWTO（世界貿易機関）の国際貿易ルールに盛り込ませるリンケージ戦略（「社会条項戦略」）が打ち出された。ILOは規制力が弱いため、制裁制度をもつWTOを利用して、上から多国籍企業の途上国における労働条件を改善させようという作戦である。しかし、途上国政府は、途上国の労働の比較優位を奪う先進国の保護貿易主義の隠れ蓑とみてこれに反対し、NGOは別の立場から、WTOの権力を強化するこうした方針に疑問を提起し、結局成果をあげられなかった。

一九九五年の国連社会開発サミット、九六年のWTOシンガポール閣僚会議を経るなかで、多国籍企業の労働問題はWTOよりもILOで扱うべきだというコンセンサスが成立していく。ILOは調査と討議を重ね、一九九八年の総会で、「労働における基本的原則および権利に関するILO宣言」（新宣言）を採択した。この宣言は、一九四四年に採択された「フィラデルフィア宣言」以来の重要な宣言であり、各国に中核的労働基準を遵守させ、毎年フォローアップの報告書を提出するように義務を課し、多国籍企業の労働搾取を規制するうえでILOの役割を強化する重要な意味をもっていた。

この宣言を受けてアナン国連事務総長は、一九九九年にグローバル・コンパクトを提起した。これは人権・労働・環境・汚職防止に関する四分野一〇の原則からなりたつ企業行動原則であり、中核的労働基準を含むが、拘束力は弱い。しかし、国連として発議した意義は大きく、グローバル・コンパクトに登録した会社は、毎年報告書を提出しなければならない。全世界で二三〇〇社、日本では六〇社が登録している。当初、トヨタ登録の噂が流れたこともあったが、未だに登録はされていない。サプライヤーまで管理できないとトヨタは言っているそうだが、実際にはフィリピントヨタ争議を抱えているために登録できないのではないかと囁かれている。この他にも、国連において人権小委員会が二〇〇三年に「国連多国籍企業人権規範（案）」を採択し、二〇〇四年に国連人権委員会に提出した。この案は現在のところ調査中であるが、将来決議されれば国連のなかに監視機構ができることになる。

このような多国籍企業規制の潮流のなかで、「OECD多国籍企業ガイドライン」は、前述したように各国政府がその促進を約束している唯一の行動規範である。二〇〇〇年の改定により違反した場合の提訴の仕組みができたため、現在、多国籍企業規制で最も効力を発揮できるガイドラインと言える。

◆…多国籍企業と対峙するIMF

多国籍企業の規制に向け、ICFTU、GUF（国際産業別組織、ITSを二〇〇一年に改称）、OECDの労働者側の諮問機関であるOECD-TUACなどの国際労働組織も早くから動いていた。ICFTU、ITSは九七年一二月、労働側からの企業行動規範であるICFTUモデルを作成している。

そして、多国籍企業規制の実践の場とも言えるフィリピントヨタ争議に、濃淡の差はあれ、国際労働組織はそれぞれの立場から関わるようになった。とりわけ強力な支援に乗り出してきたのがIMF（国際金属労連）だった。

IMFが、多国籍企業主導のグローバリゼーションに対抗しようと、オルタナティブ・グローバリゼーション戦略を練り上げ、他の国際産別に先駆けて強力に多国籍企業規制を推進してきたことが、IMFのウェブサイトに掲載されている幾多の資料から理解できる。ＩＭＦは製造業の労働組合であり、先進国から途上国に工場が移転する企業グローバル化の悪影響を強く受けてきた。先進国では工場移転によるリストラ、アウトソーシングや非正規雇用の増大、また途上国では労働基本権の軽視、工場移転など、北と南いずれの地域でも労働者の利益が損なわれているとみている。この状況を改革するために、ＩＭＦは多国籍企業の本社と海外子会社全体に適用される行動規範を、労使協議によって締結する方針を打ち出し、一九九七年の第二九回サンフランシスコ世界大会で決定し、翌九八年にグローバルな企業行動規範のＩＭＦモデルを作成した。二〇〇二年、この名称は、企業側の作成する企業行動規範と区別する意味で、ＩＦＡ（国際枠組み協定）へと変更された。ＩＦＡの項目には、ＩＬＯの中核的労働基準に、ディーセントな（人間らしい）賃金・労働時間・労働安全衛生などが加わり、適用範囲が海外子会社や取引先企業に拡大されている点、第三者機関によるモニター制度を盛り込んでいる点が重要である。ＩＦＡは他のＧＵＦも取り組んでおり、二〇〇六年までに世界全体で四六社の多国籍企業との間で締結されているという。そのうちＩＭＦは、ヨーロッパのフォルクスワーゲン、ダイムラークライスラーなどの自動車企業を中心に一五社とＩＦＡを結んでいる。ＩＦＡを、立場の弱い子会社の労働者を守る武器にしようとしたのだ。

また、ＩＭＦはＩＦＡの締結とともに、多国籍企業子会社の争議を支援する数々の国際キャンペーンを展開してきた。日系企業の例では、二〇〇二年から二〇〇三年にかけ、ホンダのインドネシア子会社、ホンダ・プロスペクト・モーターの労働組合を支援するキャンペーンをおこなったことがある。ＩＭＦのウェブサイトによると、ＩＭＦの加盟組織であるインドネシア金属労連（ＳＰＭＩ）に属しているこの企業では、二〇〇二年三月、五六〇人の労働者が賃金交渉で暗礁に乗り上げ、合法的ストライキを決行したが、会社は国内法を無視して二〇八人を解雇、続いて六月にはさらに一六〇人を解雇した。IMFのマルチェロ・マレンタッキ書記長は、日本の加盟組織とともにホンダと交渉したが決裂し、全世界に広がるIMF傘下組織のメンバーから抗議メールを送るなどキャンペーンを展開した。OECD–TUACのウェブサイトによれば、IMFは、二〇〇三年二月から八月まで、OECDガイドライン違反でこのケースを日本のNCPに提訴していたが、労働者は補償金を受け取って闘争は終結したとある。

一人の市民として支援に関わりはじめていた私（遠野）は、国内外の労働界や組合運動の事情には限られた知識しかなかったが、二つの出来事によって当初からIMF本部への漠然とした信頼を感じていた。

一つは、前述したようにTMPCWAのストライキが始まった直後の二〇〇一年三月末、私たちがIMF、自動車総連、トヨタ労組に支援要請文を送ったところ、二日後に、IMFマレンタッキ書記長から短い返事があったことである。私たちは、IMF本部が、韓国の大宇自動車争議やダン・ビョンホ委員長など民主労総の幹部逮捕事件への支援に乗り出していることを知って、かすかな期待をもって支援要請文を送ったのだ。「私たちはフィリピントヨタに関するあなたの手紙を受領し、この手紙のコピーは私たちの日本の加盟団体（IMF–JC）に送られていることも注目しています。彼らはこの問題をフォローアップすることでしょう。また、私たちは、（IMF東南アジア）地域事務所にも調査するように依頼しました」（カッコ内は筆者）。当時の私は、このパズルのようなマレンタッキ書記長からの短い返事が意図する深淵な意味を十分に理解できたとは言えない。しかし、見知らぬ相手に二日後に返事をするというマレンタッキ書記長の誠実さに心うたれた。

もう一つは、同じ頃、IMF本部と日本の加盟組織IMF―JC（全日本金属産業労働組合協議会）の間にある、多国籍企業規制の姿勢の相違を認識したことだ。ちなみに、一九六四年に結成されたIMF―JCは、電機連合、自動車総連、JAM、基幹労連、全電線の五産別で構成され、合わせて二〇〇万人のメンバーを持つ民間最大手の労働組織で、日本のナショナルセンター・連合においても、国際産業別組織・IMFにおいても、中核的組織として影響力をもっている。日本における企業行動規範の調査を始めた二〇〇一年に、私は、IMF―JCが発行した「企業行動規範（CCC）の取り組み」という文書に出会った。この文書は、日本における企業行動規範の取り組みとしてはパイオニア的なものだったが、中身を読んで驚いた。驚いたことはたくさんあったが、とくに、次の一文に愕然とした。

「いかなるエクセレント・カンパニーといえども一旦企業イメージに傷がつけば、企業収益を極端に悪化させることになります。とりわけマスコミやNGOのターゲットとなれば、企業は計り知れない打撃を被ることになります。企業行動規範を締結し、実践することにより、本社が何も知らないうちに、ある日突然海外のマスコミやNGOによって攻撃キャンペーンを受けるという最悪の事態を回避することができます。企業行動規範は企業経営におけるリスク回避にとってきわめて重要なツールです」。

当時IMF―JCは、IMFの活動方針に従って、二〇〇一年一一月にシドニーで開催されるIMF第三〇回世界大会に向けて、二〇〇〇年七月に「海外事業展開に際しての労働・雇用に関する企業行動規範」（IMF―JC版モデル）を策定し、このモデルを参考に各単組が企業と「企業行動規範」を結ぶ取り組みを始めていて、この一文はIMF―JC版モデルを推進するために企業にとっての行動規範の意義として記されたものだった。それにしてもこの文章の意味するところは何だろうか。海外ではNGOこそがマスコミと提携しながら、企業の責任を先駆けて追及し、企業行動規範の取り組みを推進してきたのではないだろうか。

ＩＭＦ─ＪＣ版モデルはＩＭＦモデルを参考にしたというが、ＩＭＦモデルにある「生活賃金」「労使による監視活動」「契約業者、その下請け業者、ライセンス業者への適用」などが明記されていなかった。これらの要求は、ＮＧＯや国際労働運動が長い間の論議を経て合意したことで、最も重要な論点だった。ＩＭＦ─ＪＣ版モデルを「企業別に受け入れやすい形にして早期合意」をしていく方向は、企業行動規範の精神に逆行しているのではないか。「企業行動規範」は労働者のためのものであり、断じて企業のためのものではない。私は、ＩＭＦ─ＪＣ版モデルとは違うＩＭＦモデルを通して感じたＩＭＦ本部への漠然とした信頼感から、フィリピントヨタ争議を伝えるプロテスト・トヨタ・キャンペーンの英文ニュースレターを、届いたかどうか確認できないまま一方通行で送り続けた。

◆…ＩＭＦとのつながり

二〇〇一年三月末のマレンタッキ書記長の書簡から二年近くを経過した二〇〇二年一二月、ＩＭＦ東南アジア地域事務所のアルナサラム代表が、ＩＭＦ本部の意向でＴＭＰＣＷＡに会いに来た。エド委員長からマレンタッキ書記長への一一月四日付けの公開書簡が送られた一ヵ月後のことだった。この公開書簡のコピーが小嶋武志、プロテスト・トヨタ・キャンペーン、そして私にも送られてきたが、突然のことだったので驚いた。きっとＩＭＦも驚いたに違いない。公開書簡が送られた経緯は次のようなことである。

二〇〇二年一〇月の中旬にバンコクで開催された「第一回アジア・太平洋自動車会議」にフィリピントヨタの組合から参加していたという情報を得た私はエド委員長に電話した。「参加者の名前は？」「確か、エンジェルとか聞いたけれど」。エド委員長の息をのむ気配が、受話器の向こう側に感じられた。そして、少しの沈黙に続き、搾り出すような声が聞こえた。「エンジェル・ディマランタ？　彼はボクをナイフで刺そうとしたのだ」。そして、エンジェルのＴＭＰＣＷＡに対する仕打ちを早口で手短に説明してくれたが、当時の私は事情がよくのみこめなかった。その直後の公開書簡だった。公開書簡には、フィリピントヨタ争議の概略とエンジェルの傷害未遂事件など、エド委員長の切々たる思いの丈が綴られ、トヨタへＴＭＰＣＷＡの要求を伝えて欲しいと要請していた。労働者を裏切ったエンジェルがフィリピントヨタの労働者代表として国際舞台に出て行っている。公開書簡を書かざるをえなかったＴＭＰＣＷＡとエド委員長の憤懣やる方のない思いを理解できた。ＩＭＦもこの公開書簡にただならぬものを感じたのであろう、アルナサラム代表が訪比する機会をとらえ、エド委員長や役員とマニラで会ったのだ。しかし、連絡はまたも途絶えた。

ＩＭＦニュースによると、当時、ＩＭＦ本部はフィリピンでの傘下組織の再建に取り組んでいた。フィリピンの機械金属関係労働者の組織としては、一九七三年に鉄鋼関係など三組織の連合によりＩＭＦフィリピン協議会（ＩＭＦ－ＰＣ）が結成されている。しかし、その後ＩＭＦ－ＰＣは実体をもたなくなったため、財政援助をしていたＩＭＦは、東南アジア地域事務所のスタッフを度々派遣して組織改革を試みたが成功せず、ついには支援を打ち切り、フィリピンでのＩＭＦ加盟組織は消滅していた。

現地では、二〇〇二年末に、フィリピンミツビシ労組のフランシスコ・メロ委員長のリーダーシップのもとで、フィリピンの自動車関連五社の九組合を組織したＡＩＷＡ（自動車産業労働者連合）が結成された。ＡＩＷＡは、フィリピンミツビシの職制組合、一般労働者組合、フィリピントヨタの職制組合であるＴＭＰＣＳＵなどが中核組合で、メロが委員長、エンジェルが副委員長に選ばれた。二〇〇三年一一月には、ＰＭＡ（フィリピン金属労働者同盟）が、フランシスコ・メロを委員長として、ＡＩＷＡなど日系企業の会社派組合を中心に二二組織、一万一〇〇〇人のメンバーで発足した。

ＩＭＦはＡＩＷＡと連絡があり、ＰＭＡの結成にも関わった。当時ＩＭＦは、二〇〇四年六月にアメリカで開催する「世界自動車会議」に向け、地域会議を重ねていて、アジアでは二〇〇二年一〇月と二〇〇三年一〇月にバンコクで、「アジア・太平洋自動車会議」がもたれた。このような過程で、ＩＭＦの傘下にはないものの、ＡＩＷＡやＰＭＡは、アジア・太平洋自動車会議などＩＭＦやＩＭＦ―ＪＣ関連の会議に招かれるようになり、ＡＩＷＡの中核的組合の一つであるＴＭＰＣＳＵ（フィリピントヨタ職制組合）のエンジェル委員長も国際会議へ出席していたようだ。

ＩＭＦはまた、前述したようにホンダのインドネシア子会社・ホンダ・プロスペクト・モーターへの争議支援を当面の重要課題としていた。このインドネシアホンダ争議は残念な結果を迎えるが、この直後、二〇〇三年一一月にフィリピントヨタ争議へのＩＬＯ勧告が出された。ＴＭＰＣＷＡの訴えに対して、結社の自由、団体交渉権違反でフィリピン政府に勧告が出されたことは、ＩＭＦが支援に乗り出す決定的契機となったようだ。当該企業が、労使協調型の労働組合以外は認めようとしないトヨタであり、ＩＭＦが闘う必要のある相手であったことも、背景要因に考えられる。ＩＭＦが二〇〇六年五月からウェブサイトに掲載したグローバルキャンペーンのための資料「タイムライン」によれば、IMFはILO勧告が出た二〇〇三年一一月に、IMF―JCと協議し、TMPCWAの組合承認と解雇者の職場復帰を支援するために、「会社に対してフィリピン労働者らに満足な回答を提供するための話し合いを持つ可能性を打診する手紙を書いた」とある。

しかしながら、二〇〇三年のこの時、TMPCWAも日本の私たちも、IMFが支援に乗り出す意向をもっていたことをまったく知らなかった。IMFはフィリピンでは傘下組織をもたず、独立労組であるTMPCWAはIMFと組織上の関係はまったくない。日本国内の支援する会ともゼンゾウセンとも組織的なつながりはなかった。それどころか、ゼンゾウセンとIMF―JCとの間には、労働運動の路線をめぐって長く激しい闘いの歴史があった。国境を越えてIMFと私たちを相互に結ぶパイプは存在しなかった。

◆…反グローバリゼーション運動の中で

国際機関や国際労働組織による多国籍企業規制の動きは、シアトルの闘いに象徴される世界中で沸き起こっていた反グローバリゼーションの運動と連動していた。

一九九九年一二月、経済のグローバル化に反対する労働組合、農民組織、NGOなど七万人がシアトルに集まり、WTO（世界貿易機関）第三回閣僚会議を頓挫させたシアトルの闘い以後も、WTO閣僚会議、IMF・世銀総会、G8サミットなどを標的にする反グローバリゼーションの抗議行動が続いた。シアトルの闘いは、人々が国境と政治的立場の垣根を越えて力を合わせれば、多国籍企業が主導する経済のグローバル化の流れを止めることができるという希望を抱かせた。その機運に導かれ、反グローバリゼーション運動を担う人々が結集する世界社会フォーラム（WSF）が、二〇〇一年一月に開かれることになる。

スイスのダボスで毎年一月に開かれる世界の経済・政治のエリートたちのフォーラム、世界経済フォーラムに対抗して、同じ時期、地球の裏側であるブラジルの南部、ポルトアレグレ市で第一回世界社会フォーラムが開かれた。世界一二〇ヵ国から社会運動の担い手、一万二〇〇〇人が集まり、「もうひとつの世界は可能だ」をスローガンに議論、交流、デモを繰り広げた。そこは、多国籍企業による経済のグローバル化ではないオルタナティブな世界を考える「空間」だった。二〇〇二年、二〇〇三年と、ポルトアレグレ市で開催された世界社会フォーラムは、回を重ねるごとに参加者が増えていった。このような反グローバリゼーション運動の流れの中で、とりわけアジアで展開された反グローバリゼーション運動で、フィリピントヨタ争議は支援の輪を広げていった。

ソウルのASEM（アジア欧州会議）2000民衆フォーラムから一年後の二〇〇一年一〇月、私は香港で開かれた「アジア民衆フォーラム」に参加した。当時、香港でも民営化、非正規雇用化が進み、国境を越えた反グローバリゼーション運動の機運が醸成されつつあった。「アジア民衆フォーラム」は、香港のNGO、労働組合が実行委員会を作り、九ヵ国の参加者を得て開催され、五〇〇人規模ではあったがデモもあり、私も九龍の目抜き通り、ネイザン通りを一緒に歩いた。

香港のNGOと労働組合は連絡が密接で共同行動もスムーズにいく。その要にいるのがAMRC（アジアモニター資料センター）のアポ・リョン事務局長だといっても過言ではない。ＡＭＲＣはアジア太平洋の労働問題をあつかう労働ＮＧＯで、アジアにおける多国籍企業規制を訴える旗頭であり、労働安全衛生、多国籍企業、中国の労働問題などをテーマにさまざまなプロジェクトを実施している。フィリピントヨタ争議も当初から支援をしていた。「アジア民衆フォーラム」で香港滞在中だった私は、ＡＭＲＣがアジア系多国籍企業（ＡＴＮＣ）のプロジェクトを準備中であることを知り、旧友のアポ事務局長に、第二回目のアジアの自動車労働者セミナーをこのプロジェクトの中で取り上げてもらえないかと相談した。アポの快諾を得て、その後、このプロジェクトのコーディネーターである韓国人スタッフ、キム・アイハと、彼女の仕事を引き継いだチャン・デアップと連絡を重ねた。

二〇〇二年八月、バンコクで開催された「アジア社会運動集会」に参加した私は、労働のワークショップでフィリピントヨタ争議を紹介した。世界各国からの参加者の関心は非常に高く、次々と質問があり、世界キャンペーンの可能性がみてとれた。この集会の後、世界社会フォーラム国際評議会がもたれ、アジアで世界社会フォーラムを開催するための協議がはじまった。そして、四ヵ月後の二〇〇三年一月三日から七日まで、インドのハイデラバードで、外国人参加者八〇〇人を含む六万人が参加して「アジア社会フォーラム」が開かれた。私は体調不良で参加できなかったので、日本の参加者が配布するパンフレットに、フィリピントヨタ争議を紹介する一文を入れてもらった。このアジア社会フォーラムは、世界社会フォーラムと連動する最初のアジア地域フォーラムだった。二〇〇二年からこのような地域フォーラムが世界各国で開かれるようになり、「もうひとつの世界」を語りあう「空間」が増えていった。

日本からバンコクを経由して一二時間、飛行機はニューデリーのインディラ・ガンジー空港に到着した。現地時間で二〇〇三年一一月二九日午後八時半、時差三時間半の日本ではもう真夜中の一二時だ。乾季のニューデリーは震えるように寒く、煙るような霧でおおわれていた。

私は、大井呑、エド委員長とともに、AMRCの主催するワークショップ「グローバル化するアジアにおける自動車産業と労働者」に参加するために、ここまで来たのだ。二年の準備期間を経たATNCプロジェクトの初めての会議でもあった。

マレーシア、タイ、フィリピン、台湾、インド、日本の自動車労働者とヨーロッパやアジアのリサーチャーによる三日間の会議は、質問が飛びかう熱気に満ちたものだった。アジアの自動車産業と自動車労働者の状況が報告され、賃金などの労働条件は他の産業の労働者に比較すると良いが、経済のグローバル化が進むにつれ、とりわけ、九七年のアジア経済危機の後、労働条件は悪化していること、自動車産業の世界的再編で多国籍企業、とりわけトヨタなどの日本企業のアジアでの影響力はさらに勢いを増していることが、各国参加者の共通認識だった。非正規雇用の拡大という脅威にさらされていることも明らかになった。例えば、韓国の現代自動車は、一九九八年にIMF（国際通貨基金）危機を理由に大規模なリストラを断行し、その後、構内下請け、非正規雇用労働者を大量に雇用し、景気の調節弁としていた。タイにおいても、通貨危機の後、大量解雇が実施された。多国籍企業の投資が活発になっている反面、新たに創出される雇用は派遣会社を通した契約労働者が多い。韓国・タイにかぎらず、各国の報告は必ず非正規雇用についてふれた。フィリピントヨタももちろん例外ではない。契約労働者や構内下請けが話題になるたびに、私は、隣に座っていたエド委員長と顔を見合わせた。会議の最終段階では、草の根のネットワークを広げ、国際連帯を強めていく方策について議論し、具体的課題としてフィリピントヨタ闘争支援の声があがった。

◆…ムンバイ世界社会フォーラム

ニューデリー会議から六週間後の二〇〇四年一月一四日、私は再びインドの地を踏んだ。ムンバイで一月一六日から二一日まで開催される第四回世界社会フォーラムに参加するためだ。ニューデリーは冬だったのに、南インドの港町ムンバイでは酷暑に襲われた。インドは広大だ。世界社会フォーラムの「空間」に身を置くことは私の夢だった。第二回目は諸々の事情で断念し、第三回目は入院していたため参加できなかった。やっと果たせた夢である。「もうひとつの世界」を考える「空間」に身を置くのだから、経済のグローバル化に対抗する活動をしたかった。しかし、病気持ちの不安定な体調なので、自分一人のペースでできる活動がないかと考え、世界社会フォーラムの参加者に、なかでも労働運動の活動家たちに、ILO勧告を受けたフィリピントヨタ争議のニュースを発信し、多国籍企業の規制を訴えたいと思った。急遽、エド委員長の挨拶をトップにフィリピントヨタ争議の状況を知らせるニュースレター特別号を、ピープルズ・プラン研究所スタッフの千村和司の協力を得て作成し、三〇〇〇部をスーツケースいっぱいに詰め込んだ。

インド最大の商業・金融都市ムンバイの郊外、ゴレガオン地区にある繊維工場の埃っぽい廃墟が、ムンバイ世界社会フォーラムの会場だった。何もない大きな工場を改装して、装飾し、プラスチックの椅子を置くとコンフェランスの会場となり、世界の著名人たちがそこで講演をおこなった。日本語を含む数ヵ国語の同時通訳のシステムさえも設置されていた。一〇〇〇以上のセミナー、ワークショップが、敷地内に設置された多数のテントで開かれた。ジュートのテントは採光や通風がよく計算された快適な空間で、外の暑さは感じられなかった。「もうひとつの世界」を願う多くの人々の知恵と無償労働のおかげで、会場はこのようにさまざまな工夫がこらされていた。

私は、世界社会フォーラム国際評議会を傍聴し、社会運動の交流の場である活動者会議、トービン税のワークショップに参加する以外は、労働関係の集会を回り、リーフレットをまこうと思っていたので、まず、プログラムを入手した。プログラムをチェックして驚いた。国際自由労働組合連盟（ICFTU）や世界労働組合連合（WCL）、国際産別組織といったメインストリームの国際労働団体、連合などのナショナルセンター、AMRC（アジアモニター資料センター）などの労働NGOやスウェットショップに反対する学生組織、左翼の労働組織など、労働関係の大小の集会だけで、記憶は確かではないが四〇以上あっただろうか。政治的立場を越えて誰でも対等に参加できる。これこそ世界社会フォーフムがつくりだした「空間」なのだと実感した。後日知ったのだが、IMFは一月一八日に「持続可能な開発のための雇用」というセミナーを主催し、翌一九日には「連帯の動員」と呼ばれる集会に動員をかけていた。

ムンバイ世界社会フォーラムの規模は、世界社会フォーラム史上最大で、世界の約一三〇ヵ国から環境、貧困、平和の問題に取り組むNGO、NPO、労働組合など一二万人が集まった。毎日、議論がおこなわれている部屋やテントの外では、芸術や演劇のパフォーマンスやコンサートが開催されていた。圧倒されたのは、会場内の道路を行きかう無数のデモだ。小さなデモもあれば、大きなデモもある。民族衣装を纏った踊りや鳴り物があるデモもあれば、プラカードをもって静かに歩くデモもある。ダリットも、先住民も、子供たちも、女たちも、若者たちも、農民も、労働者も、ありとあらゆる異議申し立てが、会場内の通りを行きかった。威勢のいいシュプレヒコールが聞こえてくると砂埃とリーフレットが舞い上がった。フェスティバルのような熱気が会場をおおっていた。

私は、毎日、会場番号が書かれているプログラムを頼りに、広大で迷路のような会場を回り、約三〇の会議の前後で参加者一人一人にリーフレットを配布した。ほとんど全員が受け取ってくれたので、フォーラムの最終日前に三〇〇〇部のリーフレットは配り終えることができた。リーフレット配りのため議論を落ち着いて聞く余裕がなかったが、それでもいくつかのワークショップには参加することができた。連合が主催したパネル討論会「グローバル化の負の側面の克服」もその一つだ。基調講演はＩＣＦＴＵのガイ・ライダー書記長で、その鋭い新自由主義批判の弁舌に勇気をもらい、少し恥ずかしかったが質疑応答の際に手をあげた。「ＩＣＦＴＵは傘下の組合でなければ支援しませんか」と問いかけ、フィリピントヨタ争議の簡単な説明をした。ガイ・ライダー書記長は、「ＩＣＦＴＵに所属していなくても必要であれば支援します」と明言した。演壇を降りた書記長に、ＴＭＰＣＷＡがＩＬＯ勧告を受けたことを伝えると、「それは知らなかった。資料を送ってくれれば、しかるべき関係者に渡す」と応じてくれたので、ＴＭＰＣＷＡから直接送ることを約束した。インドからの帰国後、ムンバイ世界社会フォーラムのことをＴＭＰＣＷＡに報告すると、エド委員長は早速ガイ・ライダー書記長に、結社の自由委員会への提訴文とＩＬＯ勧告を添付し、支援の要請文を送った。巨大組織ＩＣＦＴＵ内でフィリピントヨタ争議がどのように取り扱われたか不明だが、労働組合の権利違反に関する年次レポートで、フィリピントヨタ争議を取り上げている。

リーフレットを配っていると多数の人から質問を受けた。その中でも、フランスの人権団体「民衆連帯」のスタッフ、ジャンポール・アプリと繋がりができたことは、その後の国際連帯に大きな力となった。薄暗くなったテントの入り口でリーフレットを配っていた私に、ジャンポールは声をかけてくれた。暗闇から黒いシャツを着て現れた彼の知的で優しそうな顔が今でも印象に残っている。ジャンポールは、プロテスト・トヨタ・キャンペーンのニュースレターを読んでいるので事情は承知していると言い、自分たちの団体でキャンペーンを手伝えるかもしれないと申し出てくれた。

民衆連帯からの反応は早かった。二月中旬、ジャンポールから、キャンペーンをする計画があるので最近の情報を送ってくれるようにという連絡が届いた。民衆連帯は一九八一年に設立されたフランスの人権団体で、七〇〇〇人の個人会員と六〇の団体会員を擁している。南の国の組織と連絡して、人権問題などでヨーロッパから抗議文を送る連帯運動をしている。多国籍企業による労働者の人権侵害もターゲットの一つだった。私はこの団体のことを知らなかったので、フランスの友人に問い合わせると、ヨーロッパで尊敬されている団体だという返事がすぐに返ってきた。民衆連帯でフランストヨタ（ＴＭＭＦ）への抗議文を送ってくれることが決まり、五月に約三〇〇〇の手紙と一〇〇〇のメールがフランストヨタに送られることになるだろうと知らせてきた。後日、ジャンポールから、キャンペーンの結果が伝えられた。キャンペーンのフォローアップでフランストヨタに電話したところ、電話口に出た秘書らしき人は、キャンペーンで抗議文が送られてきた後、フランストヨタ社長はトヨタ本社とフィリピンの状況について話し合ったが、フランストヨタは力がないのでそれ以上は何もできないと答えたという。文書での回答を求めたが、断られたそうだ。

ＡＭＲＣのＡＴＮＣ（アジア系多国籍企業）プロジェクトの縁で、エド委員長は、二〇〇四年九月、ベトナムのハノイで開催されたＡＳＥＭ（アジア欧州会議）の対抗フォーラムに招待され、自動車のワークショップ「アジアとヨーロッパの自動車労働者の間の連帯と協力の構築」で、ＡＭＲＣのアポ事務局長、中国の大学教授、ドイツの労働ＮＧＯ、フランスのＳＵＤ（連帯・統一・民主労組）の代表とともに、スピーカーとなった。

二〇〇五年一二月一三日から一八日にかけては、香港で第六回ＷＴＯ（世界貿易機関）閣僚会議が開催され、エド委員長と私は二万人規模の抗議行動に参加した。香港のＮＧＯ、労働組合は、「香港民間監察世易連盟」（ＨＫＰＡ）を結成し、対抗会議やデモを準備した。デモは閣僚会議直前の日曜日、一一日の一万人デモから始まって、一一〇〇人の外国人が逮捕された一七日のデモまで、毎日おこなわれた。ビクトリア公園から閣僚会議が開かれているコンベンションセンター近くまでがデモのコースだった。韓国からは、ＷＴＯの農業協定が死活問題である農民を中心に一五〇〇人からなる民衆闘争団がやって来て、連日、違った形でデモをして、香港の人々の共感を呼んでいた。二〇〇一年に香港で開かれた「アジア民衆フォーラム」を知る私は、香港の反グローバリゼーション運動の進展を目の当たりにして、羨望の念をいだいた。

ＨＫＰＡの中核メンバーであるＡＭＲＣは、一二月一四、一五日にセミナー「アジアにおけるＷＴＯと労働者の闘い——将来の戦略」を開催し、自動車の部門ではインドとフィリピンのホンダとトヨタのケースが取り上げられたので、エド委員長もスピーカーとなった。このセミナーでエド委員長は、バンガロール郊外に設立されたインドトヨタ（トヨタキルロスカモーター社）の労働者を組織しているインド労働組合センター（CITU）のメンバーと出会い、フィリピンとインドの連帯を誓い合った。AMRCのATNCプロジェクトは、この後も発展をみせ、プロジェクトに参加したアジアの労働NGO、労働組合、リサーチセンターなどで、ATNCモニタリング・ネットワークが作られた。ネットワークでは、調査、キャンペーン、教育・訓練の三つのチームを組織し、活動を続けている。キャンペーンチームは、アジアにおけるフィリピントヨタ争議の有力な支援ネットワークになった。調査チームには私たち（遠野・金子）が活動している横浜アクションリサーチセンターも加わり、アジアにおけるトヨタの労使関係の調査をおこない、英文の報告書を刊行した。

4・2●——二〇〇〇年代のトヨタ

◆…トヨタのASEAN展開

多国籍企業規制という世界の風は、多国籍企業の力があまりにも巨大化したために生じた動きだ。グローバル経済のもとで、多国籍企業の支配力はますます強化されている。市場原理を旗印に、非正規雇用の導入によって労務費の削減と雇用調整を実現し、さらなる低賃金を求めて国境を越えた工場移転を繰り返している。労働者は北と南、正規雇用と非正規雇用、男性と女性とさまざまに分断され、「底辺に向かっての競争」に駆り立てられている。

強大化する多国籍企業の先頭に立つのがトヨタだ。トヨタは「成功した」多国籍企業として、強さの源泉であるトヨタ生産システムを世界各地の製造拠点に持ち込みつつある。フィリピントヨタ争議の背景を知るために、二〇〇〇年代のトヨタの企業戦略、フィリピントヨタ社の位置、トヨタ生産システムの導入状況を検討してみたい。

トヨタの世界生産台数は、グループ企業のダイハツ工業と日野自動車を加えると、二〇〇〇年には五八八万台だったが、二〇〇五年に八〇〇万台を超え、二〇〇八年には一〇〇〇万台に迫っている。この間にフォードを抜いて世界第二位の地位を確保し、二〇〇七年にはGMを上回り、世界首位の座につくことになった。生産台数の伸びは、主に海外生産の拡大によるもので、海外生産比率は二〇〇〇年の三〇・二%が二〇〇七年には四六・一%に達した。トヨタ単独でみれば二〇〇七年には五〇%を超えている。一方、海外販売比率は早くから五〇%を超え、二〇〇七年には七五・七%に及んだ。この間、日本国内市場は停滞状況であり、もっぱら海外市場が生産の伸びを支えていた。

それでは、地域別にみると、海外における生産と販売はどのように推移したのだろうか。重要地域は生産、販売ともに北米で、それにアジア、ヨーロッパが続いている。二〇〇〇年から二〇〇六年にかけての地域別構成の変化をみると、生産では北米の比率が六三%から三九%へと大きく下がり、アジアが一五%

から二九％へ、ヨーロッパが一一％から一八％へと、それぞれ上昇している。販売ではやはり北米の比率が五二％から四四％へと低下し、アジアが一一％から一八％へと伸びている。アジアは販売も増えているが、それ以上に生産が増大していて、生産台数が販売台数を上回る唯一の地域となっている。

二〇〇七年四月時点でトヨタの海外生産拠点は、二六ヵ国（地域）、五二社に達するが、このうちアジアには、中国一〇、台湾一、ベトナム一、フィリピン二、インドネシア二、マレーシア二、タイ四、バングラデシュ一、インド二、パキスタン一、合計二六拠点を展開している。海外拠点の半数はアジアに存在しているわけで、地域別生産比率一九％と対比すると、個々の生産規模はそれほど大きくないと言える。従業員数の多い子会社は、トヨタモーター・タイランド一万二〇〇〇人、天津一汽豊田自動車九五〇〇人、トヨタモーター・マニュファクチャリング・インドネシア五一〇〇人、広州豊田自動車三九〇〇人、トヨタキルロスカモーター（インド）三二〇〇人などで、フィリピントヨタ一六〇〇人は多い方ではない。

トヨタの生産拠点のASEAN進出は、一九六〇年代にタイ、フィリピン（八〇年代に一時撤退、再進出）、マレーシア、一九七〇年代初めにインドネシア、一九九〇年代にベトナムの順となっている。なかでもASEAN自動車産業の中枢へと発展したタイは、トヨタのASEAN戦略の基軸に位置づけられる。トヨタのタイ進出のきっかけは、一九五七年トヨタ自動車販売会社のバンコク支店開設だった。これは戦後のトヨタの海外進出で最も早い時期にあたる。一九六〇年代に入り、タイ政府の投資奨励法の適用を受けて、トヨタモーター・タイランド社が一九六二年に設立され、一九六四年サムロン工場が操業を開始した。海外工場としてはブラジルに次いで世界で二番目だった。最初は部品をすべて輸入して組立てをおこなうノックダウン方式だったが、部品メーカーの進出と成長に対応して徐々に部品を現地調達に切替え、一九九六年には第二工場としてゲートウェイ工場を設立した。その直後にアジア通貨危機に見舞われたものの、その後の回復のなかで、タイ工場はタイ市場向けの生産拠点から、ＡＳＥＡＮ、さらには世界市場向けの戦略拠点へと位置づけを変えていく。

戦略転換の背景として、タイ政府の自動車産業育成政策、外資誘致政策によって、タイに部品産業の巨大な集積が出現した点を指摘できる。タイ政府は「アジアのデトロイト」を目指すという。また、ＡＦＴＡ（ＡＳＥＡＮ自由貿易地域）が成立し、ＡＳＥＡＮ域内の自動車と部品の関税が大幅に低減されるため、各国ごとに完成車と基幹部品を生産するのでなく、拠点に集約化する方式が有効性を増したことも重要だ。タイはまたオーストラリア、インド、日本などとＦＴＡ（自由貿易協定）を締結したため、ＡＳＥＡＮ域内だけでなく、グローバルな戦略拠点となる条件が整っていった。

こうした背景のもとでトヨタは、二〇〇四年からＩＭＶ（革新的な国際的多目的自動車）というグローバル戦略車の生産をタイで開始した。ＩＭＶは、車台や部品を共通にするピックアップトラック、ＳＵＶ（スポーツ用車）、ミニバンの総称で、タイの他、インドネシア、南アフリカ、アルゼンチンなどの拠点で低コストで製造し、世界の途上国市場で販売していこうという戦略車種だ。タイではさらに新工場を建設し、二〇〇二年に一四万台であった生産台数を、二〇〇四年二七万台、二〇〇七年五五万台へと急増させている。

タイに続くＡＳＥＡＮの拠点はインドネシアだ。一九七〇年、合弁のトヨタ・アストラ・モーター設立が、インドネシア進出の始まりだった。この会社は合弁のため意思決定が迅速にいかない問題をかかえていたので、アジア通貨危機後に製造部門と販売部門を分離し、製造部門はトヨタの完全子会社に切り替えた。その結果、二〇〇三年にトヨタ九五％出資のトヨタモーター・マニュファクチャリング・インドネシア社が成立し、二〇〇四年、タイに続いてＩＭＶ（ミニバンタイプ）の製造を開始することになった。

アジアのなかで自動車産業の成長著しいのは中国で、トヨタも多くの拠点を置いているが、それに続く成長市場はインドだ。トヨタは一九八四年、ＤＣＭインターナショナルと合弁企業を立ち上げたものの、販売面に問題があり、一九九四年に撤退している。その後一九九九年、キルロスカ・グループと合弁でトヨタキルロスカモーター社を設立した。出資比率は当初七六％、その後八九％へと引き上げられた。

二〇〇六年における各国トヨタの生産台数は、タイ四九万台、中国一九万台、インドネシア一三万台、インド五万台に対して、フィリピンは一万四〇〇〇台にすぎない。フィリピントヨタの出資比率は三四％にとどまっていて、トヨタにとってどうみてもフィリピンの位置づけは低い。そのことと、トヨタがフィリピントヨタ争議を解決しようとしないこととは、何か関係があるのだろうか。

◆…ＡＳＥＡＮの自動車産業

トヨタフィリピンの生産台数が少ないのは、フィリピン自動車市場が小さいからだ。ＡＳＥＡＮ自動車産業のなかのフィリピンの位置をみておこう。

アジア通貨危機はＡＳＥＡＮの自動車産業に大きな打撃を与えたが、その後の動きは各国でかなり異なっている。各国の自動車生産はどう推移したのだろうか。

通貨危機直前の一九九六年における各国の生産台数は、タイ五六万台、マレーシア三九万台、インドネシア三三万台、フィリピン一四万台だった。通貨危機の結果、一九九八年の生産台数は、タイ一六万台、マレーシア一六万台、インドネシア六万台、フィリピン四万五〇〇〇台と、各国とも大幅な減少を余儀なくされた。その後、回復過程に入り、タイ、マレーシア、インドネシアでは、二〇〇一年か二〇〇二年には以前の水準に復帰している。その後も順調に伸びていて、二〇〇四年にはタイ一一二万台、マレーシア五六万台、インドネシア五〇万台へと増大した。ところが、フィリピンのみ回復が遅れていて、二〇〇四年にもなお五万台程度に低迷し、危機前の水準に復帰する気配がない。この理由を検討する前に、各国の国内販売台数をみておこう。

一九九六年、一九九八年、二〇〇四年の数字を並べると、タイは五九万台、一一万台、七〇万台、マレーシアは三七万台、一六万台、五五万台、インドネシアは三三万台、六万台、五三万台、フィリピンは一六万台、八万台、一〇万台となる。マレーシアとインドネシアは、生産台数と販売台数がほぼ対応している。つまり国内で売れるだけの車を生産しているということだ。フィリピンは生産台数より販売台数が多い。その差は輸入車が埋めていると考えられる。逆にタイは、通貨危機以後は国内販売以上に生産台数が伸びている。タイは自動車輸出国への道を歩んでいるといえる。自動車メーカー各社はタイに投資を集中し、輸出拠点とする戦略を描いている。このことは、部品メーカーの集積度とも対応している。たとえば日本自動車部品工業会の会員企業のＡＳＥＡＮにおける生産拠点数をみると、タイ一八六社に対して、インドネシア八四社、フィリピン四三社、マレーシア三四社である（二〇〇五年四月）。フィリピントヨタ社の田畑社長の日比ビジネスクラブでの講演（二〇〇三年一二月一〇日）によれば、トヨタと取引のある部品メーカーは、タイでは一五二社、そのうち日系が一〇七社あるのに対して、フィリピンでは六三社、日系は二五社という。

タイは別格として、マレーシア、インドネシアと比べても、フィリピンの自動車販売台数、さらには生産台数の増加がみられない。人口ではフィリピンは八〇〇〇万人でタイの六三〇〇万人、マレーシアの二五〇〇万人より多い。インドネシアは二億二〇〇〇万人と多いが、二〇〇五年の一台当たりの人口は四一人で、フィリピンの八二人の半分である。なぜフィリピンの自動車市場は成長できないのか。

まず、経済水準の差が考えられる。二〇〇五年の一人当たりGDPは、マレーシア五〇四二ドル、タイ二六五九ドル、インドネシア一二八三ドル、フィリピン一一六八ドルだ。ただこれだけでは、インドネシアとの違いが説明できない。再び田畑社長の発言を引用しよう。田畑社長は、「地方の購買力の貧しさ、これがフィリピンの購買力、市場を押し上げる上での阻害要因になっている」と述べる。確かに、首都圏への自動車登録台数の集中度は、フィリピン七六%、タイ五〇%、インドネシア四五%で、フィリピンが突出している。国内の地域間経済格差の反映とみることができる。階層間格差も大きい。田畑社長は、「私の見方ではやはり中間層が少ない。タイやマレーシアに比べても中間層が圧倒的に少ない」と述べている。

これに加えて、ジプニーの普及、中古車の流入などフィリピンの特殊事情も考慮する必要があろう。ジプニーは米軍払下げジープの改造からはじまったフィリピン独特の乗合い自動車で、これが全国に普及しているために自家用車の購入動機が弱められている。また、政府は中古車の輸入禁止政策をとろうとしているが、なかなか徹底できない。さらにWTO体制のもとで、従来のような自動車国産化政策は限界にきており、完成車の輸入関税は引き下げられてきている。

こうした情勢のなかで、各メーカーの設備能力は生産実績を大幅に超過していて、設備過剰の状態が続いている。

◆…フィリピントヨタ社の動向

フィリピンの自動車市場が伸びないなかで、各メーカーのシェアはどうなっているか。まず生産台数を比べてみる。二〇〇〇年から二〇〇六年にかけて、トヨタの生産台数は一万三〇〇〇台から二万台の間で増減している。この間に、三菱は一万五〇〇〇台から一万台へ、ホンダは一万二〇〇〇台から七〇〇〇台へと減っている。いすゞ、マツダ、日産はさらに少ない。トヨタの生産台数は決して伸びてはいないが、それでも業界のトップを確保している。

同じ期間に、販売台数は二万台から四万台近くまで増やした。他社の販売台数が低迷したため、トヨタのシェアは二六%から三九%へと上昇した。生産台数と販売台数の差は輸入車と考えられるから、トヨタは輸入車も多く販売したことになる。販売会社は全国に二〇社以上を展開している。フィリピントヨタ社が生産する車種は、乗用車ではカローラ、カムリ、商用車ではアジアカーといわれるタマラオ・レボ、その後継のイノーバだが、販売台数では乗用車より商用車が多い。

二〇〇〇年代に入り、ASEANの市場統合、世界的な貿易自由化が進むなかで、フィリピントヨタ社の企業戦略は新たな段階に入っていく。

第一は、ビクータン、サンタロサの二工場体制から、サンタロサ一工場体制への転換だ。アジア通貨危機以後、自動車市場の停滞に対応して、人員整理、正規雇用から非正規雇用への切り替えを進めるとともに、サンタロサ工場への集約化を進め、ビクータン工場は二〇〇四年末に生産機能を停止した。これに先立って、二〇〇三年一一月に本社がビクータンからサンタロサに移転している。またこの頃、資本金を一五・四九億ペソから二四・二三億ペソに増資している。

集約化されたサンタロサ工場では、二〇〇七年、新車種ヴィオスの生産に着手することになった。低価格のヴィオスの輸入が増えていて、フィリピントヨタ社に圧力となっていたため、この車種の導入は大きな意味をもつ。その際には、製造コスト引き下げの合理化が要請される。将来的には月産一五〇〇台を目指すという。FTA（自由貿易協定）によって日本・ASEAN諸国間の障壁が取り除かれていくなかで、フィリピントヨタ社はフィリピン市場の確保に集中せざるをえないのだ。多国籍企業の企業内競争の現れであり、日本・フィリピンEPA（経済連携協定）で自動車関税引き下げが先送りされたのは、こうした事情の反映と考えられる。フィリピントヨタ社の伊藤社長は二〇〇七年の新年のあいさつで、「近隣の姉妹企業に先行することはなくとも同等にならなければならないという圧力がますます高まっています」と語っている。

第二は、ASEANにおける戦略的経営体制への組み込みだ。これは特に部品生産の集約化に現れていて、フィリピントヨタ社よりは、その子会社のトヨタオートパーツ社への影響が大きい。二〇〇一年四月、シンガポールのトヨタ・モーター・マネジメント・サービス・シンガポール社（TMSS）は、トヨタ・モーター・アジア・パシフィック社（TMAP）に名称変更されるとともに、部品相互融通に加えてマーケティング、商品計画の機能を担うことになった。また、二〇〇三年九月、アジアにおけるデザイン開発と技術情報の提供を目的に、トヨタ・テクニカル・センター・アジア・パシフィック・タイ社（TTCAP―TH）がタイに設立され、これとTMAPタイが二〇〇七年四月に統合され、トヨタ・モーター・アジア・パシフィック・エンジニアリング・マニュファクチャリング社（TMAP―EM）となった。TMAP―EMは、アジアの現地生産車の開発と業務支援を目的としており、タイを軸としてアジア地域の現地生産体制が統合されることになった。

そして二〇〇四年、トヨタのグローバル戦略の一環として、世界戦略車IMVプロジェクトを発動し、世界市場向け多目的車を、タイ、インドネシア、南アフリカ、アルゼンチンの四拠点で生産することとした。これに伴い、フィリピンのトヨタオートパーツ社は、IMV向けトランスミッションの生産能力増強を目指し、二〇〇七年三月に工場増設に踏み切った。これによってマニュアル・トランスミッションの生産は年間一五万基から三三万基へと二倍以上になる。

こうした企業戦略のもとで、フィリピントヨタ社は生産拡大の方向にある。二〇〇七年一月、フィリピントヨタ社の伊藤社長は、新年のあいさつのなかで、二〇〇六年は五年連続で三冠（乗用車、商用車、合計のそれぞれでシェア第一位）を達成したと誇った。また乗用車として新たにヤリス、ヴィオスを投入し、販売四万台、市場シェア四〇％、工場稼働率の五七％から七六％への引き上げなど、強気の目標を設定した。二〇〇八年は販売四万五〇〇〇～五万台を目指すという。

◆…トヨタ生産システムの輸出

世界の自動車メーカーが激しい競争を展開するなかで、なぜトヨタが飛躍的に業績を伸ばすことができるのか。その強さの源泉はトヨタ生産システムにある。この生産方式は、生産工程でのあらゆる種類のムダを徹底的に取り除き、生産効率を極限まで高めていくことを本質とする。その構成要素は、ジャスト・イン・タイム（JIT）、自働化、改善の三点にまとめられる。

JITは、トヨタ生産システムの基盤となる思想である。これは、生産の全工程において、必要な物を、必要な時、必要な量だけ調達するという考え方である。これによって生産効率を下げるさまざまなムダが排除され、コストダウンが実現される。その手段としてカンバン方式があり、関連企業、下請企業まで含めた生産工程の流れが構成される。ただし、JITが徹底しているのはトヨタ本体の工場であり、末端の下請にはある程度のムダが押しつけられる点には注意を要する。

自働化は、機械の導入により生産性を上げることだが、単なる「自動化」ではなく、機械に知恵をつけ、異常発生時に適切に対応できる仕組みをつくることが眼目である。異常発生によるライン停止の表示がアンドン（ランプ点灯装置）であり、不良品の発生を未然に防ぐとともに、異常の原因を探る役目ももつ。自働化によって労働者の多能工化が図られ、柔軟な生産システムが可能となるが、労働者の作業負荷は増大する。

改善は、工程のムダを省くために日常的に追求される活動であり、現場作業チームの「自発的」参加を要件とする。これは、ＱＣ活動、提案制度と一体化しており、労働者の参加意識を高め、満足感、達成感を与えるねらいがある。しかし、絶え間ない改善によって作業のムダを徹底して取り除くことは、労働密度を極限まで高めることを意味する。

このような効率最優先のトヨタ生産システムは、労働者や下請企業の大きな負担のうえに成立している。下請企業にとって、ＪＩＴによる納入量の削減と納入回数の増加、納期の短縮は、単価切下げと並んで負担の増加にほかならない。二次、三次の下請ほど、負荷は増していく。労働者にとっては、長時間の高密度労働、頻繁な生産調整に対応した残業や配置転換が強いられる。これを支える仕組みが、非正規雇用の利用と労使協調型の労働組合である。

トヨタの海外生産では、こういったトヨタ生産システムをどこまで確立できるかに注目する必要がある。トヨタは東南アジアの子会社で、どのようなシステムを築こうとしているのか。国によって異なる労働事情のなかで、いかなる労務管理を目指しているのか。フィリピントヨタ争議を理解するには、こうしたトヨタ生産方式の輸出という文脈に位置づけて見ていくことが肝要だ。

このシステムを海外工場の労働者に理解させるために、トヨタは「トヨタウェイ２００１」という形でトヨタの価値観を体系化した。トヨタウェイは「知恵と改善」、「人間性尊重」を柱としているが、結局のところ労働者を生産性向上に向けて動機づけることがねらいだろう。トヨタ生産システム、トヨタウェイを浸透させていくには、緻密な労務管理（人事管理と労働組合対策）が必要となる（詳しくは、猿田正機『トヨタウェイと人事管理・労使関係』参照）。

それでは、フィリピントヨタ社など、アジアの工場には、トヨタ生産システムはどこまで導入されているのだろうか。

フィリピントヨタ社が労働者に配布する「チームメンバーハンドブック」には、トヨタ生産システムの説明が掲載され、そのキーワードが日本語（ローマ字）で表記されている。ハンドブックは、トヨタ生産システムを、豊田家の歴史から説き起こし、労働者はチームとして働き、会社は生涯雇用を保障することが強調されている。そして、トヨタ生産システムは「JIDOKA」と「just in time」が柱であること、最高の品質と生産性を達成するための基本原則は「MURI」「MUDA」「MURA」を徹底して取り除くこと、よりよい改良を求め続ける「KAIZEN」が重要なことなど、おなじみの概念が列挙されている。

フィリピントヨタ社のジャスト イン・タイム（JIT）方式は、基本的には日本と同じである。部品供給は、輸入品は倉庫から、現地生産部品はメーカーから、毎日、頻繁に、トラックで運びこまれる。しかし、部品メーカー側の話を聞くと、それほど効率的ではないようだ。

「生産台数が少ないので、JITの要求もそれほど厳しくはなかった。現地調達できない部品はマニラ港にコンテナで輸入され、物流センターに保管されていたので、溜めておけた。フィリピンでの現地調達も大きかった。部品メーカーには日本と同様にカンバンがまわってくるので、カンバンをもとにして製造されていた。カンバンは、部品によって違い、一日一回のときも、七、八回のときもあった」。

部品は、高速道路をベルトコンベアーのように使い、ビクータン工場やサンタロサ工場に配達された。工場群をつなぐ道路を高速で走れる豊田市周辺と違い、渋滞に悩まされるフィリピンでは、日本のようにはＪＩＴは機能しないだろう。

日本から進出した部品メーカーは、トヨタとの付き合いという面が大きかったようだ。

「系列の部品メーカーにとって、フィリピン工場は全く儲からなかった。お付き合いで進出し、赤字覚悟で生産していた。フィリピンでの生産台数が少ないため、日本とは注文の数量が二桁も違った。進出している部品メーカーも少ないので、日本の本社では製造していないさまざまな部品を生産していた。他の自動車メーカーの注文もとらなくてはやっていけなかったので、いわゆる、日本国内の下請けのシステムとは違っていた」。

工場内での作業の効率化はどうだろうか。カイゼン、ゲンチゲンブツ、ジリツカ、ホウシンカンリ、キケンヨチ、ジシュケン、ヒヤリハット、アンドンなど、トヨタ生産システムのキーワードが、日本語でラインの労働者に定着しているのは確かだ。さまざまなタイトルのセミナーが頻繁に開かれている。セミナーの期間は半日から一週間と多様で、仕事中に開催されるので仕事に支障をきたさないように、マネージャーがチームメンバーをラインから二、三人ずつ選び、参加させる。

しかし、外見はともかく、実質的に作業が効率化されているかどうかは、慎重に検討する必要があろう。特に自働化については、どこまで浸透しているか疑問だ。日本の工場では、労働力を極限まで節約するために、機械に人間の知恵をつけ、一人の労働者がいくつもの機械を担当する多能工化が進んでいる。しかし、低賃金の労働力が豊富なアジアでは、労働力を節約するインセンティブがあまり働かないのではないだろうか。フィリピントヨタでは、多能工はほとんどいないようだ。実際、各工場の労働者一人あたり年間生産台数を算出してみると、日本とアジアの工場では大きな開きが認められる。

労働力節約のインセンティブがそれほど働かないとすれば、改善活動はあまり熱心に取り組まれないことになろう。QCサークル活動はどうか。これは創業当初から取り組まれ、テーマを決めたQCサークルの発表会、コンテストが定期的に実施されている。国内コンテストで優勝すると、日本のトヨタ本社で開催される国際コンテストの代表となる。また提案制度もある。名前、改善箇所などを用紙に書いて、毎月二回提出することになっている。これは採点され、優秀であれば一件三〇～八〇ペソの報奨金が出る。しかし、これらのシステムが日本のように機能しているかどうかは疑問だ。「フォームを提出することになっているが、自分はきちんとは出していない。チームリーダーがいつも要求するし、昇進にも関係するので、三ヵ月に一度は出すことにしている」と労働者は語る。

結局のところ、フィリピントヨタの生産システムを支えているのは、作業の効率化よりも長時間労働と非正規雇用の利用なのではないだろうか。

◆…非正規雇用の導入

二〇〇一年三月一六日の二二七人解雇以後、フィリピントヨタ社の生産現場はどのように変化していったのだろうか。会社は、非正規雇用の導入と労使協調的な組合づくりを着々と進めていった。トヨタ生産システムに欠かせないのは、労使協調的組合と、正規労働者とは身分差別があり雇用の調節弁となる非正規雇用の存在だ。ストライキで大量解雇し、正規雇用を非正規雇用に置き換えるという手法は、アジアの多国籍企業の争議でよく耳にする話だが、フィリピントヨタ社も同じ手法を使った。違法ストライキを理由にしたTMPCWA（フィリピントヨタ労組）組合員の解雇、なかでも活動的な組合員の大量解雇は、非正規雇用の導入と労使協調的組合の育成にまたとないチャンスを与えた。

会社の統計によれば、二〇〇五年一月時点でのフィリピントヨタ社の全従業員数は一六五九人で、そのうち正規雇用は一二三一人、非正規雇用は四二八人である。正規雇用のうち男性は八七％、女性は一三％、平均勤続年数は一〇・八年、平均年齢は三一・四歳だ。フィリピンでは一度解雇されると新たな仕事を探すのは至難という事情もあり、二二七人の解雇以後、工場労働者で退職する人はほとんどいないという。

非正規雇用の実態はどのようなものなのか、二〇〇五年、二〇〇六年に労働者から聞いた話をまとめてみよう。「トヨタは、二〇〇一年五月から、大量解雇によって生じた人手不足を、契約労働者四〇〇人を雇用し、解雇者に代替していった」。フィリピントヨタ社は、ドンボスコ、SOM（シスター・オブ・マリースクール）、TUP（フィリピン技術大学）などの提携校から多数の研修生を受け入れていたが、研修期間終了後は試用期間を経て正規労働者になるという従来の採用方法を変え、研修期間が終了すると五ヵ月契約の契約労働者とした。契約労働者は、五ヵ月後に契約終了になった。研修生のうち、選ばれた少数の者だけが、卒業後に試用期間を経て正規労働者となる従来のコースをたどった。大量解雇から現在までに新たに正規労働者として採用されたのは一〇〇人ぐらいではないかという。「正規労働者として選別される基準は能力もあるが、バタバタ（タガログ語で親密な関係）にもよる。上司と親しい関係になり、一緒に飲みに行く人、会社派組合であるTMPCLO（フィリピントヨタ労働者組織）を支持し、TMPCWAのメンバーには近づかない人が正規労働者として採用される」と労働者は語る。

フィリピンの労働法では、六ヵ月間雇用が継続すると正規労働者にしなければならないので五ヵ月契約にしていたが、「二〇〇五年一月からは、一年間の契約労働者を雇用できるシステムになり、学校の研修生以外にエージェンシーから契約労働者を雇用している。一年間の契約期間が終了すると、一、二ヵ月後にまた同じ人と一年間の契約を結んでいる」という。

フィリピントヨタ社のライン作業の最小単位は、仕事の量や難易度により、正規労働者、契約労働者、研修生を組み合わせた五～一〇人だが、ライン労働者が欠勤したときの交代要員としてラインに入っていない熟練労働者がいる。この最小グループをまとめているのが職制の最下位であるチームリーダーで、その上にグループリーダー、フォアマン、マネージャーがいる。グループリーダーやフォアマンをトップに、五〇～六〇人ぐらいで一つのグループを構成し、始業前の打ち合わせをおこなう。パーソナルタッチと呼ばれるふれあい活動もこのグループが単位となる。

契約労働者はすべての職場に配属されていて、正規労働者と同じように働く。契約労働者の技能は、仕事が難しくなければ一ヵ月、二ヵ月を経過すると、正規労働者と同じレベルとなるという。しかし、正規労働者と契約労働者の間には、明らかな差別がある。職場で両者は仕事着によって区別される。白いTシャツのVネック襟回りが、正規労働者は紺、契約労働者はグリーンだ。契約労働者の賃金は、正規労働者とほぼ同じ仕事をしながら、一日三〇〇ペソと最低賃金に近い。諸手当はなく、ボーナスも年末に五〇〇ペソ支給されるだけだ。もちろん、保険、休暇、福利厚生もない。正規一般労働者の月給は新入社員でも九〇〇〇ペソ、勤務年数が長くなれば二万ペソ以上、ボーナスも年間三ヵ月分は出る。契約労働者の賃金は、新人正規労働者の半分である。

職制の中には、契約労働者を差別する人もいる。例えば、「正規労働者は、チームリーダーにラインに一時入ってもらってトイレに行くことができるが、契約労働者はトヨタのチームメンバーではないので仕事を代わってもらうのが難しい」「契約労働者は仕事がきつくても文句を言うことができず、どんなことも命令に従わなければならないので大変だ。文句を言うと、代わりはいくらでもいると脅かされる」。

契約労働者は、組合を作ることも、正規労働者の組合への加入もできないので、労働者としての権利をまったく保障されていない。使い捨ての労働力だ。現在、フィリピントヨタの工場では、ライン労働の三分の一以上が、契約労働者・研修生によって担われている。

低賃金で雇用の安全弁である契約労働者の存在が、正規労働者の労働条件を保障していることは、誰の目にも明らかだ。三二・四歳という平均年齢からもわかるように、労働者は家族をもつ年齢で、結婚して子供が生まれると稼ぎ手としての責任が重くなる世代である。ストライキに突入したとき、七〇～八〇%の労働者は独身だったが、家族ができると解雇は自分だけの問題ではなくなる。会社は労使協調路線の会社派組合を作り出す好機を手にしていた。

◆…労使協調型組合の育成

トヨタ生産システムを支える重要な条件に、安定した労使関係、労使協調型の労働組合の存在があげられる。日本では、一九七〇年代の二度の石油危機を潜り抜ける中で、企業の競争力を高めるために経営側に協力する企業内労働組合の力が強くなっていった。総評から連合への再編は、労使協調路線の優位化の表れだろう。トヨタの労使関係はその先頭を走っている。

しかし、アジアでは経営側の望む協調的な労使関係は簡単には築かれていない。タイでは、一九八〇年代初頭に労働組合が設立されたが、一九九〇年代半ばまでは紛争が絶えなかったようだ。ただし一九九三年には、労使相互の信頼と協力関係を唱えた「労使宣言」を採択している（今井宏『トヨタの海外経営』）。それは、一九六二年に日本で締結された「労使宣言」をそっくりそのまま持ち込んだもので、品質・性能の向上、原価低減、大量生産体制の確立という目標を掲げ、労使が協力してこれに取り組むことを明言している。この宣言の理念がすぐに定着していったわけではないが、一九九七年の通貨危機を経て、タイトヨタの労働組合が労使協調型の性格を強めていったことは間違いない。タイトヨタ労組は日本のトヨタ労組との関係も強く、タイの関連企業、さらにはアジアのトヨタ系企業に労使協調路線を広めていく役割を持たされている。

これに対してフィリピンでは、安定した労使関係とは程遠い状況が続いていることは本書全体で記述しているとおりである。フィリピントヨタ争議は、労使協調路線を定着させたい会社側と、それに批判的な組合運動とが正面から対立する構図を描いている。それは世界の労働運動全体が直面している構図であったため、一企業の争議の枠を超え、世界的に非常に注目されるものとなったわけである。労使協調型の組合が定着していない以上、トヨタ生産システムのフィリピンへの導入は成功しているとはいえない。

またインドでも、安定した労使関係とはいえない状況にある。インドでは、工場操業から間もない二〇〇一年四月、賃金問題を発端に労使間で紛争が発生した。フィリピントヨタのストライキと奇しくも同じ時期だ。まず労働者が、会社側の一方的な賃金引上げ提案に反発して抗議行動をした。会社側はこれをストライキとみなし、労働者のリーダーを解雇した。この時点で組合は未組織だった。六月、労働者は解雇撤回、労働条件改善を求めて一二日間のストを決行した。会社側は、労働条件の改善で歩み寄りをみせ、解雇問題では調査を約束した。これをきっかけに労働組合が正式に結成された。二〇〇一年末、会社側は時間外労働を強要し、これを拒否した研修生が停職処分を受けた。この撤回も含め、組合は一四項目の要求を掲げてストを通告、会社側は組合幹部を解雇し、二〇〇二年一月から二月にかけて五二日間のストが決行された。その後、州政府に提訴され、スト中止、和解が成立したが、労使関係は安定せず、会社側の不当労働行為、停職処分、組合側の抗議行動が繰り返された。会社側が強気なのは、州政府がトヨタ工場を公益事業と認定し、労働運動を規制しているためである。二〇〇五年五月、二〇〇六年一月にもストがおこなわれ、会社側の意図する労使協調型の組合が定着する見通しは立っていない。

経営サイドからトヨタのアジア子会社の労使関係を検討した研究に、願興寺晧之『トヨタ労使マネジメントの輸出』（ミネルヴァ書房、二〇〇五年）がある。そこでは、トヨタ式の労使関係をアジアに移転する際の基本的要素として、①労使相互の信頼と協力関係の「理念」、②労働組合の「民主的」組織運営、③労働者に生産性向上のモチベーションをもたせる「マネジメントシステム」の三点をあげている。この視点から、タイ、インドネシア、中国の事例を分析していて、結論として、タイへの移転は進展しつつあるが、インドネシアと中国はまだ緒についたばかりと述べている。タイトヨタでは、労使協調の「理念」の定着、労働組合の民主的運営、賃金制度と結びついた生産性管理システムの導入などが実現しつつあると指摘している。

タイトヨタは、労使関係が協調的になっていることから、東南アジアの戦略的拠点としての重要性は今後ますます高まっていくだろう。しかし、労働力の節約をねらった多能工化、多品種少量生産のための頻繁な段取り替えといったより進化した形態のトヨタ生産システムは、労働力の豊富なアジアでは、タイも含めてそれほど浸透していかないように思われる。労働力が不足し、自動車市場が飽和状態にある日本でこそ、ムダを徹底的に省くトヨタ生産システムは本領を発揮すると言える。そうであるとすれば、アジアのトヨタの子会社が利益をあげる源泉は、やはり非正規雇用の労働者の利用、残業を組み込んだ長時間労働といった、収奪的な領域に絞られていくだろう。そうした部面においても、もちろん安定した労使関係が不可欠だ。労使協調型のタイトヨタ、労使対決型のフィリピントヨタ、インドトヨタ、いずれの組合運動が優勢になるかが、トヨタのアジア展開の成否に大きな影響を与えることになろう。

二〇〇一年のストライキ以後、TMPCWAの労働者を大量解雇したうえで、フィリピントヨタ社は、労使協議会（LMC）の再編、職制組合（TMPCSU）との労働協約締結、一般労働者の協調型組合（TMPCLO）の育成など、労使協調路線づくりを推進していく。

4・3●──アロヨ政権と日本

◆…アロヨ政権とは

二〇〇一年一月に発足したアロヨ政権は、成立直後からフィリピントヨタ争議に対処しなければならなかった。その対処姿勢には紆余曲折がみられるが、結局のところトヨタの利益を擁護する方向で収拾を図っていった。その経緯をたどっていくと、日本政府・日本経済界に依存せざるをえないアロヨ政権の弱い立場、トヨタがアロヨ政権に影響力を行使している構図が浮かび上がってくる。

フィリピンではアジア通貨危機直後の一九九八年六月、ラモス政権に代ってエストラーダ政権が成立した。ジョセフ・エストラーダは俳優としての知名度に加えて、貧困層の支持を集める作戦をとり、大衆的人気によって大統領に当選した。副大統領にはグロリア・マカパガル・アロヨが当選した。フィリピンの選挙制度では、大統領と副大統領は別々に選出される。アロヨは、エストラーダと争ったデ・ベネシアと組んで立候補していて、エストラーダとは支持基盤を異にしていた。

エストラーダ政権は、成立当初こそ期待が大きかったものの、フィリピン経済の不振に対して効果的な対策をとれないばかりか、側近優遇の人事、政府高官の汚職、憲法改正策の不人気、メディアとの対立などの要因が重なり、支持率は急激に低下していった。憲法改正案の取下げ、人事の刷新などの支持率回復策にもかかわらず、株式不正取引、違法賭博からの献金といったスキャンダルが露呈し、ついに二〇〇〇年一一月、エストラーダはフィリピン史上初の大統領弾劾裁判にかけられることになった。

二〇〇一年一月、弾劾裁判の進行が停止するなかで、大統領批判陣営はエストラーダの即時辞任を要求し、大規模な市民行動の圧力、閣僚の相次ぐ辞任によって政権は崩壊した。最高裁は大統領職の空席を認定し、副大統領のアロヨが大統領に就任した。

アロヨ政権の最大の課題は経済開発であり、貧困層の支持を取り付け、社会を安定させていくために、開発を急がなければならなかった。アロヨ大統領はフィリピン大学から経済学博士の学位を取得していて、アキノ政権下で貿易産業部の局長、次官を経験していたため、その経済政策にはそれなりの期待が寄せられていた。二〇〇一年に発表された「中期フィリピン開発計画 2001−2004」は、前政権の開発計画（一九九九〜二〇〇四）を基本的に引き継ぐもので、経済成長を通じた雇用の拡大、貧困削減を中心課題としていた。二〇〇四年五月の大統領選挙を経て第二期に入ったアロヨ政権は、「中期フィリピン開発計画 2004−2010」を発表し、さらに経済開発に力を注ぐ姿勢を示した。

その間、経済成長率は四〜五％でまずまずの数字を記録している。それは、外資導入の増加、外資系企業による輸出の伸び、さらに出稼ぎ労働者からの送金に支えられて達成されたものだ。ここにアロヨ政権が対外関係に気を使わなければならない理由がある。その反面、高い失業率、財政赤字、累積債務などの構造的問題は解決の目途が立っていない。そのため、クーデター未遂、大統領弾劾運動などの政情不安が繰り返されている。新人民軍、イスラム解放勢力の力は衰えていない。

アロヨ政権を支える外資導入を進めるためには、何をおいても治安の安定を図る必要があった。急進的な労働運動も抑え込まなければならない。こうした事情を背景にして頻発しているのが、ポリティカル・キリング（政治的殺害）だ。フィリピンでは以前から、政治家、社会運動活動家の暗殺が起こっていたが、アロヨ政権成立以降、その件数が異常に多くなっている。左派系政党関係者、人権問題活動家、労働組合オルグ、農民運動オルグ、ジャーナリスト、教員、弁護士、宗教者、女性グループ、先住民組織関係者など、広い範囲の人々が反政府勢力、つまり「国家の敵」とみなされ、次々と殺害されている。その数は人権団体カラパタンの調査によれば、アロヨ政権成立から二〇〇六年までで八〇〇人を超えている。その他に行方不明者も一八〇人に及んでいる。殺害の手口は、背後からバイクで接近し、ピストルで射殺するなど、共通点が多く、しかも犯人はほとんど検挙されていない。殺害は、フィリピン国軍が実施する「自由防衛作戦」という共産党―新人民軍系組織の壊滅作戦、つまり軍事作戦だという証拠が暴露されていて、国軍、国家警察の組織的関与は否定しえないものとなっている。

急進的な労働運動は、軍の監視対象の一つになっている。二〇〇八年一月、フィリピン陸軍第二〇二歩兵旅団から派遣された部隊が、サンタロサのＴＭＰＣＷＡ（フィリピントヨタ労組）事務所近くに駐留しはじめた。これは、「地域社会組織化と開発」を名目としているが、南タガログ労働運動への威嚇にほかならない。軍人たちは、フィリピントヨタ社の構内に入ったり、ＴＭＰＣＷＡ事務所に聞き込みに訪れたりしている。国家警察もフィリピントヨタ社周辺に配備されている。

政治的殺害では、南タガログの労働運動関係者の犠牲者も相次いでいる。なかでも、二〇〇五年九月、ネスレ労組委員長でＫＭＵ（五月一日運動）幹部のディング・フォルトゥナの殺害は、地域社会に大きな衝撃を与えた。ＴＭＰＣＷＡのエド委員長も、暗殺対象者のリストに入っているといわれていて、緊張を強いられている。

政治的殺害を放置しているアロヨ政権に対しては、国際的非難が寄せられている。アムネスティ・インターナショナルなどのＮＧＯによる調査・抗議活動が、フィリピンの深刻な事態を全世界に伝える役割を果たした。国連人権理事会が調査に乗り出し、フィリピン政府に対して勧告を発していく。アメリカやＥＵの政府、議会も関心をもつようになった。

それでは、フィリピンへの経済的影響力の大きい日本政府の対応はどうであったか。当初は、フィリピンの国内問題として態度表明を回避していたが、ようやく二〇〇六年一一月、首脳会談、外相会談などの機会に公式に懸念を示すようになった。外務省が公表した「日・フィリピン外相会談概要」によれば、麻生外相は「フィリピンに対する経済協力」の項目のなかで、「左派活動家やジャーナリストに対するいわゆる『政治的殺害』への日本国内での非常に高い関心を伝えた」という。経済協力との絡みで扱っていることに注意すべきだろう。二〇〇七年五月の日比首脳会談でも、この問題はとりあげられ、さらに七月の外相会談でもフォローされた。

フィリピンにとって日本は最大の援助供与国であるため、こうした指摘は何らかの意味をもつかもしれないが、政治的殺害はなお収束する気配がない。

◆…日比経済連携協定の推進

二〇〇〇年代のフィリピンがどの程度日本に依存しているか、いくつかの指標から確認しておこう。フィリピンの受け取るODA（政府開発援助）は、一貫して日本が最大の供与国だ。日本の供与額は全体の六〇〜七〇％に達するほどのシェアで、日本への依存がきわめて大きいことが明らかだ。また、民間直接投資の受入れでは、アメリカと国別の首位を争っていて、比率は二〇〜三〇％という高さだ。貿易面では、輸出入ともアメリカに次いで第二位、一五〜二〇％といったところだが、輸出の対日比率は上昇傾向にある。これは、フィリピン進出日本企業による対日輸出の増加の反映と推測される。

このように、フィリピンにとって日本への経済的依存はきわめて大きいため、フィリピン政府は日本との関係の緊密化に意をもちいている。なかでもアロヨ政権発足当初の対日外交、政府要人の日本訪問は非常に目立つものだった。二〇〇一年から二〇〇六年までの要人往来をまとめておこう。

二〇〇一年一月　アロヨ政権成立
　三月　ユーチェンコ特別代表、ロハス貿易産業省長官、ゴードン観光省長官訪日
　七月　ゴードン観光省長官訪日
　八月　レイエス国防省長官訪日
　九月　アロヨ大統領、ロハス貿易産業省長官訪日

一一月　ギンゴナ副大統領訪日
二〇〇二年一月　小泉首相訪比
五月　アロヨ大統領、ドリロン上院議長訪日
八月　オプレ外務省長官訪日
一一月　ギンゴナ副大統領訪日
一二月　アロヨ大統領、オプレ外務省長官、ロハス貿易産業省長官訪日
二〇〇三年六月　アロヨ大統領訪日
一二月　アロヨ大統領訪日
二〇〇四年六月　アロヨ大統領（第二期）就任、川口外相訪比
一〇月　ドリロン上院議長、プリシマ貿易産業省長官、ペレス・エネルギー省長官訪日
一一月　プリシマ貿易産業省長官訪日
二〇〇五年一月　谷垣財務相訪比
二月　ロムロ外務省長官訪日
四月　サントス貿易産業省長官訪日
五月　大野防衛庁長官訪比
九月　ドゥラーノ観光省長官訪日
二〇〇六年四月　ロムロ外務省長官訪日
五月　デ・ベネシア下院議長訪日

七月　麻生外相訪比
七月　ドゥラーノ観光省長官訪日
一〇月　テベス外務省長官、ファビラ貿易産業省長官訪日
一二月　安倍首相訪比

フィリピン側からの訪日件数が多いことがわかる。特に、二〇〇一年から二〇〇三年にかけて、アロヨ大統領が五回も訪日していることが目につく。アロヨ大統領は二〇〇二年五月の二回目の訪日に際して、「日本は少なくとも年二回は訪問すべき重要な国です」と述べている。この他に、APEC（アジア太平洋経済協力会議）、ASEANプラス日韓中首脳会議、ASEM（アジア欧州会議）などの国際会議で首脳会議、閣僚会議が開かれ、交流の場がもたれている。この時期は日本とフィリピンとのEPA（経済連携協定）交渉が進行する時期に重なる。EPAは二国間の市場を統合し、貿易や投資を加速させる新自由主義的経済政策であり、二〇〇〇年代に入ってから世界的な締結競争が展開されている。日本政府はシンガポール、メキシコとの協定を成立させ、続いてフィリピン、タイ、マレーシア、韓国との交渉に入っていった。フィリピンとのEPA交渉の争点をみると、フィリピン側は日本の農産物市場、労働市場の開放を求め、日本側はフィリピンの工業品市場の開放、投資環境の整備を要求するという構図だった。投資環境整備のなかには、当然労働問題の扱いが含まれる。

日比EPA交渉はまさにフィリピントヨタ争議の展開と時期が重なっている。争議の動向が、商工会議所などを通じて、交渉に何らかの影響を及ぼしたと言えるのではなかろうか。交渉の出発点は、二〇〇一

年九月、アロヨ大統領の一回目の訪日にさかのぼる。九月一三日の日比首脳会談をふまえた共同記者発表の一節を引用しよう。

「両首脳は、日比間の緊密な経済関係を歓迎した。小泉総理は、比国における日本の投資企業が円滑な事業実施を行えるよう、投資環境の一層の整備を要請した。アロヨ大統領は、比政府が、比の投資環境に対する日本の投資家の関心を踏まえ、日本企業の対比投資促進のために進めている具体的な改革を強調するとともに、グローバルな競争を生き抜くため、更なる投資環境の改善に引き続き努力を払うことを表明した」。

「投資環境整備」発言の背後には、フィリピン進出日本企業、商工会議所、経団連などの要請が潜んでいただろう。ただこの時点では、EPAの文言は登場していない。

二〇〇二年一月、小泉首相は、日本の最初のEPAである日本・シンガポール経済連携協定の調印のためにシンガポールを訪問し、その際、日本・ASEAN包括的経済連携構想を提唱した。これを受けて、フィリピン、タイ、マレーシアとの交渉が並行して進行することになる。小泉首相はシンガポール訪問の直前にフィリピンを訪れている。その際のアロヨ大統領との会見は、「アロヨ大統領からは、治安改善等のフィリピン投資環境の整備に向けた努力、また、日本の高齢化社会へのフィリピン労働力の貢献等について言及があった」と記録されている。日比EPAのポイントが早くも指摘されているわけだ。

二〇〇二年五月、アロヨ大統領の第二回訪日の際、EPA作業部会の設置が合意された。首脳会談の記録の一節を引用しておく。

「小泉総理より、フィリピンにおける投資環境の整備に対する同国政府の協力に謝意を表明し、労使問題等につき、日本企業への特段の配慮を要請した。アロヨ大統領は、投資家のみならずフィリピンを訪れる観光客にとっても安全な環境を整備するため努力する旨述べ、貿易産業長官や労働雇用長官に対し、タスクフォースを作るよう指示した旨述べた」。

首脳会談でわざわざ「労使問題等につき、日本企業への特段の配慮を要請」するのはいささか異様な感があるが、フィリピントヨタ争議を念頭に置いていたのかもしれない。また二〇〇三年早々、フィリピン政府は日本人商工会議所と労働問題で覚書を交わすことを求めてきているが、それはこの首脳会談をふまえた措置だろう。

二〇〇二年八月一四日、EPA作業部会の非公式予備協議が東京でおこなわれた。これを受けて作業部会が、第一回一〇月一八～一九日（マニラ）、第二回一一月二五日（東京）、第三回二〇〇三年二月二一～二二日（マニラ）、第四回四月二一～二二日（マニラ）、第五回七月八～九日（マニラ）と開かれた。さらに、分野別に専門家多数を集めた合同調整チームの会合が、第一回九月二六～二七日（マニラ）、第二回一一月一三～一四日（マニラ）と開かれ、一二月一一日に報告書が公表された。その投資促進の項目のなかでは、「日本は、ビジネス環境上の問題を解決に導く新しいメカニズム乃至はモニタリング委員会の設立を提案し、日本側よりインフラ不足、労働争議、治安、環境及び付加価値税還付の遅延に係る問題が提起された」と記述された。フィリピン日本人商工会議所のかねての要望事項が洩れなく書き込まれたとみてよいだろう。同じ時期、商工会議所は日本・ASEAN特別首脳会議のため訪日するアロヨ大統領に改めて要望書を提出し、アロヨ大統領は小泉首相との間で、日比EPAの政府間公式交渉の開始に合意した。

こうした準備を経て、日比EPA政府間交渉は、二〇〇四年二月五日の第一回会合を皮切りに、第二回四月二〇日、第三回七月九日、第四回九月九日と急ピッチでおこなわれた。一一月には奥田碩会長を団長とする日本経団連ミッションがASEAN各国を訪問し、EPA交渉の促進に圧力をかけた。一一月二九日、ビエンチャンでのASEANプラス日韓中首脳会議の機会に、日比EPA大筋合意が発表された。共同発表のビジネス環境整備の項目にはこう書かれている。

「両国の貿易・投資を一層促進するため、両国はビジネス環境を整備するために協力する。そのため、民間セクターからの代表の参加も可能なビジネス環境整備のための委員会など、協議のための枠組みが設置される」。

協定案を作成する過程で、トヨタをはじめとする日本企業が、商工会議所、日本経団連、その他さまざまな経路を使って両国政府に圧力をかけたことは明らかだろう。ビジネス環境の整備が、企業側の高い関心事であることは間違いない。韓国とのEPA交渉の事例だが、佐々江賢一郎外務省経済局長は、「労使問題を含む韓国の投資環境」のレベルを上げることが課題だと語っている（『世界経済評論』二〇〇四年六月号）。

大筋合意から正式成立までにはさらに時間を要した。二〇〇六年九月九日、ヘルシンキのASEMの機会に、日比EPAは正式に調印された。その国会批准は日本では早期になされたが、フィリピン側では、有害廃棄物の持込みなど不利益が多いとして反対論が強く、二〇〇八年四月時点でなお批准されていない。

日比EPAのポイントは何か。日本側の利点は、フィリピンの工業品関税の撤廃とビジネス環境整備だ。自動車部品の貿易は一段とやりやすくなる。ただし完成車の関税撤廃は先送りされた。ビジネス環境整備については、政府代表による小委員会、商工会議所も参加する協議グループ、連絡事務所の設置など、細かな枠組みが定められた。これによって、労働争議への迅速な対応を可能とし、投資を促進する効果をねらっているのだろう。

フィリピン側の利点は農産物市場の開放と労働市場の開放だ。看護師・介護士等の派遣はフィリピンの国策だが、具体的な手続き、条件をめぐってはなお曖昧な部分を残していて、フィリピン側が批准に反対する理由の一つとなっている。

◆…フィリピン政府と日系企業

日系企業の関心は、フィリピン日本人商工会議所がアロヨ大統領に繰り返し提出した要望書からうかがうことができる。

まず、二〇〇二年一二月、アロヨ大統領の三回目の訪日を控えて、五項目の要望書が提出された。そこにはインフラ整備、労働問題、税制などでの注文が並べられた。そのうちのインフラ整備とは、日系企業が集中的に進出しているラグナ、カビテ、バタンガスの道路ネットワークの整備であって、①南スーパー高速道路のアラバン陸橋の改修、②カランバー–サント・トーマス間、リパー–バタンカス間の高速道路の延伸、③カビテ–ラグナ間の東西道路新設、④経済区周辺の道路改修などがあげてある。

次に二〇〇三年五月二九日、アロヨ大統領の四回目の訪日を前にして、日本企業側の関心事項をまとめた七項目の要望書を提出した。それは、二〇〇二年一二月の五項目を拡充したもので、インフラ、労働、治安、産業廃棄物処理施設、付加価値税還付、外貨建て会計、送金の課税問題などの項目があげてある。労働問題の文面を引用しておこう。

「依然として、急進派の労働組合の上部団体の活動は収まらず、日系企業の不安の種になっています。現在、当所では、DTI（貿易産業省）のBOI（投資委員会）との関係を密にし、クイック・リアクション・チームを相談窓口として利用し、CIC（産業競争力センター）が行っている労使間関係のセミナーのプログラムを活用したりしている日系企業が多くあります。また、労働雇用省との間では、定期的な会合を持ち、セミナーを開くことを盛り込んだMOA（覚書）を結ぶ準備をしています。労働問題については、引き続き、労働争議が起きた際の早期の、公平な裁定を求めるものです」。

労働雇用省との覚書は、一ヵ月後の六月二三日に署名された。これは二月のフィリピン政府側からの要請に基づくものだ。要点は、①「情報共有と問題解決に向けた定例会の開催」、②「雇用、労働基準、労使関係で生じた問題に対応するための技術支援」、③「労使協調や労働問題防止と解決のための管理・監督トレーニング開発」、④「個別の懸念や関心ごとに対応するための緊急対応チーム結成」などだった。この定例会の第一回として、「経営側から見た労働協約（CBA）交渉戦略」と題したセミナーが七月三日に開かれ、ヒメネス労働雇用省次官が講演している。ヒメネス次官の出席するセミナーは、ラグナ、カビテなどの工業団地を巡回して計六回開催された。

覚書の期間は一年であったため、二〇〇四年六月に失効した。そこで二〇〇四年一〇月に覚書の改訂版を締結し、期限は定めないこととした。覚書の項目は、相互支援、定期的対話、技術的支援、管理・監督トレーニング開発、緊急対応チームの拡充、有効期間などだった。締結にあたってサント・トーマス労働雇用省長官は次のように発言した。

「本日マラカニアン宮殿で大統領臨席の元、各労働団体と経営者団体がストライキをしないというMOAを締結している。日本企業にも影響を出している自動車部品メーカーのストライキもほとんど終わり、七社中六社が計画どおりの生産をはじめている。MOAを再度日本人商工会議所と結ぶのは、フィリピンの投資環境を良くして経済を上向きにするウインーウインの状態になる」。

大統領への要望は、二〇〇三年一二月の五回目の訪日に際しても提出され、さらに大統領選挙後の二〇〇四年七月七日にも提出された。そこでもインフラ対策と並んで労働問題が主要な項目とされ、最低賃金制度、労働問題発生時の早期解決についての要望が掲げられた。

以上は、フィリピン政府（労働雇用省）と日本人商工会議所との緊密な関係を示す事例だが、もっと直接的にフィリピン政府とトヨタとの特別な関係を示す事実をあげることができる。第2章で書いたように、二〇〇一年四月のストライキ当時、トヨタは他の日系企業をまきこみ、労働争議を抑えられないならば投資撤退もありうるとして、フィリピン政府に圧力をかけた。発足間もないアロヨ政権は対処に苦慮し、強制的なスト中止命令に至った。五月初めに日本のトヨタ本社から派遣された重役に対して、フィリピン政府高官は、以後は山猫ストライキを起こさせないことを確約したと、新聞は報じている。

二〇〇一年九月のアロヨ大統領初来日の時も、トヨタの名前が出てくる。日比共同記者発表では「投資環境整備」が強調されているが、これは労働問題、それもフィリピントヨタ争議を念頭に置いていたと考えられる。九月一三日の日比経済協力委員会におけるスピーチで、アロヨ大統領は日本の政財界人を前にして次のように発言しているからだ。

「私どもはまた労働争議を最小限にすることによって我が国の競争力を改善する決意です。労働雇用省と貿易産業省は、労使紛争が激化する前に解決するように進んで支援するため、緊急対応チームを編成しました。貿易産業省と労働雇用省によるこのような斡旋と調停により、通告された四〇〇件以上のストライキが、実際には発生しませんでした。政府の介入によって調停がなされたからであります。最近では、我が国の仲裁機関がフィリピントヨタ社の労働争議を、経営側に有利になるように解決しました」。

大統領が、異例にも個別企業の争議について、わざわざ日本の政財界に報告しているわけである。ここでいう解決とは、八月九日に中央労使関係委員会（NLRC）がTMPCWA組合員大量解雇を有効とした裁定のことであり、アロヨ大統領の訪日はこの裁定を受けて実現したと考えることもできる。スピーチではさらに、日本企業がフィリピンにとどまることを呼びかけ、フィリピン政府は日本企業に「できうるかぎりのことをします」と訴えている。

アロヨ政権とトヨタとの関係はさらに続く。二〇〇二年五月、アロヨ大統領の二回目の訪日時には、トヨタの奥田会長との面談があった。ここで奥田は、フィリピンへの投資の継続を約束している。別に面談したホンダのケースと合わせ、フィリピン側では、「両社は投資と操業の継続を確約した」と報じた。

また第3章で記したように二〇〇二年一〇月一〇日、アロヨ大統領はサンタロサ工場を訪問した。サンタロサでは、部品製造会社のトヨタオートパーツフィリピン社の開業一〇周年記念行事がおこなわれた。その機会にアロヨ大統領がサンタロサ工場に招待され、トヨタからハイブリッドカーのプリウスが寄贈された。この時、トヨタ側では、フィリピントヨタ社のジョージ・ティー会長、田畑延明社長のほか、日本から出張した張富士男社長、豊田章男常務が出迎えている。豊田章男常務は将来の社長候補である。

トヨタオートパーツ社は従業員五〇〇人程度の部品メーカーにすぎない。そのイベントに大統領が出席し、トヨタ本社の社長をはじめとする幹部が出迎えることは、何を意味するのだろうか。

二〇〇七年三月に開催されたトヨタオートパーツ社の新工場建設記念式典にも、アロヨ大統領は山崎駐フィリピン日本大使とともに招待された。トヨタの工場の式典に、フィリピンの大統領と日本のフィリピン駐在大使が出席する、この出来事はトヨタとフィリピン政府、そして日本政府との特別な関係を象徴しているように見える。

第5章　闘いは国境を越える

▼…マニラ日本大使館前でトヨタに抗議する組合員（2006年9月12日）。

「多くの解雇者が辞職しない理由は、トヨタの職場に戻りたい、連帯してトヨタにTMPCWA（フィリピントヨタ労組）を認めさせたいという思いがあるからだ。自分たちは労働者として当然の権利を欲しただけなのに、なぜ解雇されなければならないのだろうか。この闘いは自分たちのためだけでなく、世界の労働者の正義のための闘いだ」。TMPCWAの組合員たちの言葉だ。

最高裁判決、ILO勧告で法的に正当性が認められ、現地の士気は高揚していた。最高裁の決定以後、退職金を受け取る解雇者はほとんどいなくなった。解雇者を「アウトサイドワーカー」と名づけたのもこの頃である。労働者を「インサイドワーカー」、専従の活動家を「フルタイムワーカー」、工場内で働く労働者を「アウトサイドワーカー」は不当解雇されたが、まだトヨタの労働者だ。「フルタイムワーカー」には賃金はないが活動家として働いているという労働者の誇りが、そして、「インサイドワーカー」と「アウトサイドワーカー」には同じTMPCWAのメンバーであるという気持ちが込められているように感じられる。

若者たちの誇りと正義と連帯が、思想や政治的立場の相違する人々の心を掴んだ。闘いは、フィリピンから日本、そして世界へと国境を越えていく。

5・1●──さらに強い絆で

◆…会社は交渉拒否

二〇〇四年一月二八日、最高裁はＴＭＰＣＷＡの組合承認に関する会社の再審請求を却下し、二〇〇三年九月の決定が最終決定となった。最終決定は、ＴＭＰＣＷＡは団交権をもつ組合なので、会社はＴＭＰＣＷＡと団体交渉をしなければならないということを意味していた。三月初めにこの最終決定通知を受け取ったＴＭＰＣＷＡは、前年の三度に渡る申し入れへの拒否回答にもめげず、三月一五日、改めて労働協約交渉を申し入れた。しかし、今回も会社は交渉を拒否した。労働協約交渉の申し入れに対しては、断固として拒否する構えを崩さなかった。

そこで、打開策を求めて、ＴＭＰＣＷＡは中央斡旋調停委員会（ＮＣＭＢ）に調停を申し立てた。三月二九日、四月六日、ＮＣＭＢによる調停会議が開かれたが、会社は調停会議への出席を拒否した。工場内では、このような会社の交渉拒否への非難が高まり、四月六日に実施されたＬＭＣ（労使協議会）の選挙では、多数の労働者が投票をボイコットした。ＴＭＰＣＷＡの組合員は投票用紙に、「労働協約交渉を開始し、組合を承認せよ」と書き込んだ。この事態に危機感を抱いたのか会社は、四月一五日、復活祭休暇明けの第三回ＮＣＭＢ調停会議に会社側弁護士を出席させ、交渉拒否の文書を提出した。会社から交渉を拒否され、会社に対して影響力を発揮できない政府機関・ＮＣＭＢの無力さを思い知らされた組合は、五月五日、ＮＣＭＢへの申し立てを取り下げた。

ＬＭＣ、ＴＭＰＣＳＵ（フィリピントヨタ職制組合）、ＴＭＰＣＬＯ（フィリピントヨタ労働者組織）とともに労使協調路線を走りつつあった会社は、最高裁の最終決定、ＩＬＯ勧告、ＯＥＣＤ多国籍企業ガイドライン提訴などのＴＭＰＣＷＡの正当性を示す事項に関して、工場内の労働者に説明しておかなければならないと考えたのだろう。四月一二日から一七日にかけ、労働問題に関する「Ｑ＆Ａフォーラム」を両工場で開催し、続いて四月二九、三〇日にもフォーラムを開いた。労働者と経営側の直接対話の場を設けたのだ。フォーラムの司会をしたアリガダ人事部長は、ＯＥＣＤへの提訴文の一部を読み上げて、「ＴＭＰＣＷＡとエドは嘘つきで、国際社会でのトヨタの良いイメージを貶めている」と非難し、ＴＭＰＣＷＡの組合員との間で激しい議論の応酬になった。日本のＮＣＰ（ナショナル・コンタクト・ポイント）に提出した提訴文のコピーが、トヨタ本社を経由してフィリピントヨタ社に届いていたのだ。

ＩＬＯ勧告を気にしていたことも、ＴＭＰＣＷＡの工場内組合員の観察からわかる。「エド委員長がＩＬＯ総会でロビー活動をするためスイスに滞在している時、会社とＴＭＰＣＳＵは、エド・クベロは、組合員が大変な思いをしている間に、スイスとフランスへの観光旅行を楽しんでいる、と書いたリーフレットをまいた」「組合がＩＬＯ・フランスの報告会を計画していた六月二六日には、突然の残業を命じた」「アリガダ人事部長は、ＩＬＯあるいはＯＥＣＤがらみで日本から調査団が来たら、ＴＭＰＣＷＡとエドは嘘をついていると答えるようにと労働者に命令したという噂がある」。これらの断片的な情報からみても、フィリピントヨタ社が一連の諸問題について神経質になっていたことが推測できる。トヨタ本社も困っていたようだ。支援する会が二〇〇四年四月七日におこなったトヨタ東京本社への申し入れの席上、I課長は、「ILO勧告、フィリピン最高裁判決、OECD多国籍企業ガイドライン違反等、トヨタへの風当たりが強いことは承知している」ともらした。

会社は、労働者の理解を得ようとして労働フォーラムを開きながら、同時に、工場内で働くTMPCWAの組合員「インサイドワーカー」への攻撃を強めた。活動家に楽な仕事への配転を提案したり、職制に昇進させて一般労働者の組合員資格を失わせたりする一方で、生産ラインを外し、ゴミ集めやトイレ掃除などに配転させせられた人もいた。アメとムチを使い分け、組合員の分断を企てたのだ。アリガダ人事部長が現場責任者に、TMPCWAの組合員とその同調者の査定を最低の評価にするように指示を出したという噂も流れた。

TMPCWAはこのような会社の攻撃を甘んじて受けていたわけではない。「インサイドワーカー」は、会社が開催したフォーラムに対抗して「従業員労働フォーラム」を、五月一四日にサンタロサ工場、五月二二日にビクータン工場で開き、状況説明をおこなった。解雇されている組合員「アウトサイドワーカー」も行動を重ねた。五月二七日には、トヨタ・マカティ販売店の前でキャンドルを灯しての抗議行動、五月三一日には各地に住む解雇者から会社へ一斉に「電話攻撃」をして、「最高裁判決に従い労働協約交渉を始めるように」と要求するなど、抵抗活動を続けていた。

この頃から、会社、LMC、TMPCSUが協力して、TMPCLOへの加入を勧誘する動きが目立つようになり、TMPCLOの組合員は約二〇〇人になった。一六回目の創立記念日を報じた「デートライン」二〇〇四年九月号は、田畑社長とエンジェルLMC議長がバースデーケーキのキャンドルを一緒に吹き消した瞬間が祝典のハイライト、「さらなる労使協調と強い会社へ向けての労使の約束を象徴している」セレモニーだったと讃えた。バースデーケーキには赤い大きなトヨタのロゴがデコレーションされていた。

◆…みんな元気だ

解雇者の多くは生活に困り、両親の住む故郷に帰り、農業や家族の商売を手伝って日々の糧を得ていた。契約労働者として働きはじめた人もいた。組合は解雇者への連絡を定期的に続けた。彼らとのコミュニケーションの手段は、低料金のSMS（ショートメッセージサービス）といわれる携帯電話メールだった。ニュースや問い合わせはSMSを使って届けられた。組合の会議も地域に分かれ、毎月、定期的にもたれた。一部の労働者は、マニラから遠い地方に帰郷したが、ほとんどの解雇者はマニラや南タガログ近郊の州に住んでいた。しかし、マニラに出てくるための時間と交通費の余裕はなかった。そこで「フルタイムワーカー」は、マニラ、カビテ、ラグナ、リサール、バタンガスと地域の担当者を決め、毎月解雇者のもとを訪れ、家や教会の敷地で長時間にわたる会議を開き、闘争の現状を伝えた。緊急に討議すべき課題がある時は臨時会議をもった。解雇者の家庭の事情を聞き相談にのることもあった。

二〇〇四年から家族の組織化が始まった。失業や貧困は家族に軋みをもたらす。親、兄弟、妻に責められ、喧嘩がたえない家庭の事情を変えようと、SAKKA（フィリピントヨタ労組家族・女性の会）がつくられ、四〇人近くまでメンバーが増えた。SAKKAのメンバーである解雇者の妻や母が家族を訪ねて話をすると、同じ境遇の女性同士、苦しみや悲しみや怒りをより深く共有することができた。SAKKAはフィリピンの伝統的な菓子、ポルボロンを作って売るなどして活動費を捻出した。日本の女性たちに支援要請がきたので、SAKKAを支援する女性の会「ポルボロンの会」がつくられ、小規模プロジェクトや子供たちの奨学金支援を継続することにした。

当時、エド委員長が、「フィリピンでは、争議が法廷闘争に持ち込まれた場合、解雇者を組織し続けることは難しい。解雇者とその家族を組織しているTMPCWAの活動は、新しい動きとして国内で注目をひいている」と少し誇らしげに語っていた姿が思い出される。

二〇〇三年にマニラでSOLAR（権利と福祉のための労働者連帯）を通して労働組合のネットワークを広げたTMPCWAは、二〇〇四年にはサンタロサ工場のある南タガログ地域の労働組合との連携を深めていった。五月末、フィリピントヨタ社に部品を納入しているソーテック社でストライキが起きていたが、エンジェル・ディマランタがトヨタの労働者を率いてソーテック社に出向き、生産を応援するストライキ破りをしたという情報が届き、TMPCWAはストライキ支援に駆けつけた。六月三日に逮捕者が出る事態となり、TMPCWAの何人かの組合員も逮捕された。「自分も逮捕されたが、南タガログの仲間が尽力してくれ、その日のうちに釈放された。この事件が縁で、南タガログの仲間と親しくなった」とベルは語る。エド委員長がILO総会のためフィリピンを離れていた時の出来事だった。この後、TMPCWAは、八月に自動車労働者のネットワークであるCAR–AID（帝国主義支配に反対する自動車および関連産業の労働者連合）と、輸出加工区の労働者のネットワークであるAMEN（輸出加工区労働者連合）

に加入した。南タガログ地域、とりわけラグナには自動車産業の工場が多く、フィリピンホンダ労組、フィリピン日産労組などのKMU（五月一日運動）を上部団体とする戦闘的な組合はこれらのネットワークの中心メンバーだった。

二〇〇五年に入ると、南タガログ地域で労使協調路線のPMA（フィリピン金属労働者同盟）に対抗する自動車・電機などの金属労働者の連合をつくろうという動きが現れた。IMF（国際金属労連）とも連絡をとりつつ協議を重ねた結果、二〇〇六年五月一二〜一三日、ビサヤ、ミンダナオなどフィリピン全土からの参加を得て、電機・自動車の労働組合の全国組織であるMWAP（フィリピン金属労働者連合）が結成された。MWAP傘下の構成人員は二万人で、TMPCWAは事務局メンバーとなった。こうして、フィリピンにおける金属労働者の全国組織は、二〇〇三年に設立されたPMAとMWAPが並存するようになったが、どちらもIMFには加盟していない。

一方、二〇〇五年には、フィリピンでも日本でも、フィリピントヨタ問題を国会で取り上げる動きがあった。

二〇〇五年一月一九日、フィリピン下院の労働委員会で、フィリピントヨタ問題に関する公聴会が開催されることになった。二〇〇四年五月の下院選挙で、都市貧困層を組織しているアナックパウイス党から出馬し議席を獲得したクリスピン・ベルトラン議員が尽力してくれたのだ。ベルトラン議員は元KMU議長である。委員会は、TMPCWAとフィリピントヨタ社の参加を求めたが、フィリピントヨタ社は文書で、高裁において係争中なので欠席すると伝えてきた。TMPCWAからは、「アウトサイドワーカー」、

「インサイドワーカー」を合わせて五〇人以上の傍聴者があり、労働者たちの関心の高さに委員会は驚いたという。フィリピントヨタ争議の調査は継続されることになり、この年の八月にもエド委員長を証人として招請した。

日本では、二〇〇五年四月、外務省面談申し入れなどでフィリピントヨタ争議を当初から支援していた社民党の阿部知子衆議院議員が、小泉首相に質問主意書を提出した。質問主意書の内容は、ＯＥＣＤ多国籍企業ガイドライン違反提訴の調査の進捗状況など、政府のフィリピントヨタ争議への取り組み姿勢を問うものだった。政府の答弁は、提訴に関しては調査中、海外で起きた労使紛争はその国の国内法制によって処理されるべきもので日本政府としては関知しないという素気ないものだった。

◆……ゼンゾウセンへの加盟

最高裁判決が出ても、組合承認の本訴が高裁に係争中であることを理由に、労働協約交渉にも、ＮＣＭＢ（中央斡旋調停委員会）の仲裁にも応じようとしないトヨタをどう攻めればよいのか、組合は考えあぐねていた。ゼンゾウセンから加盟の誘いが文書で送られてきたのは、そのような時期、七月末のことだった。ＴＭＰＣＷＡがゼンゾウセンに加盟するというアイディアは、水面下で「早川案」としてかなり以前から暖められ、ＴＭＰＣＷＡにも非公式に伝えてあったので、突然の話というわけではなかった。私は、子会社の組合が多国籍企業本社のある国の上部団体に加盟するというアイディアを聞いた時、すばらしいと思った。企業が国境を越えているグローバル化の時代、労働者の団結も国境を越えるべきだ。下請け労働者・移住労働者・非正規雇用労働者の人権を守ろうと活動してきたゼンゾウセンならではの発想だ。新たな試みには、越えなければならないハードルがたくさんあるには違いないが、誰かが一歩を踏み出さなければ、国際連帯の新たな地平を切り拓くことはできないと考えたからだ。

ゼンゾウセンは、フィリピンの組合であるTMPCWAが、「全日本造船機械労働組合関東地方協議会・神奈川地域労働組合」(石川秀夫委員長、早川寛書記長)に加盟することができるのか、弁護士と検討した上で、TMPCWAに公式に提案した。「神奈川地域労働組合」は全造船関東地協のメンバーで、その傘下には、神奈川県下のコミュニティユニオンとして名高い神奈川シティユニオン、ココハマシティユニオン、ユニオン・ヨコスカ等が加盟している。TMPCWAは、日本の上部団体、全造船関東地協・神奈川地域労働組合に加盟することにより、多国籍企業トヨタへの団体交渉を申し入れることができる。団体交渉を拒否されれば、不当労働行為として、日本の行政機関である労働委員会、さらには裁判所に訴えることができる。多国籍企業トヨタの本拠地で、トヨタと直接交渉する道筋が開けるのだ。

TMPCWAからは即座に返信があった。組合で相談したいので、神奈川地域労働組合の規約などの資料を送ってほしいとの問い合わせがあり、つづいて八月二〇日、加盟の方向で話が進んでいるという連絡があった。後に組合員にこの経過を尋ねたところ、執行委員会で長時間議論した報告書が組合員に回覧され、全体会議の討議を経て加盟を決めたという。細部は、例年のように東京と愛知のトヨタ本社抗議行動のために来日したエド委員長とゼンゾウセンとの間で詰められた。

二〇〇四年九月一六日、TMPCWAは、ゼンゾウセン(「全日本造船機械労働組合関東地方協議会・神奈川地域労働組合」)に加盟した。「独立組合として頑張ってきたが、トヨタは巨大で私たちの力にも限界がある。他の組織と協力していくことで強くなれると加盟を決め、連携を組んでいる組織にも理解してもらった。ＴＭＰＣＷＡが一番つらい時に、いつも一緒にいて支援してくれたのは支援する会とゼンゾウセンだった」とエド委員長は語った。海外にある工場の労組が、日本の労組に加入するのは初めてのケースである。二〇〇〇年から五年近くの支援活動の積み重ねの上に、日本の国際連帯運動は新たな段階へと一歩を踏み出したのだ。

九月一七日、東京周辺の争議団が共同で取り組む東京けんり総行動の最終地点、トヨタ東京本社前に集まった二〇〇人の声援に送られ、エド委員長、ジュン執行委員ら七人の交渉団は社内に入った。交渉団がいつもの会議室の席に着くと、全造船関東地協・神奈川地域労働組合の早川寛書記長は、二通の文書、「組合加入通知書」と「団体交渉要求書」を、トヨタ東京本社の担当者であるＩ課長におもむろに差し出した。九月一七日、午後五時前のことである。

「ＴＭＰＣＷＡは、全造船関東地協・神奈川地域労働組合に加入しました。フィリピン最高裁の判決を受け、団体交渉を要求します」。

最初、トヨタの担当者はこの書類の意味がわからなかったようだ。「一月二八日に最高裁判決が出たことは承知しているが、本訴が高裁で係争中なので、それが団体交渉を始めろということではないと認識している」「フィリピントヨタ社からの報告によれば、ＩＬＯ勧告についてフィリピン政府から何の指導も受けていないと、アジア部経由で聞いている」「ＯＥＣＤガイドラインの件に関しては、呼び出しを受けていろいろ聞かれたらしいが、その後、外務省から何の指導も受けていないと聞いている」と、こちらの質問に答えていた。

しびれを切らしたのか、早川がもう一度言った。「ゼンゾウセンが、TMPCWAの上部団体になりました。団体交渉をトヨタに申し込みます」。

「何ですか?」と事態の重要さに気づいたI課長が慌てて文書を手にとった。「受け取れません」「受け取らないと日本の国内法を犯すことになりますよ」。早川と小嶋が同時に答えた。「返事をしなければいけないのですか? どうしたらいいか教えてください」。このような経験は初めてなのか、文書を受け取っていいものかどうかも判断がつかず、うろたえている。「受け取ってもらえなければ、労働組合法にもとづいて訴えます」「ではそこに置いといてください」「責任放棄ですね」。いつも表情を変えない早川が笑いながら言った。

「担当は人事部労務課になるのでしょうか。正直、困惑しています。嫌味をいわれたと報告書に書いときます」と気持ちを立て直したいのか、I課長も笑い声をあげた。山際代表が言った。「私たちにも知恵があります」。

真顔のエド委員長が言葉を継いだ。「最高裁判決にもかかわらず、トヨタは交渉を拒否している。争議を長期化させることで、労働者の分断をはかろうとしています。TMPCWAは、ゼンゾウセンに加盟したことを本社に直接告げようと来日しました。これからは、ゼンゾウセンとの協力を強化しながら闘いを続けていきます」。

この日、九月一七日、フィリピン現地でも、ゼンゾウセンに加盟したことを知らせるリーフレットが工場内で配布され、「インサイドワーカー」は昼休みに緊急集会を開いた。集会には情報を求めて多数の参加があり、会社は緊急に管理職にニュースを流した。

九月二九日、トヨタの東京総務部から、「貴組合は交渉する立場にありません」という交渉拒否の通知が届いた。ゼンゾウセンはTMPCWAの上部団体としてトヨタに団体交渉を要求したが拒否されたので、二〇〇五年二月、井上啓弁護士を代理人として神奈川県労働委員会に、トヨタ自動車の団体交渉拒否の不当労働行為に対する救済申し立てをおこなった。労働組合として日本でトヨタを相手に訴えを起こしたのだ。フィリピントヨタ社の親会社である多国籍企業トヨタ自動車こそこの争議を終わらせるパワーをもっているというのが、TMPCWAとゼンゾウセンの一致した認識だった。

◆…逮捕者が出る

TMPCWAのゼンゾウセン加盟と関係するかどうか定かではないが、一〇月から一一月にかけて、起訴されている解雇者を警官が逮捕に来るという脅かしが何回か続いた。収監されないための保釈金は、二〇〇二年、二〇〇三年と毎年春に支払い命令が出ていたが、この年二〇〇四年はなぜか春に支払い命令がなく、八月二三日に突然、発令された。五日後に支払わなければ逮捕するという。保釈金五万ペソは、八月二七日にマックス副委員長に伴われた解雇者たちが保釈金窓口事務所に行って一部を支払い、残金も九月末に支払った。それにもかかわらず、六人の組合員たちが、次々と逮捕の危機にさらされた。

一〇月の末から、逮捕状を携えた複数の私服警官が各地に住む解雇者の家を訪れた。解雇者たちは、家族や市会議員、組合の手助けで逮捕を免れたが、一一月二一日、とうとう初めての逮捕者が出た。この日の昼前、エド委員長の家族から私にメールが入った。組合員のドミナールが逮捕され、ラグナ州カブヤオ市の警察署に収監された、エド委員長と役員は現地に向かったので、すぐ携帯電話に連絡してほしいという伝言だった。急いで携帯に電話をかけると、「家族や支援者とともに警察署の前で抗議行動をしている。この不当逮捕を世界中の人に知らせ、抗議してほしい」。電話口からは、緊迫したエドの声がした。

一一月二一日、朝一〇時、ドミナールから組合事務所に、「逮捕されそうだ」という緊急電話があった。カブヤオ市の警察署から三人の私服警官が家に来て、警察署に連行されるという。組合は、急いで、近くに住む組合員に連絡をとった。最初に警察署に駆けつけたのは、カブヤオ警察署の近くに住むエミル書記次長。ラグナにいたマックス副委員長とベル執行委員は、ＡＭＥＮ（輸出加工区労働者連合）の事務所に行き支援を求めた。ニュースを聞いた「インサイドワーカー」「アウトサイドワーカー」、ＡＭＥＮ、ＣＡＲ－ＡＩＤ（帝国主義支配に反対する自動車および関連産業の労働者連合）の仲間、総勢五〇人が、続々とカブヤオ警察署前に集まってきた。この日は日曜日だったので通常は逮捕・連行はない。しかも私服警官による逮捕である。会社が関与しているのではないかという疑いが皆の脳裏をよぎった。

この晩遅く、再びエドに電話をすると、事務所に向かうジプニーの中にいるという。マニラの騒音の中で、「警察は抗議をまったく受け入れない。明日の月曜日、保釈金を支払ったことを証明してくれる保釈金窓口事務所や弁護士と連絡をとるために一旦、事務所に戻る」と聞き取れた。他の組合員や支援者は警察署の前で夜を明かし、翌日、刑事事件を管轄しているパラニャーケ市警察の留置場に移送されるドミナールと共に移動した。ドミナールの妻や母には、「会社の嫌がらせだから怖がらないように」と励ました。抗議の甲斐があったのか、月曜日の夜、ドミナールが釈放されたというニュースがもたらされた。

警官が起訴されている組合員の家を訪れることは、それまでにも度々あった。その中の一人は、「警官は何回も家に来た。両親の家に来ていると知らされたので、実家のそばのトヨタの同僚に連絡をとり、様子を見に行ってもらった。警官たちは刑事事件を取り下げてもらいたかったら、退職金を受け取るようにと母を脅かしているところだった」と証言している。刑事告訴をされた組合員は二五人だったが、七人が退職金を受け取り、組合を脱退したので、この時点では一八人になっていた。七人は公判に出廷していないので、起訴が取り下げられたのかもしれない。いずれにせよ、刑事告訴はトヨタによる退職の強要と密接に関連している。

◆…ヨーロッパからの連絡

ＩＬＯ勧告の効果なのだろうか、二〇〇四年末、ＴＭＰＣＷＡはヨーロッパの二つの組織、ＩＭＦとストック・アット・ステイクから予期せぬ連絡を受けた。

ＩＭＦ本部のブライアン・フレデリック書記次長から、書簡と電話でエド委員長に連絡があったのは、解雇者への一連の逮捕騒動が起きているさなか、一一月一二日のことだった。国際連帯を担当するブライアン書記次長からの問い合わせは、以下のような内容だった。ＩＭＦ本部はＴＭＰＣＷＡへの支援について討議を重ねた。ＩＭＦは、トヨタとＴＭＰＣＷＡの仲介役となり、組合承認と解雇者の職場復帰を要求する交渉をはじめたい。しかし、その前提条件として現在の闘いを暫定休止する確認をＴＭＰＣＷＡから取らなければならない。ついては暫定休止を受け入れることができるだろうか。

これにはＴＭＰＣＷＡも日本側支援者たちも驚いた。なぜ驚いたのか、その背景を説明する必要があるだろう。

エド委員長が二〇〇四年六月、支援する会のメンバーとともにジュネーブを訪れた折、ＩＭＦの事務所を訪問するように国際労働運動のリーダーたちから強く勧められ、エド委員長一人でブライアン書記次長など本部スタッフに会いに行った。ＴＭＰＣＷＡはＩＭＦ傘下ではないのでたいしたことはできないだろうというのが、その時のＩＭＦ本部の反応だった。それから半年を経過しての、ブライアン書記次長からの突然の連絡である。ＴＭＰＣＷＡの驚きは大きかった。ＴＭＰＣＷＡは、会社の攻撃が厳しいので三週間の暫定的休止なら受け入れると回答すると、ブライアン書記次長はＩＭＦ－ＪＣと連絡をとると告げ、その後再び連絡が途絶えた。連絡が途絶えた理由は不明だ。

ＩＭＦに続き、二〇〇四年一二月中旬、ベルギーの社会的責任投資（ＳＲＩ）の調査機関であるストック・アット・ステイクからメールが届いた。近年、企業の社会的責任（ＣＳＲ）への関心の高まりとともに、世界の投資家は企業の収益だけではなく社会的側面を考慮するＳＲＩに注目するようになっている。ストック・アット・ステイクは、この年に設立されたポートフォリオ21というＳＲＩの組織に代わって、二〇〇四年一一月三〇日付けでトヨタの張富士夫社長に書簡を送っていた。ポートフォリオ21は、ＩＬＯの中核的国際労働基準を遵守している企業に投資することを掲げている基金である。ストック・アット・ステイクは、ポートフォリオ21の投資先リストに入れるのが適格かどうか、企業の調査をおこなっていた。

調査の過程で、ILO勧告により、トヨタの子会社であるフィリピントヨタ社によるILO第八七条、第九八条違反の組合つぶしのケースを知った。そこで、本社であるトヨタ自動車がこの問題にいかに対処したかを問い合わせ、その回答によってポートフォリオ21の投資先リストに入れるかどうか評価することを、トヨタ自動車に通告していた。ストック・アット・ステイクは、この通告をTMPCWAにも知らせてきたのである。

私は、『SRI 社会的責任投資入門』(谷本寛治編著、日本経済新聞社)を読み終えていた直後で、ストック・アット・ステイクがSRIのコンサルタント会社、エティベルの調査機関であり、SIRI(持続可能な国際投資調査)グループのメンバーであることを、偶然にも知ったばかりだった。SIRIグループは、二〇〇〇年に、SRIの企業調査をする欧米の一一調査機関によって設立され、一〇〇〇社の企業プロフィールを共通フォーマットで提供できる体制をつくっているという。ストック・アット・ステイクの親会社であるエティベルについても、この本に詳しく説明されていた。しかし、実際に、ストック・アット・ステイクがヨーロッパのNGOでどのような評価を得ているのだろうか。心配になったので、急遽、オランダの友人に問い合わせてみた。友人は、ストック・アット・ステイクが、企業だけでなく関連する労働組合やNGOの情報を集めて連絡をとるため、NGOの間では評価が高いことを知らせてくれた。そのようなポリシーなので、労働組合のTMPCWAにも連絡がきたのだと、やっと理解できた。早速、これらの情報をTMPCWAに送った。

それにしても、ヨーロッパの調査機関の公正さ、民主的手法、透明性は驚嘆に値する。ヨーロッパの調査機関では、海外の子会社の行為は多国籍企業本社に責任があることが当然のようだ。日本のコンサルタント会社が企業と対立する急進的な組合と連絡をとることはないだろう。しかし、これが世界標準で、日本が遅れているのだと認識を新たにした。

5・2●——新たな危機

◆…会社派組合、承認選挙へ

二〇〇五年一月二八日の朝、サンタロサ工場の体育館に従業員が続々と集まってきた。全員、この日お披露目されるトヨタの国際戦略車「IMV」の中心的モデルとなる「INNOVA」(「イノーバ」)の名が赤い文字で胸元に入った真新しい白のポロシャツを着ている。照明を落とした薄暗い体育館の正面にはステージが設けられ、中央にはTMP(トヨタ・モーター・フィリピン・コーポレーション)とREBORN(リボーン)というスローガンが映し出され、左右には大型スクリーンがあった。色とりどりの照明、レーザー光線、そして音楽、演出された舞台装置には、例年の新年の従業員総会とは違った雰囲気があった。この年は、長期に渡った二つのプロジェクト、ビクータン・サンタロサ二工場の統合と、新車イノーバの立ち上げを祝う場でもあった。

ステージの前には真っ白なカバーのかかった椅子が並べられ、中央に田畑社長、左隣にはゴー副社長と会社の幹部、右隣にはエンジェル・ディマランタLMC（労使協議会）議長兼TMPCSU（フィリピントヨタ職制組合）委員長、そしてTMPCSU、TMPCLO（フィリピントヨタ労働者組織）の役員が、会社と組合の序列を表すように座った。社長と組合のリーダーが同列に並ぶのがいかにもトヨタ式だ。女性司会者が「リボーン」と高らかにスローガンを唱えると、セレモニーの幕が上がった。最初のプログラムは田畑社長の演説だ。眼鏡をかけた生真面目そうな田畑社長も白いポロシャツを着ている。パワーポイントを使って、現状報告と行動計画を発表する田畑社長は、抑揚のない語り口だが、プロジェクトを成し遂げた自信がどことなく漂っているようだった。

田畑社長の次に登壇したのは、がっちりした体に短髪、童顔のエンジェル・ディマランタLMC議長だ。エンジェルに続き、会社派労働組合であるTMPCSU、TMPCLOのリーダーたちもステージに上がり、労働者は会社と相互に信頼と責任を分かち合い、対話をしながら、グローバル競争を勝ち抜かなければならないと決意表明をおこなった。次のプログラムは、労使の共同宣言に署名するセレモニーだ。共同宣言には五項目の目標、「欠陥品ゼロ」「事故ゼロ」「労働生産性の向上」「ダメージ部品の五〇％削減」「産業平和と調和」が記載されていて、会社からは田畑社長、ゴー副社長、組合からはエンジェルLMC議長、TMPCSU、TMPCLOのリーダーと労働者側三人が署名するセレモニーがおこなわれた。最後は、新車イノーバのお披露目だ。風船と紙吹雪が舞うと、ステージの両側から白と赤の二台のイノーバが現れた。二台のイノーバは、労使の幹部たちによってシャンパンをかけられ、一時間のセレモニーは終わった。

総会のスローガン、「リボーン」の訳語は、再生なのか復活なのか、それとも別な言葉なのか。いずれにせよ、「リボーン」には工場統合と新車の生産のほかに、労使協調路線への新たなる一歩という意味も含まれているようだった。一月二八日は、労働争議を終焉させ、労使協調路線の組合との連携を強くする、もう一つの「リボーン」を祝う日でもあった。

産業平和を誓った日から一一日後、新たな危機がＴＭＰＣＷＡ（フィリピントヨタ労組）を襲った。二月八日、ＴＭＰＣＬＯが一般労働者一七四人の署名を集め、労働雇用省マニラ首都圏地域事務所に組合承認選挙を申請したのだ。二〇〇〇年三月八日のＴＭＰＣＷＡ承認選挙から五年後のことである。

二月二四日には、ＴＭＰＣＷＡの「アウトサイドワーカー」「インサイドワーカー」五〇人が抗議行動を繰り広げるなか、承認選挙の可否を協議する第一回目の調停会議が労働雇用省マニラ首都圏事務所で開かれ、ＴＭＰＣＷＡは承認選挙却下の申し入れ書を提出した。会社内の動きが「インサイドワーカー」から組合に次々と伝えられた。ＴＭＰＣＬＯは、エンジェル委員長やＬＭＣの役員とともに毎日のように幹部会議を開いていた。三月一九日、会社はＴＭＰＣＳＵやＬＭＣとともに「Ｑ＆Ａフォーラム」を就業時間中に開催したが、ＴＭＰＣＷＡの組合員には参加を許可しなかった。ＴＭＰＣＷＡの組合員は、会社が配った「産業平和を望んでいる」とスローガンが書かれたステッカーに、「だから労働協約交渉をしたい」「正義に基づく産業平和を望んでいる」という文字を付け足して帽子に貼ったので、管理職は怒った。

新たな承認選挙はどうしても阻止しなければならなかった。ＴＭＰＣＷＡは、労働雇用省の付属機関である中央労使関係委員会（ＮＬＲＣ）と中央斡旋調停委員会（ＮＣＭＢ）に訴えを起こした。二月一四日、ＮＬＲＣに対して、ＴＭＰＣＬＯは会社支配の組合なので労働法二四八条に違反する不当労働行為であると訴え、三月三一日には組合員三人の供述書を提出した。しかし、この訴えは、八月九日、承認選挙の引き延ばしを図るものという理由で却下された。

三月四日には、NCMBに対して、会社の団体交渉拒否は不当労働行為としてストライキ通知を提出した。三月一〇日の最初のNCMBの調停会議で会社側弁護士は、高裁で係争中なので交渉を拒否すると断言した。その後も調停が重ねられ、NCMBは、高裁で係争中の間は非経済的問題に限定して交渉するという調停案を会社に提示したが、会社の弁護士は回答を引き延ばし、調停は成果のないまま空転した。承認選挙を阻止しようとするTMPCWAの法的な手続きの数々は、効果のないまま時が過ぎていった。

三月二八日、四年前のストライキを記念するこの日、サンタロサ工場前で承認選挙の中止を要求する大抗議集会が開かれた。支援のため、CAR－AID、AMENのネットワークのメンバー、ネスレ等KMU傘下の労働組合員など、南タガログの仲間たちが集まった。午後三時、ウォルマートからサンタロサ工場までの一キロの道を行進した時には、多数の警官が傍らについて監視し、ヘリコプターが上空を飛んだ。工場前では、警官五〇人、ガードマン五〇人の厳重警戒態勢がしかれていた。朝、夜の二交代シフトで働く「インサイドワーカー」「アウトサイドワーカー」が参加できるように、トーチを掲げて行動は夜八時まで続いた。「インサイドワーカー」「アウトサイドワーカー」だけでなく、SAKKA（フィリピントヨタ労組家族・女性の会）のメンバーを中心に、組合員の家族、妻、子供、母、兄妹もたくさん参加した。人前でのスピーチに慣れていない女性たち、組合員たちは練習をしてこの日に備えた。妻たち母たち姉妹たちは、次々とマイクを握った。「これまでもそしてこれからも私たちは団結して、夫たちの闘いを支援します」「私は自分たちの正義を信じ、労働組合を支持しています。労働組合は労働者にとっての唯一の希望であり、労働者の権利のために闘ってくれているからです」。ストライキから四年を経過したこの日、マイクを握る彼ら、彼女らの胸に去来するものは何だったのだろうか。

会社は、南タガログの仲間が支援した抗議集会の様子をビデオに撮り、発言しているのは共産主義者だと宣伝して、TMPCWAへの中傷、ストのない産業平和の主張などを記した色とりどりのリーフレットを、毎日のように工場内で配布した。同時に、会社、LMC、TMPCSU、TMPCLOは一丸となって、承認選挙実施を求める署名集めに全力をあげた。TMPCLOは会社の手助けで就業時間中に労働者を呼び出し、署名を集めることさえした。

承認選挙キャンペーンのさなか、日本からトヨタ労組（トヨタ自動車労働組合）が会社派組合を訪問した。四月三〇日、濱口誠副執行委員長と石川貴規経営対策局長が、TMPCLO、TMPCSUと会談したというニュースが、「インサイドワーカー」から飛び込んできた。しかし、TMPCWAにはまったく連絡がなかった。

トヨタ自動車労働組合は一九四六年に創立された。当初は共産党の影響力が強く、戦闘的な組合だった。一九四九年、日本経済は深刻な不況に襲われ、その影響を受けて倒産寸前に追い込まれたトヨタは、大規模なリストラを断行しようとしたが、これに反対する組合は二ヵ月にわたる大争議を展開した。争議は労使双方の妥協で終結したものの、この後、共産党の影響力は低下し、会社の労働組合対策は緻密になっていった。一九六二年、トヨタ労組は労使協調路線を唱える「労使宣言」を会社側と締結し、組合は会社の経営方針に協力する姿勢を明確にした。一九七二年、トヨタ労組とトヨタのグループ企業、下請け企業の労働組合の連合組織、全トヨタ労働組合連合（全トヨタ労連）が、またその一ヵ月後、自動車産業労働組合の連合体である全日本自動車産業労働組合総連合会（自動車総連）が結成された。現在、自動車総連の組織人員は七〇万人で、二七万人のメンバーを擁する全トヨタ労連は自動車総連の中の最大組織、さらに六万人の組合員を持つトヨタ労組は全トヨタ労連の中核組織である。自動車総連の上部組織はIMF—JC（全日本金属産業労働組合協議会）と日本労働組合総連合会（連合）だが、大組織であるトヨタ労組の影響力は強く、トヨタ労組出身で自動車総連会長の加藤祐治は、IMF—JC議長、連合副会長を兼務している。

トヨタ労組の末端役員は職制クラスが占めている。二〇〇二年一〇月一日付けの読売新聞記事「組合は職場　専従も昇格」によると、トヨタでは、休職して組合専従になることを「出向」と呼び、関連会社へ出向するのと同じ扱いで、専従期間中も昇格する。専従期間が終わるとトヨタの社員に戻り、相応のポジションが用意される。管理職・重役になる専従もいる。トヨタ労組は、会社の労務担当の別部門らしい。労使関係を調整するのは各レベルでの労使協議会制度だ。『誰も知らないトヨタ』（片山修著、幻冬舎）によると、全社レベルの労使協議会は年四回、会社側・組合側とも全役員と、三〇〇人のオブザーバーが参加して開催される。ここでは、経営方針の説明、労使関係の基本的事項の協議がおこなわれる。

トヨタ労組とTMPCSU、TMPCLOとの間にどのような関係があるのか不明だが、IMFやIMF—JCの地域会議で同席しているのだから、連絡があることは確かだろう。トヨタ労組幹部の訪問のミッションは何だったのか。後にTMPCWAは、このトヨタ労組の二人の訪問がフィリピントヨタ社の依頼によることを、確かな情報源から入手した。さて、ミッションを指令したのはフィリピントヨタ社なのか、あるいはトヨタ本社なのか。二人の訪問は謎に満ちている。

五月二三日、ＴＭＰＣＬＯは、一般労働者の過半数が組合承認選挙の実施を求めているという文書に三六三人の署名を添付し、労働雇用省地域事務所に提出した。

◆…ＩＬＯ総会でロビー活動

二〇〇五年五月三〇日の朝、エド委員長と私は、フィリピントヨタ争議を概説したプロテスト・トヨタ・キャンペーンのニュースレター（六ページのリーフレット）をバッグに入れ、宿泊先であるキリスト教のゲストハウス、ジョン・ノックスセンターからＩＬＯへの道を歩いていた。春の訪れが遅いジュネーブではまだコートが必要で、緑の木々もみずみずしい。森と田園風景が広がる道を歩いていると、ＩＬＯ総会で、緊迫するＴＭＰＣＷＡへの支援を訴えるというロビー活動の仕事を忘れてしまいそうだ。五月二八日の深夜、列車でパリからジュネーブに到着した私は、五月二九日、マニラから来たエド委員長と戦後補償運動グループの持橋、矢野、安原たちと合流していた。ロビー活動の常連である戦後補償運動グループが同じ宿舎に滞在することは心強く、たくさんのアドバイスをもらうことができた。

この日の私たちの最初の仕事は、ＩＬＯの事務所で総会参加に必要なＩＤカードの登録手続きをすることだった。メインストリームの労働組織に所属していない私たちのような参加者は、ＩＬＯ事務局と労働者側の活動をリンクし調整する仕事をしている労働者活動局（ＡＣＴＲＡＶ）に申し込み、ビジターのＩ

Dの交付を受け、総会に参加することができる。IDを入手すれば、総会の期間、会場となるILOとパレ・デ・ナシオン（国連ヨーロッパ本部）を結ぶミニバスに乗ることもできるし、傍聴を許可されている会議には入室することもできる。

午後は、ピースボートのスタッフでローザンヌに住むマリア・デラ・フォンテとトマシュ・ヴォイチクILO理事とともに、ロビー活動の打ち合わせをした。日本語・英語・フランス語・スペイン語等に堪能なマリアは、頭のきれる美しい人である。ムンバイの世界社会フォーラムで知り合い、二〇〇四年のILO総会に参加した支援する会のメンバーのために二日間、通訳をお願いしたところ快く引き受けてくれ、今回もフランス語の通訳をしてくれることになった。

トマシュ理事はポーランドのILOの労働者側代表で、独立労働組合「連帯」（NSZZ）の中央執行委員だ。浅田教会のポーランド系フランス人エドワード神父の友人だった。二〇〇四年一〇月、国際労働財団（JILAF）が東ヨーロッパの労働組合のリーダーを招聘したプログラムで訪日した折に、支援する会の小嶋事務局長と会っていたので、今回、私たちがILO総会に参加するので連絡をとっていた。トマシュ理事とは二人とも初対面だったが、優しい眼差しと物静かな語り口で、労働運動の活動家というより宗教家のような雰囲気を漂わせて、私たち二人を魅了した。トマシュ理事の経歴を知らないが、一九八〇年に誕生したワレサ委員長率いる「連帯」の激動の歴史とともに生きてきた人であることが想像できた。トマシュ理事はロビーの対象にすべき人たちの名前とコンタクトの方法を教示してくれた。

五月三一日午前一〇時、第九三回ILO総会の開幕だ。ヨルダンの労働大臣が議長になり、政府・労働者側・使用者側からそれぞれ副議長が選出され、国連のシンボルマークが中央に飾られたステージの前に座ると、セレモニーが始まった。私たちビジターの傍聴席は大会議場の上に設けられていて、公用語のみならず日本語の同時通訳設備もあった。傍聴席からは、背広にネクタイのフォーマルな服装に身を固めた各国の政労使代表団が居並ぶ会場を見下ろすことができた。総会では、活動計画　予算の承認、国際労働基準の審議の他に、毎年、テーマが設定され、委員会の議論を経て条約が採択される。この年のテーマは、漁業、若者の雇用、労働安全衛生で、それぞれ委員会が設置されていた。ＩＬＯは政労使三者構成なので、まずそれぞれのグループで会議を開き、意思一致をしてから、三者が集まっての委員会となる。この年はまた三年に一度のＩＬＯ理事の選挙の年でもあったので、六月六日の選挙に向けて、各国の代表者、事務局スタッフはさらに忙しく動き回っていた。

会議の日程・行事が掲載されているニュースや資料は、毎朝、大会議場近くのカウンターで配布されるので、このニュースを見てからスケジュールを決めた。エド委員長のビザの期限が六月三日だったので、三日後にはスイスからパリに出発しなければならない。短い日程でどれだけの活動ができるかわからないが、とにかく二人でやるしかない。まず、五〇〇部のリーフレットを、労働者グループの会議の前後に配布した。各国の労働界の代表者たちは、リーフレットを快く受け取ってくれ、励ましてくれる人もいた。世界のナショナルセンターのリーダーたちなのだから、宣伝効果は大きかったと思う。ところが、翌日、この行為が禁止されていることを知った。リーフレットの残部があったので、使用者側・政府側にも配布しようと理事会の会場前で配布していると、屈強な男性が近づいて来て、いきなりフランス語で怒鳴られた。どうも、ガードマンらしい。事情が飲み込めない私たちが呆気にとられていると、ＡＣＴＲＡＶのスタッフも来て、ＩＬＯ総会ではいかなる文書も配布してはいけないと注意された。無知だったとはいえ掟破りをしたので、ひたすら謝った。

ＩＬＯ総会に参加して、ロビー活動の言葉の語源が理解できた。会議の合間の短い時間に、ロビーやカフェでキーパーソンへとアピールをするのだ。それぞれ超多忙な人たちは、国際会議の場を利用して、公式、非公式のさまざまな会合を設定している。そこに何の関わりもない私たちが時間をもらいたいというのだから、なかなか勇気がいることでもある。

パレ・デ・ナシオンのカフェテリアにいると、総会で最も忙しい人であるＩＣＦＴＵ（国際自由労連）のガイ・ライダー書記長が足早に入ってくるのが目にはいった。エド委員長が挨拶に行くと、リーフレットを受け取り、立ち止まって話を聞いてくれた。「今後も、続けて情報を送ってほしいと言っていた。握手をしたら、とてもいい匂いがした」と、エド委員長はフィリピンとはスタイルが違うヨーロッパのリーダーに戸惑ったような、はにかんだような微笑を浮かべた。韓国民主労総のリー・チャングン国際部長、旧知のＭＴＵＣ（マレーシア労働組合会議）のサイード・シャヒル議長、スイスの労働者側代表であるＵＳＳ（スイス労働組合連合）のジャン・クロード・プリンス委員長、その他、名前を伏せるが複数のナショナルセンターのリーダーたちが、エド委員長の話を熱心に聞いてくれた。とりわけ、プリンス委員長を筆頭に、スイスの労働組合、労働ＮＧＯは前回のロビー活動でも、暖かな支援を送ってくれていた。

ＩＬＯの担当者と会うこともロビー活動の一環だ。担当者たちがいると聞いた会議室やオフィスを回り、コンタクトすると、親切に応対してくれた。勧告を担当しているＩＬＯの担当者とは面談の約束をとり、ＩＬＯのオフィスを訪ねた。小さな窓がある小部屋が並ぶ、ニックネームの「蜂の巣」のようなオフィスで、担当者はエド委員長の説明を聞き終えると、勧告の中身は今後も変わらないと言って、最後にこう激励してくれた。「ＩＬＯが勧告を出しても、組合が消滅してしまうケースが多いのだが、ＴＭＰＣＷＡが闘い続けていることに驚いている。国際連帯運動が広がっていることは、ＩＬＯとしても嬉しい」。

エド委員長は、ジュネーブに行く機会をとらえ、二〇〇四年一一月末から連絡が途絶えたＩＭＦ（国際金属労連）本部のブライアン書記次長に面談を申し入れた。コルナヴァン駅の大時計の下で待っていると、エド委員長に手をあげながら大またで近づいてくるチョコレート色の肌をした男性が私の目にはいった。ブライアン書記次長だ。その傍らには、眼鏡をかけた白人の男性、ロン・ブラム自動車産業部長がいた。駅近くの中華レストランで昼食の接待を受けながら、エド委員長は現地の状況を報告した。二人は多くを語らなかったが、ＩＭＦ本部がＴＭＰＣＷＡへの支援を諦めたのではなく、情報を収集し、内部で調整をおこなっていることを、言葉の端々から推察することができた。

短時間の面会でもあり、その時、私が知った二人のバックグラウンドは、ロン・ブラム自動車産業部長がＵＡＷ（全米自動車労組）の出身であること、ブライアン書記次長が南アフリカの出身で、ＩＭＦ本部に一〇年間働いていることだけだった。しかし、私は、初対面のブライアン書記次長の醸し出す雰囲気から、この人は信頼できる、ＩＭＦはきっとフィリピントヨタの若者たちを支援してくれるだろうと直感した。私が、ブライアン書記次長の個人史を知ったのは、二〇〇七年一一月、彼が六二歳でＩＭＦを退職するにあたり、マレンタッキ書記長が贈った惜別の言葉をＩＭＦのウェブサイトで読んだ時だった。

ブライアンは、一九六八年から南アフリカのダーバンにある南アフリカトヨタで働きはじめた。七〇年代、人種差別のない組合を結成してストライキを組織し、繰り返し解雇された。その後、IMF南アフリカ事務所を開設して責任者となった。アパルトヘイトの時代、南アフリカでは、民主的労働運動の活動家は毎日のように逮捕されていた。IMF事務所は違法であったが、ブライアンは危険を冒して金属労働者の組合を統一し、南アフリカ全国金属労組(NUMSA)の結成に成功した。その後、マレンタッキが書記長となってから一三年間、IMF本部で書記次長として働いた。

心のこもった送辞からは、書き手であるマレンタッキの率直な人柄もうかがわれる。マレンタッキ書記長はイタリア人だが、スウェーデンの自動車メーカーで現場労働者として働いていた。原則主義者だが、現実主義者でもあると聞いた。自動車メーカーの現場労働者出身であるマレンタッキ書記長とブライアン書記次長、この個性の強い二人が、衝突しながらも深い信頼関係で結ばれ、多国籍企業と闘うIMF路線をつくりあげてきたのだと想像された。

◆…フランスで支援要請

六月三日、エドと私はジュネーブからパリへとヨーロッパの超特急TGVで移動し、訪欧活動の第二ラウンド、フランスでの支援要請行動をはじめた。

パリに到着して二日が経過した六月五日の午後、フランスの仲間を加えた私たち三人は、パリ北駅、TGVのホームで、ストック・アット・ステイクの担当者を待っていた。二〇〇四年一二月に最初の連絡があった後、ストック・アット・ステイクからTMPCWAへは、二〇〇五年三月二二日に専門家を交えて技術委員会を開き、この時までに何の返事もないトヨタに催促状を出すことを決めたという簡単な報告があった。同時に、現地の状況の進展についての問い合わせも寄せられていた。エド委員長が、ＩＬＯ総会の後、フランスに行くことを伝えたところ、直接会うことになったのだ。ブリュッセルからパリまで二時間かけて来てくれた担当者と、駅近くのカフェで情報交換をした。担当者は、ストック・アット・ステイクとエティベルのシステムを詳しく説明し、トヨタ本社に再度通知を送り、何の進展もなければポートフォリオ21の投資先リストからトヨタの名前を除外することになるだろうと語った。

エド委員長は帰国後、この担当者から、第二回目の技術委員会が開かれ、トヨタは投資先リストから除外されたという報告を受け取った。トヨタが回答を提出しなかった理由はもちろん不明だが、ＳＲＩ（社会的責任投資）の観点から見るとトヨタの投資先としての信用度は落ちたことになる。ストック・アット・ステイクによれば、ポートフォリオ21の投資先リストから除外されたのは審査した企業の一割以下であり、労使関係改善に努力してリストに入った企業も多数あるという。

トヨタは二〇〇六年一月、会社の社会貢献活動を統括する「社会貢献推進部」を新設した。活動費用は連結決算の純利益の一％で、海外現地法人、国内の担当部署ごとに別々だった貢献活動を一本化し、バラマキ型から戦略型へと転換して、環境、交通安全、人材育成を中心に地域への貢献活動をするという。トヨタは、「社会から信頼される良き企業市民」を目指し、社会貢献を戦略的に位置づけている。そして、海外へもその戦略をアピールしようと、二〇〇三年、日本企業で初めて「ＣＳＲ（企業の社会的責任）ヨーロッパ」に加盟し、大々的に記者発表した。ちなみに、ＣＳＲヨーロッパは一九九六年に発足したＣＳＲ推進企業のネットワークだが、エティベル社はこのＣＳＲヨーロッパのプロジェクトにも深く関係している。
トヨタは環境的側面では、ハイブリッドカーのプリウスなどで、CSR推進企業として高く評価されている。例えば、ポートフォリオ21の投資適格企業リストから除外されたのと同じ年、二〇〇五年一月の世界経済フォーラム（ダボス会議）では、持続可能な社会に貢献している世界の企業のトップ一〇〇に選ばれている。しかし、世界標準では、企業の社会的責任は、環境的側面と労働を含む社会的側面が対になっていることを、世界のトヨタが知らないはずはない。環境にも人間にも優しい企業が、企業の社会的責任を果たしているといえる。ストック・アット・ステイクが、広くいえば、欧米を代表するSRI調査機関のSRI（持続可能な国際投資調査）グループが、トヨタは社会的側面ではSRIの適格企業ではないと判定したことを、トヨタの社会貢献推進部や日本のCSRの牽引役だった奥田前日本経団連会長はどのように評価しているのだろうか。

六月八日、昼前、私たち三人はフランス北部、ベルギーとの国境に近いバランシエンヌの駅に降り立った。フランスの仲間が奮闘したおかげで、二〇〇四年から交流をもつようになったフランストヨタ（TMMF）のCGT（フランス労働総同盟）の労組に会いに来たのだ。一年前の二〇〇四年六月、支援する会のメンバーと一緒に交流したエド委員長は二回目、私は初めての訪問である。エリック・ピケール委員長がバランシエンヌの駅まで迎えに出てくれていた。二人の祖父、父も炭鉱労働者というエリック委員長は、三九歳。二〇〇一年にトヨタで働きはじめるまで、契約労働者として職を転々とし、なかには三時間だけの契約さえもあったという。屈強な体格と眼鏡の奥に優しい目をもつ活動家だった。

エリック委員長は彼の車で、バランシエンヌ市のはずれ、オナンの工業団地にあるトヨタ・バランシエンヌ工場まで連れて行ってくれた。二三〇ヘクタールという広大な敷地に、工場が建っていた。野原のはるかかなたに工場が見える。門には近づけなかったが、車で敷地の周りを走った。バランシエンヌ市は、かつては炭鉱があり、鉄鋼・繊維産業が盛んだったが、あいつぐ炭鉱の閉山、工場閉鎖により地域産業が衰退し、フランス全土の失業率よりはるかに高い二〇％以上の失業率に悩まされていた。トヨタは、イギリスに続くヨーロッパ二番目の工場の建設を、不況にあえぐこの地に決め、市当局の協力を受けながら二〇〇一年一月に操業を開始した。三二〇〇人の労働者のうち五〇〇人は契約労働者だ。二〇〇二年からは、六ヵ月から一八ヵ月契約の非正規雇用が多くなり、雇用調節弁の役割をもたされている。現在は三交代制で、小型車ヤリス（日本名ヴィッツ）を年間二四万台生産している。

トヨタのフランス進出にあたっては、労働組合との関係が大きな問題だった。グループリーダー間の密接な関係の構築、創意工夫制度の導入などのトヨタ流の経営スタイルを持ち込み、労使協調路線をしいた。二〇〇四年二月一二日付け「しんぶん赤旗」によれば、「トヨタは工場立ち上げにあたって、協調主義的傾向の強い民主労働同盟（CFDT）などの組合支部を発足させ、企業内協定を結びました」とある。CGTの活動家を監視し、接触した労働者は上司に呼ばれて警告を受けるという。三人のCGTの労組員は、会社が「檻」と呼ぶ隔離部屋に配転させられ、労働者の誇りを傷つける無意味な仕事を二ヵ月から六ヵ月させられたこともあったそうだ。

ジェローム・イソン執行委員の家で、彼の手づくりのスパゲティとワインとスイートの昼食をとりながら、フィリピンとフランスの二人の委員長の話が弾んだ。組織化の難しさも話題の一つだった。フランストヨタで働く二七〇〇人の労働者の組織率はわずか一〇パーセント余で、その一〇%を四つの労働組合が組織している。CGTが五〇人、CFDTが二〇〇人、FO（労働者の力）が五〇人、CFTC（キリスト教労働者同盟）が二〇人を組織しているという。労使協議機関の労働者側代表を選ぶ二〇〇二年の選挙で、会社に批判的なCGTは半数近くの支持を得たが、会社は二年の間にさまざまな手段を使って労使協調のCFDTを支持するように労働者を促し、二〇〇四年一一月の選挙でCGTは大敗した。

操業当初から生産体制の増強がはじまり、労働密度は高くなっていった。組み立てラインに働く労働者の多くが、腱鞘炎などの職業病に罹っていて、労災の認定数も他の自動車メーカーと比較すると多い。労働条件が過酷なせいもあり、操業開始からの退職者は一〇〇〇人近くに達するという。CGTは労災をはじめとする労働相談をしていて、さまざまなケースを法廷に持ち込んでいる。エド委員長も、新たな承認選挙が実施されようとしている現地の状況を伝え、支援を訴えた。二人の委員長は、悩みや苦しみにあい通じるものがあったのだろう、話は尽きなかった。エド委員長が心配そうに言った。「TMPCWAと連絡があることを会社に知られるのはまずいのではないですか」「私たちが会ったことは、昨年も地方紙が報じたし、これより悪くなることはないから大丈夫」とエリック委員長は言い、支援を約束してくれた。非正規雇用を導入し、労使協調的組合を育成して、トヨタ生産システムを持ち込んでいくトヨタの方針は、フランスでも貫かれていることが理解できた。

エド委員長はパリでも組合を回り、トヨタとフィリピン政府への抗議文送付を要請した。ASEM（アジア欧州会議）で出会ったフランスの独立労組SUD（連帯・統一・民主労組）のアラン・バロンを事務所に訪ねた。アランは自動車労働者をはじめとする関係労組、NGOに声をかけてくれ、エド委員長はフィリピントヨタ争議の内容と承認選挙が近づいているフィリピン現地の状況を報告した。SUD関係者は、TMPCWAを支援し、抗議行動に加わることを約束してくれた。パリのCGT本部の事務所も訪問した。そこでは、六月九日のCGTのデモに誘われ、バランシエンヌから来たフランストヨタの労働者とともにパリの中心街を一緒に歩くことになった。私は別件があったので遅れて行くと、デモ隊のなかにジャンポール・アプリの姿を見つけた。

ジャンポールとは、ムンバイで出会ってから一年半ぶりの再会だ。デモを終えてからリヨン駅近くのレストランで、夕食をとりながら話をした。ジャンポールは、フランスのビザをなかなか取れなかったエドのために、政府にコンタクトしてくれていた。フィリピン人のエド委員長のビザを取るのは、いつも難儀をする。EUに加盟していないスイスとEU加盟のフランスは別々のビザが必要だが、条件がそれぞれ違い、インタビューもある。毎年、さまざまな手段を使い、出発のぎりぎりでやっと入手してきた。ジャンポールが働く組織・民衆連帯は、フランス政府も一目置く組織だと聞いた。ジャンポールは、承認選挙が強行されそうな現地の状況を語るエド委員長の話を、熱心に聞いてくれた。

5・3●――承認選挙の実施

◆…選挙キャンペーン

パリからフィリピンに帰国したエド委員長を待っていたのは、風雲急を告げるフィリピンの政治状況だった。承認選挙が認可されるかどうかの攻防があったこの時期、フィリピン社会では、二〇〇四年の選挙結果の操作と親族の違法賭博に関連するアロヨ大統領への疑惑が、連日マスコミをにぎわし、大統領辞任を求める集会が頻繁に開かれていた。六月末には、戒厳令の憶測が流れ、社会運動の活動家は身の危険にさらされていた。もちろん、TMPCWA（フィリピントヨタ労組）のメンバーも例外ではない。緊迫感が、電話やメールの向こう側から伝わってきた。七月八日、私はマニラ在住の友人から非常事態を告げるメールを受け取った。

「アロヨ政権の崩壊が始まりました。本日、アロヨ政権の財務長官をはじめとした主要閣僚が、アロヨ大統領の退陣を要求して、抗議の辞任をしました。六日には、フェテンと呼ばれる違法賭博の運営業者からの収賄疑惑が発覚しています。大統領の夫と下院議員でもある長男一家が、米国に事実上逃亡しています。アロヨ大統領自身には、昨年の大統領選挙時の票の不正操作疑惑が発覚しています。昨年の選挙開票時に、一人の中央選管委員の携帯電話が何者かに盗聴され、その内容が公表されました。そこには、アロヨ大統領との会話の記録もあり、明らかに票の不正操作を示唆する部分も含まれていました。そしてその中央選管委員は目下行方不明となっています。本日、午後、アロヨ大統領を一貫して支持していたアキノ元大統領も、アロヨ大統領の辞任を要求する声明を出しました。午後四時現在、アロヨ退陣を要求する市民がマカティ市に続々と集結し始めています」。メールを受け取ってすぐ、エド委員長に国際電話をかけると、TMPCWAのメンバーとともにマカティ市の群集の輪のなかにいた。

マラビラ弁護士から事務所に電話があったのは、七月一一日、アロヨ退陣要求の興奮が続くさなかだった。労働雇用省が、六月三〇日に承認選挙を認め、①TMPCLO（フィリピントヨタ労働者組織）、②TMPCWA、③組合は不必要の三択で選挙を実施することを決定したという知らせだった。この日、労働雇用省が承認選挙実施を決定したというニュースは、工場内を瞬時に駆け巡った。数日前、ゴー副社長がLMC（労使協議会）に、承認選挙に向けてTMPCWAの組合員の名前をリストアップするように指示したとの情報が流れ、決定が近いという予兆はあった。七月一九日、TMPCWAは承認選挙決定の取り消しを労働雇用省次官に訴えはしたものの、八月には選挙が強行されるというのが情勢判断だった。現地では、緊張がにわかに高まっていた。日本にもニュースが刻々と送られてきた。

会社とTMPCLOは「危機管理チーム」を立ち上げた。五年前の選挙と同様に、バタバタとよばれるパーソナルタッチが始まり、上司が部下のチームメンバーをビアハウス、レストランに連れ出し、TMPCLOへの投票を促した。会社は、選挙キャンペーンの便宜のためにTMPCLOの幹部を夜勤のシフトから昼間だけのシフトに移し、TMPCSU（フィリピントヨタ職制組合）はTMPCLOへの投票を促すキャンペーンを開始した。七月二九日、ＴＭＰＣＬＯが三〇〇人の署名を労働雇用省に提出し、早急に承認選挙を実施するように要請した。ＴＭＰＣＬＯの総会にゲストスピーカーとして招かれたゴー副社長は、「ＴＭＰＣＬＯが選挙に勝利すれば給料があがる」と発言した。八月一五日、会社は就業時間中に会社のトップとＴＭＰＣＬＯが参加した「Ｑ＆Ａフォーラム」を開いたが、ＴＭＰＣＷＡは呼ばれなかった。八月一九日、ＬＭＣが労使フォーラムを開催した。会社の経営陣により、会社の経営方針、とりわけ新車種ヴィオスの生産予定、労働時間・退職年齢などの労働条件、チャレンジ投票の解説等、多岐にわたる説明がなされた。

現地からのこのような切れ切れの情報を、二〇〇〇年三月に実施された前回の承認選挙と比較してみると、会社が前回と同じ手法を使い、パーソナルタッチや労使フォーラムで労働者に直接働きかけているのと同時に、「リボーン」で労使協調を宣言したＬＭＣ、ＴＭＰＣＳＵ、ＴＭＰＣＬＯが一体となって選挙キャンペーンを繰り広げていることがわかる。

ＴＭＰＣＷＡは承認選挙を受けて立つことを決めた。組合の意思をビラに印刷して、工場内の労働者に配布すると、会社と会社派組合は驚いたという。ＴＭＰＣＷＡは自分たちが唯一の交渉団体であり、承認選挙の中止を求めるという基本姿勢は揺るぎないものの、投票をボイコットすれば唯一の交渉団体の地位を自動的に失うことになるため、選挙に参加する道を選んだのだ。ＴＭＰＣＷＡの呼びかけに応え、日本をはじめとして世界各地から、フィリピントヨタ社には労働協約交渉の開始を求める抗議文、サント・トーマス長官には選挙中止を求める要請文が送られた。支援する会とザンゾウセンは、ＴＭＰＣＷＡにメッセージを届けた。「選挙実施はフィリピン最高裁決定に反するものであり、許せない決定である。しかし、現実にこれが実施される時に苦しい決断と思うが、『参加する』とＴＭＰＣＷＡが決断したことを支持する」。

八月中旬、三多摩の地域で三〇年近くもフィリピン連帯運動を継続しているカサナグの会が、児玉繁信をコーディネーターにフィリピンツアーを企画し、プログラムの中でＴＭＰＣＷＡと二日間の交流をおこなった。支援する会の事務局メンバーの吉田稔一もツアーに参加した。吉田はスケジュールの合間を縫って、今後の行動の打ち合わせのためにサンタロサ工場に近いＴＭＰＣＷＡの組合事務所を訪ねたが、会社はスパイをつけ、ビデオや写真に撮影して行動を監視した。現地の緊張はいやがうえにも高まっていた。そして、苦しい選挙戦を闘っているＴＭＰＣＷＡの組合員たちは、日本の訪問団から勇気をもらったと、組合事務所の交流会を思い出しながら、後日、語った。

フィリピン政府がなぜ新たな承認選挙を決定したのか、疑問があるかもしれない。政府はＴＭＰＣＷＡが団体交渉権をもつ組合であることを自ら繰り返し認めているのに、フィリピントヨタ社の団交拒否に対しては実効ある対処をせず、今また、状況をさらに複雑にする新たな承認選挙を決定した。フィリピン政府は、新たな承認選挙を却下する権限を持っている。労働雇用省の規則（労働雇用省命令第一〇〇三規則Ⅷ第一四条Ｄ項）によれば、団体交渉中とか、交渉が暗礁に乗り上げている時、または、ストライキの通知がされているときは、「承認投票申し立て却下理由」になるのだ。

この疑問に対するフィリピン政府の回答は、二〇〇六年六月一七日に出されたＩＬＯ・結社の自由委員会の三四二次報告書にふれられているので要約してみよう。政府は、会社の団交拒否に実効ある対処をしなかった理由として、ＴＭＰＣＷＡが強制介入できるＮＬＲＣ（中央労使関係委員会）に会社の不当労働行為の申し立てをおこなわず、説得しかできないNCMB（中央斡旋調停委員会）にだけ申し立てをおこなったからだとする。承認選挙を許可した理由としては、七六五人の一般労働者のうち一七四人が承認選挙の申請を支持し、五〇二人が投票の即時実施を求めた、承認選挙の実施に「暗礁の阻却理由」を含め阻却理由が認められないので承認した等をあげている。このような理由がいかに詭弁にすぎないかは、法律の素人でもわかるだろう。フィリピントヨタ争議が、政治的争議といわれる所以だ。

◆…IMFの登場

IMF本部からTMPCWAに会社との交渉の可能性を再び打診してきたのは、七月の末、承認選挙の実施が決まり、選挙キャンペーンが繰り広げられているさなかだった。

二〇〇五年八月一〇日、IMFはフィリピントヨタ争議の記事をIMFニュースとして、ウェブサイト上に初めて紹介した。争議を手短に紹介し、問題点を説明したうえで、以下のようにしめくくった。「IMFは、TMPCWAの労働組合としての基本的権利をトヨタに承認させるため、TMPCWAの努力を全面的に支持しているが、会社の反組合的姿勢にはあきれ果てている。IMFは、フィリピンの組合と労働者にとって満足のいく解決を見出すため、日本の加盟団体と協議中である」。IMFがトヨタに宣戦布告し、TMPCWAへの支援を公式に表明したのだ。IMFとIMF–JCが調停に乗り出してきたためなのか、政府の承認選挙への動きは減速した。熱くなっていたキャンペーンも、一時休止になる。

八月二三日、ＩＭＦ書記長マルチェロ・マレンタッキのリーダーシップの下、ＩＭＦ本部、ＩＭＦ―ＪＣ、自動車総連、ＴＭＰＣＷＡの四者の会議が東京で開かれた。解雇者の職場復帰を第一目標として、ＩＭＦ―ＪＣの仲介により、ＴＭＰＣＷＡとフィリピントヨタ社との交渉開始が合意された。八月二五日、第一回目の交渉が、ＩＭＦのマレンタッキ書記長とフィリピントヨタ社の田畑社長との間でもたれた。交渉の条件は、支援団体の世界キャンペーンも含めて労使が互いに攻撃をしないことだった。この条件を会議に出席したエド委員長とジュン執行委員から告げられた支援する会、ゼンゾウセンは、会社との交渉を見守ろうと国際キャンペーンを中断した。

ＩＭＦのマレンタッキ書記長は、機関紙「メタルワールド」（二〇〇五年一〇月）で、ＩＭＦが仲介に乗り出した理由を明らかにしている。彼は、日本の多国籍企業が国内では労働組合と良好な関係をもちながら、海外では労働基本権を侵害し、「国内と国外とで異なる基準を適用するという罪をますます犯すようになっている」、世界の多国籍企業のなかで日本企業が特に問題であり、これを解決するためには日本の産別や企業別労働組合が関与しなければならないと主張した。

東京会議で、職場復帰を目指して会社と交渉することが決まったというニュースは、二人が帰国して開かれた八月末の地域会議で組合員に知らされた。長期にわたる苦しい闘いの末に、会社との交渉がようやく開始されると知って会議中に涙する「アウトサイドワーカー」もいた。

ＩＭＦ―ＪＣを仲介とした第二回目の会社との交渉は、八月の東京会議から二ヵ月近くも経過した一〇月一二日に東京のＩＭＦ―ＪＣの事務所で開催された。それはＴＭＰＣＷＡと会社の初の直接交渉であり、エド委員長とジュン執行委員が出席した。一一月一一日、第三回目の東京での交渉には、エド委員長とマックス副委員長が出席した。会社からは、アリガダ人事部長と弁護士が交渉に臨んだ。一一月の会議で、交渉の内容を互いに公表してよいという合意ができたので、二人が帰国した翌日の一三日に緊急会議が各地域でもたれた。「大部分のアウトサイドワーカーが参加した。二ヵ月以上もの間、情報をオープンにできなかったのに皆の反応は好意的で、私たちを信頼してくれているのだと思った」と役員の一人は語っている。

第四回目の交渉は、一二月一二日、マニラでおこなわれたが、会社は復職への具体案をここでも提示しなかった。TMPCWAは次回、翌年一月の交渉では具体的な回答を示すようにと強く迫った。会社が回答を提示しないのは、TMPCLOの多数派工作を援助するために時間稼ぎをしているからだという噂が工場内に流れていた。事実、労働雇用省次官は、TMPCWAが承認選挙決定の取り消しを求めた七月一九日の申し立てを、一〇月一〇日に却下していた。二ヵ月も待たされてはじめてTMPCWAと会社の交渉が始まった一〇月一二日の第二回交渉の二日前である。会社とTMPCWAの交渉の継続中に、TMPCLOは承認選挙が近いというニュースを流し、選挙キャンペーンを進めていた。しかしながら、TMPCWAは会社との約束で、交渉の継続中は現地でも世界でも抗議行動やキャンペーンを封じ込められていた。会社の回答をこれ以上は待っていられないとTMPCWAは怒っていた。

回答を出さない会社、選挙キャンペーンをするTMPCLOに、さらなる応援があった。第四回目の交渉から四日後の一二月一六日、労働雇用省は、TMPCWAが提出していた労働雇用省長官への再検討申立を却下し、承認選挙実施の最終決定を下したのだ。TMPCWAが決定を知ったのはクリスマス休暇の直前だった。政府の動きは、会社に代わってTMPCWAを攻撃しているかのようだった。

二〇〇六年の年が明けると、政府による承認選挙実施に向けた手続きは、怒濤のごとく進んだ。一月一七日、二六日、労働雇用省マニラ首都圏事務所のシモネッタ・カラボカル調停仲裁人は、承認選挙を準備するために、TMPCWA、TMPCLO、会社を招請して予備会議を開催した。事務所の外で選挙の中止を激しく訴えるTMPCWAの抗議行動のなかで、二回の会議は開かれた。TMPCWAは、予備会議の開催に反対していたが、承認選挙の中止もしくは延期を主張するために、出席を決めた。高裁に承認選挙の差し止めを訴えていること、承認選挙の管轄を、労働雇用省マニラ首都圏地域事務所からサンタロサ工場のあるリージョンⅣ地域事務所に移すべきであることなどが、中止要求の理由だった。会議の席上、会社代表のアリガダ人事部長は、投票人である一般労働者のリストを提出した。TMPCWAは、一般労働者のレベルと職務を添付したもっと詳しいリストの提出を要求した。リストから除外されている解雇者にも法的に投票の権利があることも主張した。

二月一日、TMPCWAの訴えを無視し、投票人リストの疑問が未決着のまま、三回目の予備会議が強行された。TMPCWAは会議を欠席した。労働雇用省マニラ首都圏事務所は、TMPCWA不在のまま、TMPCLO、会社と協議し、二月一六日の承認選挙実施を決定した。解雇者は訴訟の結論が出るまでは従業員であり、選挙権を認められているにもかかわらず、チャレンジ投票者となっていた。解雇者用の投票場は正門近くの駐車場に設定され、選挙の立会人も、解雇者であるエド委員長や役員は認めないとした。解雇者を徹底的に差別する会社の強い意志と、それを擁護している政府の意図が感じられる決定だった。

◆……交渉は時間かせぎ

フィリピントヨタ社は、回答の期限と決めた一月の交渉日をなかなか設定しなかった。労働雇用省の予備会議の日程が決まってから、ようやく次回の交渉日を二月四日と指定した。そして、前述したように、政府と会社とＴＭＰＣＬＯは、二月一日までに承認選挙実施の手続きをすべて終えていた。第五回目の交渉がマニラでもたれたのは、二月一日からわずか三日後だった。待ちに待った会社の回答は、解雇者全員を対象にした一定額の補償金、解雇者が自動車工になるための六ヵ月間の技術研修の提供、販売店や海外での再就職の斡旋などの「パッケージ補償」だった。しかし、前提条件として、解雇者は解雇が正当だと認めること、研修受講には試験に合格することが求められていた。田畑社長は一五分だけ交渉の場に姿を現し、「これが最終案である」と断言したという。いずれにせよ、解雇者を復職させるというＩＭＦの当初の目標とも、ＩＬＯの勧告ともほど遠い最終案だった。

二月五日、ＴＭＰＣＷＡは会社提案を検討する緊急会議を開いた。提案の内容を知った「アウトサイドワーカー」たちの怒りは凄まじかった。「原職復帰を前提にしたはずだったのに、どうしてこのような結果になるのか」「交渉は、承認選挙に向けてＴＭＰＣＷＡの活動を六ヵ月間封じ込めるための会社の策略だったのではないか。自分たちと誠実に交渉しようと考えていない。馬鹿にしている」。「アウトサイドワーカー」は、会社の提案を拒否することを全員一致で決めた。八月末からＩＭＦ―ＪＣが仲介した交渉は、惨憺たる結果に終わった。ＩＭＦ―ＪＣが会社と事前にどのような折衝を重ねたのか不明だが、解雇者の復職を目標にして交渉がはじまったことは確かだ。それなのに、一人の復職もなくバックペイの話もない。どうしてこのような結果になったのか、疑問は大きい。交渉の仲介の中心にいたのは、自動車総連、トヨタ労組出身の加藤ＩＭＦ―ＪＣ議長である。会社へのトヨタ労組の力が弱体化しているからではないかと、後日、ＩＭＦ―ＪＣの内情を知る人が教えてくれた。

交渉が決裂したので、互いに攻撃しないという取り決めは反故になり、ＴＭＰＣＷＡは承認選挙阻止に向けた国際キャンペーンの再開をＩＭＦ本部、ＩＭＦ―ＪＣに伝えた。二つの組織からはそれぞれ、数日待つようにとの返事があった。この後、ＩＭＦとＩＭＦ―ＪＣの間でどのような協議がなされたかは不明だが、本部とＪＣの間、具体的には、マレンタッキ書記長と加藤ＩＭＦ―ＪＣ議長との間で激しい議論の応酬があったと漏れ聞いた。後日、ＩＭＦのブライアン書記次長に、「ＩＭＦ本部はＩＭＦ―ＪＣの仲介で、会社との交渉が成功すると考えていたのか」と、私の疑問をぶつけたところ、「自分たちは、ＩＭＦ―ＪＣの仲介で解雇者の職場復帰が可能であると考えていた」という答えが返ってきた。加藤議長を信じ、交渉をまかせたマレンタッキ書記長の失望感はきっと深かったのではないかと思う。

現地では、選挙キャンペーンが繰り広げられた。「インサイドワーカー」は送迎バスの中や休憩時間に、構内への立ち入りを禁止されている「アウトサイドワーカー」はサンタロサ工場の前で。日本から送られた連帯のメッセージはビラとなり、フィリピントヨタの労働者に配られた。

ＴＭＰＣＷＡは、承認選挙の不当性を訴える抗議行動を、労働雇用省地域事務所前で続けた。交渉決裂後も、選挙中止を求めて法的に可能なかぎりの訴えを高裁や労働雇用省に起こした。ＴＭＰＣＷＡが投票人資格を求めた解雇者と、会社がリストに含めたレベル5〜8の従業員の扱いをめぐって、労働雇用省の決定は二転三転して承認選挙直前まで迷走した。

中断していた国際キャンペーンは、支援する会のサポートで再開した。承認選挙まで残された時間はわずかだった。どうしても、阻止しなければならない。組合員も国内・海外の支援者も必死だった。フィリピン政府には承認選挙の中止を求め、トヨタには労働協約交渉の開始と解雇撤回を要求するメールが、日本、アジア・太平洋、ヨーロッパなど、世界各地から送られた。二月一三日から一五日まで、TMPCWAが把握しているだけで八〇三通の抗議メールが、フィリピントヨタ社、トヨタ自動車、フィリピン政府に送られた。

◆…二〇〇六年二月一六日

承認選挙前夜の二月一五日、田畑社長はマカティのシャングリラホテルにいた。ジョージ・ティー・フィリピントヨタ会長と岡部聰トヨタ自動車専務取締役の主催で、田畑社長の送別と伊藤博士新社長の歓迎のカクテルパーティーが、アルベルト・ロムロ外務省長官をはじめとする政財界五〇〇人を集めて開催されていた。フィリピントヨタ社の社内報「デートライン」二〇〇六年三月号のフロントページには、赤いTOYOTAのロゴと前進のスローガンをバックに、トヨタの幹部と一緒に壇上に並ぶ田畑社長の写真が掲載されている。ジョージ・ティー会長を真ん中に、右隣にはアルベルト・ロムロ外務省長官、田畑社長、左隣には岡部トヨタ自動車専務取締役、伊藤新社長。乾杯した直後のショットなのか、田畑社長はシャンパンを緊張気味に飲み干している。新たな承認選挙を明日にひかえ、間もなく会社を去っていく田畑社長は、この日のシャンパンの味をどう感じたのだろうか。同じ頃、サンタロサ工場内では、労働雇用省の役人が会社の担当者と夕食を共にしながら、翌日の承認選挙の打ち合わせをしていた。TMPCLOへのアドバイスのために、AIWA（自動車産業労働者連合）のフランシスコ・メロ議長が、三人のボディーガードに守られて工場内にとどまっているという情報も流れていた。

承認選挙を翌日にひかえ心配になった私は、夕方、エド委員長の携帯に電話すると、元気な声がした。「午後からたくさんの人が、会社の門前に続々と集まってきている。解雇者もここで夜通し抗議活動をして、朝に投票をする」。受話器の向こうで響く抗議の声が、日本にいる私の耳元に届いた。

二月一六日、承認選挙の朝、投票は九時から始まった。解雇者用の投票場は、正門を入ってすぐの駐車場に設置されていた。エド委員長を含む四人の執行委員は、投票の立会いをするつもりで工場内労働者用の投票場に到着したが、立会いは許可されず、労働雇用省の役人によって強制的に投票場の外に連れ出された。アリガダ人事部長は、エド委員長が投票場を立ち去らなければ、門の外で待っている解雇者を入構させないと脅かした。TMPCWAと工場内労働者を接触させないようにしているのだ。投票場を別にする差別、執行委員を立会人にさせない差別、このような差別を許してしまうフィリピン政府はやはりトヨタの味方だ。エド委員長をはじめとする「アウトサイドワーカー」の悔しさと憤りは深かった。

KMU（五月一日運動）をはじめとする南タガログの仲間たちもサンタロサ工場の門前に集まってきた。スピーカーを搭載したジプニーが何台も並ぶ。組合員・支援者の数は三〇〇人に達した。組合員は、「私たちはTMPCWAを愛しています」と書かれたプラカードをもち、マイクを交代で握り、不当な承認選挙を糾弾しながら、TMPCWAへの投票を促した。退職金を受けとっていない一三六人の「アウトサイドワーカー」のなかには、ラグナから遠く離れた地域に住んでいる人、海外で働いている人、連絡をとれない人もいる。投票できる条件のある解雇者はほとんど投票にやってきた。キャンペーンのできる空間と時間は限られていたが、「インサイドワーカー」も奮闘した。会社は送迎バスにそれぞれ二、三人のガードマンを送り込んできたが、組合員は臆することなくバスのなかでキャンペーンを繰り広げた。休憩時間には食堂でスピーチし、工場内でリーフレットを配布した。

投票は夜八時半に締め切られ、エド委員長も立ち会って一〇時から開票がはじまった。会社とフィリピン政府の差別的な態度に怒った工場内のTMPCWAのリーダーたちが、エド委員長が参加しなければ、TMPCWAは開票に立ち会わないと強く主張したので、政府は不承不承、立会いを許可したという。開票結果は、投票総数八九四票のうち、TMPCLO――四二四票、TMPCWA――一三七票、組合はいらない――八票、無効――一五票、チャレンジ投票者（会社側リスト）――一二一票、チャレンジ投票者（解雇者）――八九票だった。この承認選挙が正当かどうか、選挙結果をどう評価するか、この瞬間から新たな争点が加わった。

TMPCWAは、選挙結果を数人の弁護士と法的に検討した上で、「八九四票から一五票の無効票を除外した八七九票のうち、法律で決められた五〇％＋一票、つまり四四一票を、どちらの組合も獲得できなかったので、この選挙の勝利者はいない。したがって、TMPCLOは団体交渉権をもつ組合としては認められないため、TMPCWAは引き続き交渉権をもつことになる」と選挙直後に発表した。TMPCLOは、多数票をとったので自分たちが勝利者であると宣言した。会社は掲示板に、投票結果とTMPCW

Aがしたと同様の過半数票の計算を発表した。労働雇用省は判定をすぐに下そうとしなかった。

「TMPCWAはよく頑張っている！」というのが、選挙結果を知った直後の私自身の率直な感想だった。大量解雇から五年が経過し、活動家の大部分が工場を去り、労使協調路線が進められ、会社と政府にはひどい扱いをされてきた。それでも、工場内に二三七人の支持者がいる。闘い続けている解雇者が一三六人いるのだ。しかし、すぐに、若者たちがこれから遭遇するだろうさまざまな困難を想像すると、気持ちは沈んでいった。

5・4●——グローバルキャンペーン

◆…IMF本部の仲介

TMPCWAと会社との交渉がおこなわれていた時期、一度は沈静化したアロヨ大統領への退陣要求が再燃していた。アロヨ大統領は反アロヨ勢力に強硬姿勢をとり、国軍の一部や野党政治家、左派勢力が共同して政権打倒を謀ったとして、二〇〇六年二月二四日、国家非常事態宣言を発令した。この日はエドサ革命から二〇年目であり、大統領退陣を迫る抗議集会が予定されていたが、そこに集まった市民は逮捕された。クリスピン・ベルトラン議員も逮捕され、長期に渡り拘留された。

南タガログ地域は、警察や軍が関与したといわれる政治的殺害の横行で、悲しみと恐怖に包まれていた。選挙の年である二〇〇四年には一時減少していた政治的殺害が、一一月一六日、ルイシータ農園での七人の虐殺を皮切りに、再び全国で頻発するようになった。二〇〇五年九月には、南タガログ地域の労働運動のリーダー、ネスレ労働組合委員長であるディング・フォルトゥナが、二台のバイクに乗った何者かによって自宅近くで殺害され、一〇月にはホンダ労組委員長も同じようにバイクに乗った暗殺者に襲われかけた。左派労働運動の活動家を狙い撃ちにした政治的殺害が続き、南タガログの活動家たちは、職場に行くことも家に帰ることさえもできなくなり、居場所を転々としていた。エド委員長を筆頭にTMPCWAの役員たちも政治的殺害のターゲットになっていると噂され、夜道を歩くことも帰宅もできない恐怖のなかにいた。

私は、二〇〇五年一一月一七日、マニラのニノイ・アキノ空港で、釜山で開催されるAPEC（アジア太平洋経済協力会議）に出発するアロヨ大統領を偶然に目にした。二匹の警察犬が歩きまわる中、軍楽隊の演奏がはじまり、藤紫色のスーツを着た小柄な女性が赤い絨毯の上を足早に歩いてきた。絨緞の両側に並ぶ屈強な軍服姿の軍人たちに握手をすると小さな体が隠れてしまう光景は、まるでこの国の政治的状況を象徴しているかのようだった。

命を奪われる危険のなかでも、TMPCWAのメンバーは活動を停止できなかった。承認選挙の結果をウェブサイトに掲載し、世界各地の支援者にメールを送った。これから起こる事態を、世界の人々が注目し憂慮していた。

ＩＭＦは、二月一六日、選挙結果が判明すると即刻ウェブサイト上で、会社との交渉が満足すべきものではなく、新たな承認選挙がさらに事態を複雑にしていると論評し、「ＩＭＦは現在、労働者の基本的権利の回復を求めてトヨタへの圧力を強めるために方策を講じる」と宣言した。ブライアン書記次長からＴＭＰＣＷＡへの連絡によれば、ＩＭＦ本部は六ヵ月に渡る交渉の末にトヨタが示した不誠実な回答に不満をもち、ＩＭＦ−ＪＣに代わって自らが仲介者となり、会社との再交渉を試みようとしていた。二月二四日、ウェブサイト上で、三月一六日にマニラでこの争議の解決に向けた緊急会議を開くこととし、トヨタの工場がある日本、タイ、オーストラリア、イギリス、南アフリカのＩＭＦ組織を招聘したと公表した。

ＩＭＦ−ＪＣの仲介による交渉が決裂し、代わってＩＭＦ本部が仲介に乗り出すというのは、ＩＭＦ−ＪＣにとっても、自動車総連にとっても、多分初めての経験だったのだろう。仔細は不明だが内部で大きな波紋があったようだ。確かな筋の情報によると、ＩＭＦ−ＪＣの産別組織では、ＩＭＦ本部との信頼関係を悪くしたくない、トヨタ労使の問題なのだからトヨタ労組が責任をもって解決すべきだとの意見が大勢を占めていたらしい。ＩＭＦ−ＪＣの中でも、フィリピントヨタ争議への態度は一枚岩ではなかったようだ。フィリピンの若者たちに同情する人も少なくないと、別の関係者から聞いた。

フランスのＮＧＯ・民衆連帯のジャンポールからは、二〇〇四年のキャンペーンに続いて、再度キャンペーンに取り組むという連絡が入った。人権市民団体である民衆連帯は、世界各地のトヨタの工場で生じている人権侵害の情報を入手していて、フィリピントヨタ争議はその最たるものとみて支援を続けていたのだ。民衆連帯のウェブサイトに、会社との交渉の経緯や新たな承認選挙に関する最新ニュースとともに、キャンペーンの呼びかけが掲載された。今回のターゲットは、フィリピントヨタの伊藤博士社長だ。二月末から四月末まで、解雇者の原職復帰とＴＭＰＣＷＡとの団体交渉開始を要求する何千もの葉書やメールがフランスからフィリピントヨタ社へ送られた。緊迫する政治情勢の下で、労働雇用省や最高裁・高裁の前での抗議行動を封殺されていたので、フランスの人々からの支援はありがたかったという。

三月一六日、マニラのホテルで朝九時から夕方まで、フィリピントヨタ争議に関するＩＭＦ緊急会議が開催され、翌一七日には、会社とＴＭＰＣＷＡとの交渉が設定された。緊急会議には、ＩＭＦからマレンタッキ書記長、ブライアン書記次長、アルナサラムＩＭＦ東南アジア事務局代表、ＩＭＦ−ＪＣから園野事務局長、岩井国際局主任、近藤自動車総連事務局次長など三人、南アフリカ共和国から南アフリカ全国金属労組（ＮＵＭＳＡ）、オーストラリアからオーストラリア製造労組（ＡＭＷＵ）、イギリスからアミカス（ＡＭＩＣＵＳ）、タイからタイ電機・自動車・金属労連（ＴＥＡＭ）、そしてフィリピンからＴＭＰＣＷＡが参加した。各国のトヨタ労組は、それぞれのＩＭＦ加盟組織のもとに統合されている。ちなみに、南アフリカトヨタは一九六二年操業開始で従業員数は九八〇〇人、オーストラリアトヨタは一九六三年操業開始で四六〇〇人、イギリストヨタは一九九二年操業開始で四八〇〇人、タイトヨタは一九六四年操業開始で一万二〇〇〇人の規模である。世界各国にあるトヨタ工場の多くは組合がないか、組合はあってもＩＭＦに所属していない。トヨタ労働者の国際連帯がいかに難しいかが垣間見える。

ＩＭＦは、ＴＭＰＣＷＡとＴＭＰＣＬＯの共闘を視野に入れ、ＴＭＰＣＬＯも会議に招待したが、参加はなかった。緊急会議では、争議および交渉の経過が説明され、解決に向けての戦略が練られた。会社との交渉では職場復帰を第一目標にする、交渉が不調に終わった場合には段階的に共同行動を起こすことを合意した。

この決定を圧力にして、翌一七日、ＩＭＦ本部の仲介によりＴＭＰＣＷＡとフィリピントヨタ社との再交渉がおこなわれた。会社側代表として交渉に出てきたのは、取締役会顧問の田畑前社長、ゴー副社長、アリガダ人事部長、組合側はＩＭＦの三人とＩＭＦ–ＪＣの三人、そしてＴＭＰＣＷＡはエド委員長を筆頭に役員七人だった。会社は争議に関する見解を文書にまとめ、その説明をした。解雇者の原職復帰を求める組合側への具体的回答は株主の承認を取りつける必要があるとして保留したので、ＩＭＦは三月末までに回答することを要求した。そして三月二八日付けの会社の回答は、三月一七日とほぼ同じ内容で、退職金は勤続年数×一・五ヵ月分の基本給、機械工訓練の受講、標準トヨタ認定試験の合格者には国内外の会社への就職斡旋というものだった。二〇〇一年一一月二五日、エド委員長は豊田市で開かれた集会で、会社は退職条件として、勤続年数×基本給の一・五倍、外国での就労斡旋を提案してきたと発言している。つまり、会社は、ＴＭＰＣＷＡの五年間の闘い、ＩＬＯ勧告、ＩＭＦの仲介を経ても、全く譲歩の姿勢をみせていないのだ。

三月三〇日、マレンタッキ書記長は、「回答には失望した、原職復帰が受け入れられないのであれば、トヨタの反組合行為を暴露する国際キャンペーンのより強力な行動をとっていく」と書簡で断言した。グローバルキャンペーンが、スタートしようとしていた。

◆…オスロ会議へ

交渉決裂後の四月五日、労働雇用省は選挙結果の裁定に向けて公聴会を開いた。フィリピントヨタ社とフィリピン政府の動きは、これまでも連動していたように見えたが、今回もIMF本部が仲介した交渉の決裂を待っていたかのような政府の動きだった。承認選挙終了後の訴訟合戦を受けての公聴会である。二月二〇日、TMPCWAは承認選挙の無効を申し立て、TMPCLOは、解雇者の八九票は開票せず、職制とされる一二一票の開票を求める訴えを起こした。そこで、労働雇用省マニラ首都圏地域事務所は、両組合に意見書の提出を求め、両組合は三月八日に提出をしていた。

四月五日の公聴会では、TMPCLO側に立つカルボカル調停仲裁人の一方的な態度にエド委員長が怒り、両者の間で激しい議論が交わされ、緊張した空気がみなぎった。カルボカル調停仲裁人が、TMPCWAの異議申し立てを却下し、TMPCLOが選挙に勝利し団体交渉権をもつ組合となるとの裁定を下したのは、緊迫した公聴会からわずか二日後の四月七日だった。レベル5〜8にあたるチャレンジ票一二一票については高裁で係争中なので開票しない、解雇者の八九票に関しては投票資格があるが、八九票を開票したとしても承認投票の結果を覆すことはできないと説明した。TMPCWAはこの労働雇用省マニラ首都圏地域事務所の裁定を、復活祭が明けた四月一九日に受け取り、二五日に労働雇用省に不服を申し立てた。

TMPCWAは集会をたびたび開き、労働雇用省、最高裁への抗議行動を続行した。「インサイドワーカー」は、「私は原職復帰と労働協約要求を支持します」というスローガンを記した赤いステッカーの着用をはじめた。また、「労働雇用省の裁定は認められない。自分たちが交渉団体としての権利がある」という立場を示し、五月三日、会社に労働協約交渉を申し入れた。五月一一日、会社の弁護士から、TMPCLOが交渉団体として労働雇用省に承認されたので交渉を拒否すると返事があったが、五月二五日、六月二一日にも交渉を申し入れた。

復活祭の一週間の休みが始まる直前の四月一〇日、TMPCLOは勝利宣言ともいえるビラを工場内で配布した。その中で、IMF本部の介入への非難とともに、三月の交渉で会社がTMPCWAに提示した回答を支持している。会社が、外国で働くための訓練も含めた適切な補償を申し出ているのに、TMPCWAとIMFはなぜ原職復帰を主張するのか理解できないと、自分たちの立場を明らかにした。その後もTMPCLOは、近く労働協約交渉が開始され、締結されればTMPCLOの組合員には臨時ボーナスが支給されるとして、TMPCLOへの加入を誘い、TMPCSU（フィリピントヨタ職制組合）はこの加入工作を手助けした。また、IMFがトヨタ車の不買運動を始めたので売り上げが低下しているといった噂を、会社と会社派組合は労使一体で工場内に流していたようだ。

承認選挙が終わり、結果をめぐる緊迫した状況が続くなかで、会社内のモラルの低下を表す出来事が起きていた。四月一日の夜九時、メンテナンス部門の労働者たちは、課長からパーソナルタッチ会合の知らせを受け、急遽会社内の施設に集められた。集まりには飲み物、食べ物が用意され、宴たけなわの頃、外からプロのダンサーが呼ばれ、ショーがはじまった。男たちが身に何も纏っていないダンサーにハラスメントをしている様子は、携帯で撮影された。後日、その画像は職場に回覧され、女性職員の怒りをかった。

ダンサーの女性と女性職員への二重のセクシャルハラスメントだ。

五月一九日、ＴＭＰＣＷＡは就業中の工場内でストリップショーが実演されたという内部告発をビラで暴露した。会社はあわてて対策会議を開き、当初は事実を否認しようとしたが、それが不可能だと悟ると、五月二二日朝、従業員全員が参加する朝礼で課長をはじめとするパーソナルタッチ参加者九人を謝罪させた。ふれあい活動といわれるパーソナルタッチは、管理職が部下とコミュニケーションをとるためのトヨタの労務政策で、ＴＭＰＣＬＯへの投票を促すために承認選挙の前に盛んにおこなわれたことは前述したが、選挙後もまだ続いていたのだ。トヨタのモラルはどこかへ行ってしまったようだ。


五月一八〜一九日、ノルウェーのオスロで開かれたＩＭＦ執行委員会で、グローバルキャンペーンが決定した。五月一九日、ＩＭＦのウエブサイトは、「グローバルキャンペーンを打ち上げることを満場一致で支持した」「この努力を強力に支持する立場から発言した傘下組織は、労働運動がこのような不正義に反対する立場をとらないならば、それはいたる所で労働組合の後退になるであろうと論じた」というニュース記事を載せた。日本からはただ一人、執行委員である加藤裕治ＩＭＦ−ＪＣ議長が出席していたという。

ＩＭＦ本部は、早速、キャンペーンチームを立ち上げた。ウェブサイトにキャンペーンのコーナーが作られ、年表、写真などフィリピントヨタ争議に関する詳しい情報が掲載された。スローガン「彼らを今すぐ職場復帰させせよ！」と、グレーのサークルに赤旗のなびくロゴも作成された。

私たち三人、エド、早川そして私がＩＬＯ総会でロビー活動をおこなったのは、オスロ会議直後の五月三一日からだった。五月三〇日の朝、私は前年のようにエド委員長をジュネーブ空港に迎えに出たが、予定されていた飛行機に搭乗していなかった。何か起きたのかもしれないと、航空会社のカウンターを何回も往復したが情報はまったくない。TMPCWAの事務所にも連絡がないという。しかし、次の便の搭乗者リストに名前を見つけ、安堵した。予定の時間をだいぶ遅れて出口から現れたエドは、珍しく興奮している様子だった。マニラからロンドンのヒースロー空港に到着した飛行機がエンジントラブルのため滑走路の真ん中で停止し、消防自動車が機体の周囲を取り囲んで恐怖の体験をしたこと、そのため飛行機の乗り継ぎに間に合わなかったこと、ヒースロー空港でベルからの携帯メールを受け取り、サント・トーマス労働雇用省長官の辞任を知ったことを、早口で一気に語った。新長官にはアルツール・ブリオンがなったという。ブリオン長官は、二〇〇一年まで労働雇用省次官として働いた後、高裁の判事となり、今回、長官となって労働雇用省に戻ってきたのだ。私はTMPCWAの未来に悪いことが起きるかもしれないと嫌な予感がした。

エドは六月一〇日、早川は六日、そして私は九日までのジュネーブ滞在だった。今回は、エド委員長にとっては三回目、私にとっては二回目のロビー活動だったので、ILO総会の雰囲気を堪能できた。前年のようにILOの担当者に面談し、エド委員長と私の二人はIMF本部を訪ね、グローバルキャンペーンチームとキャンペーンの打ち合わせをした。

前年と比べ長く滞在したため、ロビー活動は成果があがった。トマシュ前理事をはじめ複数の方たちの尽力により、各国労働界のキーパーソンに支援を要請することができた。各国のリーダーはフィリピントヨタ争議のことをよく知っていて、反応はとてもよかった。なぜなのか、そのうちの一人に私の疑問を投げかけると、「『オスロ会議』で決定されたことは正論で、誰も否定できないからだ」と答えた。国際労働運動がＴＭＰＣＷＡの正義を認め、支持を表明してくれていた。

◆…日本政府は、労働組合は

ＩＬＯ総会で私たちが会った各国の労働運動のリーダーは、トヨタのＯＥＣＤガイドライン違反に言及した。「ＯＥＣＤのガイドライン違反でトヨタのケースは注目されている」「日本ＮＣＰ（ナショナル・コンタクト・ポイント）は、アメリカＮＣＰ、韓国ＮＣＰと並び、ガイドライン違反の解決に向け積極的ではないという国際的非難がある」。ＩＬＯ総会の直前に開催されたＯＥＣＤ－ＴＵＡＣ（労働組合諮問委員会）の会議でもフィリピントヨタ争議のケースが取り上げられ、日本ＮＣＰの姿勢が話題となったと聞いた。ＴＵＡＣの会議でどのような議論がされたのか定かではないが、ＯＥＣＤ－ＴＵＡＣのウェブサイトに掲載されているＴＵＡＣニュース（二〇〇六年六月）では、二〇〇三年二月から八月にかけてＩＭＦが提訴したインドネシアのホンダプロスペクト社のケースに触れ、「日本ＮＣＰは、ガイドライン違反の仲裁をするよりも会社の立場を擁護した」と批判しているので、当然フィリピントヨタのケースでも厳しい批判があっただろう。

日本ＮＣＰの担当官によれば、二〇〇六年六月中旬に開催されたＯＥＣＤ国際投資・多国籍企業委員会（ＣＩＭＥ）で、企業責任に関するラウンドテーブルがあり、フィリピントヨタの件がうまくいかないケースとして取り上げられ、日本ＮＣＰはここでも厳しい批判にさらされたという。ガイドラインの規定によれば、政府はすみやかに調査・対応しなければならず、その経過はOECDのCIMEでチェックされることになっている。二〇〇四年三月の提訴から二年半経っても何らの進展がなく、他方でIMFが動いたことから、CIMEとしてもこのケースを取り上げたのだろう。

なぜ日本NCPが国際的非難にさらされるのか。OECDガイドライン違反で提訴したその後の経過を略記すると、その一端を理解することができる。二〇〇四年三月の提訴後、外務省から早急に調査して報告しますとの文書が送られてきたにもかかわらず、NCPからはTMPCWAにも支援する会にも連絡がなかった。そこで、TMPCWAのエド・クベロ委員長とジュン執行委員が、トヨタ本社への申し入れと抗議行動のために訪日した機会をとらえ、二〇〇四年九月二二日に二回目の面談がおこなわれた。TMPCWAと支援する会は、日本のNCPである外務省に対して要請文を提出し、ガイドラインの規定に基づきこの提訴を取り上げるかどうか決める初期評価を早急に下し、次のステップに進むように求めた。

二回目の面談の場で、外務省のW担当官は、「フィリピンの在外公館が、フィリピントヨタ社からは三月に事情を聞き、争議についての情報を収集した。情報はNCPを形成する三省（外務省・厚生労働省・経済産業省）で共有化した。本件にかんしては、裁判記録などを読む等現在も調査中であるが、TMPCWAの結成についての訴訟が続行中であるというのが、NCPの認識である」と回答したので、エド委員長は「あなたの説明はトヨタと同じである」と不信感をあらわにした。

要請文に対しては、二〇〇四年一二月一三日にNCPから、以下のような回答が届いた。「これまでの調査によると、トヨタ側は、二〇〇〇年三月に行われた団体交渉権承認にかかる一〇五票の有効性についての高裁審理結果が出るまで団体交渉に応じられないとの立場であり、NCPとしてはかかる高裁審理が早急に行われることが重要な点と認識しています」。エド委員長は一二月一六日に返事を送り、「あなた（NCP）の意見はトヨタと同じようだ」と再び失望の意を表した。

支援する会は単独で、二〇〇五年二月一四日に、この経過のフォローアップのための三回目の面談をしたが、依然として調査中で、初期評価の結論も出ていないとの回答だった。目立った状況の変化がなかったため、TMPCWAと支援する会は、OECDガイドラインに関係する国際機関に、この間のNCPとの面談の資料を送った。また、英文のニュースレター（プロテスト・トヨタ・キャンペーン）で、このケースに関する最新情報を流した。

二〇〇六年一月一〇日、支援する会は、承認選挙で緊迫する現地の状況を伝えるために四回目の面談をNCPに申し入れた。「基本的な構図は変わっていない。昨年の三月に、現地の法律の専門家に調査を依頼し、その報告書があがってきたところである。トヨタ本社のしかるべき部署とは、経産省がトヨタを呼んで、非公式に四、五回話し合いをしている。OECDガイドラインに従って、NCPがどのような役割を、多国籍企業にするかどうかはまだはっきりしていないし、ガイドラインには法的拘束力がない」という回答が外務省の担当官から返ってきた。

二〇〇六年七月一四日、NCPとの五回目の面談が、エド委員長とウィニー副委員長の来日に合わせて実施された。四月から担当になったというT担当官には、前任者と違って一定の情報を公開する前向きな姿勢が感じられた。「六月のCIMEの会議においてトヨタのケースで日本のNCPは厳しい批判を浴びた。日本NCPとしては、困難なことはあるけれど放り出さないという態度は決めている」と語った。しかし、調査は進展していないようだった。NCPが積極的でないと、ケースは店晒しにされたままになる。また、説明責任や情報の透明化がなければ、NCPへの不満の持っていき場所がない。OECD－TUACともCIMEともパイプのない私たちは、当事者であるにもかかわらず、これらの組織との直接の接触は難しいのだ。しかし、私たちが一方的に送った資料やニュースレターが情報源の一部として使われ、OECDの国際舞台でフィリピントヨタ争議が取り上げられていることを知り、ここでも日本標準と世界標準の相違を知った。

IMFの加盟団体であり、日本で一番多くの組合員をかかえる産別組織、IMF－JCは、グローバルキャンペーンにどのように取り組もうとしていたのだろうか。加藤IMF－JC議長はオスロ会議で満場一致で決まったキャンペーンに賛成したはずである。支援する会の山際代表は、六月に二度、オスロ会議の様子を教えてほしいと加藤議長に面会を申し入れた。六月二三日、加藤議長から電話が入った。加藤発言を紹介しよう。「皆さんがなされていることはとやかく言わないが、面会する必要性は感じていない」「IMFのホームページではわからない今回のIMF反トヨタキャンペーン決定の経過について話したい」「内部の議論に、TMPCWAとTMPCLOの二組合が並存し、その評価に関して意見があり、その行方を見極める」「TMPCLOを無視してTMPCWAだけのサポートとはいかない」。加藤議長が教えてくれたオスロ会議の様子である。

日本の労働組合の姿勢をうかがわせる記事が、雑誌『自然と人間』（二〇〇六年六月号）に掲載されている。「日本企業は世界で何をしているのか?――トヨタの場合」と題する記事によると、編集部の取材に応じた連合スタッフの野木正弘は、自動車総連からの報告を受けたとして、IMFのグローバルキャンペーンを以下のように評した。ちなみに野木はトヨタ労組の出身だと聞いた。

「そもそもの出発点は、事前に合意できなかった未開票分の扱いが労使の争点になっていたことで、現在フィリピン司法の判断を待っているところです。その後、自動車総連・JCが仲介に乗り出しましたが、示した解決案が拒否され、現時点では推移を見守っている状態です。もちろん、なにか解決につながることがあれば動くことになるでしょう。ただ、IMF本部がフィリピントヨタの解雇撤回を求めて国際キャンペーンをすると言っている点について、それが問題の解決につながるかは疑問です。就業規則に違反して解雇されたのは事実で、フィリピンの裁判所も認めていることですから」。

組合承認や解雇問題をフィリピンの司法判断にまかせるという立場である。しかし、忘れてはならない。この労働争議は政治的争議なのだ。IMF-JCの調査能力からしてみれば、このことは容易に理解しているだろう。フィリピンの司法判断にまかせるというのは、中立的であると見えながらすでに政治的判断をしていることになる。

IMF-JCは、IMFの戦略に沿うように、企業行動規範について調査をおこない、資料を作成し、セミナーを実施している。その仕事は常に先駆的だった。しかしながら、IMFグローバルキャンペーンは、机上ではない現実の労働争議にどう対応するかを、日本を代表するこの労働団体に突きつけたのだ。フィリピンの若者に同情の声もあがっていたというIMF-JC内部で、グローバルキャンペーンをどのように討議したのか知りたいと思うのは私だけだろうか。

◆…グローバルキャンペーン第一波

ＩＭＦのグローバルキャンペーンは、第一波、第二波と段階を踏む計画だった。第一波共同行動は、六月末の週に、マニラ会議に参加したＩＭＦ組織を中心として、各国のトヨタ子会社に圧力をかける作戦だった。それでもトヨタが原職復帰に向けた措置をとらない場合は、九月に、トヨタ子会社の存在しない国も含めて、各国のＩＭＦ組織が日本大使館・領事館に、何らかの申し入れ行動をおこなう第二波の共同行動が予定された。

六月二九日、ＩＭＦニュースブリーフは、第一波の共同行動を以下のように報じた。

「南アフリカ共和国では、六月二八日に労働組合代表団が現地経営陣と会見し、トヨタに労働者の復職を要求する抗議文を手渡した。この代表団のメンバーは、七人のトヨタ職場委員、南アフリカ全国金属労組（ＮＵＭＳＡ）地域・全国指導部、ブライアン・フレデリックＩＭＦ書記局次長、フェルナンド・ロペスＩＭＦ執行委員、それにスティブン・シラポ、アルナサラム両ＩＭＦ地域代表だった。

オーストラリアでは、六月最後の週にオーストラリア製造労組（ＡＭＷＵ）代議員が回覧した労働者の復職を要求する請願書に、何千人ものトヨタ労働者が署名した。この請願書は数日後に、経営陣に提出される。タイとイギリスでは、ＩＭＦ加盟組織であるタイ電機・自動車・金属労連（ＴＥＡＭ）とアミカス（ＡＭＩＣＵＳ）が現地のトヨタ経営陣に書簡を送り、労働者の復職を要求した。ブラジルでは、六月二九日にサンパウロの二つのトヨタ工場で金属労働者が情報・連帯会合を開き、少なくとも一時間にわたって生産を中断する予定。ＩＭＦ加盟組織の全国金属総連合（ＣＮＭ／ＣＵＴ）も行動を起こし、リオ・グランデ・ドスル州グアイバにあるトヨタ物流・流通センターの労働者が参加する。フィリピンでは、解雇された労働者が六月二七日に、日本大使館とその近くにあるトヨタ販売代理店トヨタマニラベイの前で抗議行動を実施した」。

ＩＭＦ組織のなかでもオーストラリアのＡＭＷＵの支援は強力だった。オーストラリアは地理的に近いこともあり、フィリピン連帯運動の長い歴史がある。ＩＭＦ執行委員でもあるジュリウス・ローＡＭＷＵ委員長は、争議の早い段階から支援を表明し、ＴＭＰＣＷＡにアドバイスをしていた。グローバルキャンペーンにもいち早く呼応し、フィリピントヨタ社の伊藤社長に宛て抗議文を送っていた。ＴＭＰＣＷＡのベル執行委員は、七月末に開かれたＡＭＷＵ全国会議に招かれ、スピーチをおこなった。全国会議ではフィリピントヨタ争議の問題が大きく取り上げられ、カンパが集められた。ＡＭＷＵのほか、ＡＭＩＣＵＳ、カナダ自動車労組（ＣＡＷ）、ニュージーランドの機械・印刷・製造労働組合連合（ＥＰＭＵ）からも資金提供の申し出があった。七月一六日のＩＭＦニュースによると、この会議に参加したマレンタッキＩＭＦ書記長は、「この闘争はフィリピントヨタの労働者だけでなく、企業による脅迫や政府の妨害、または基本的な労働権の大侵害に直面している世界中の金属労働者たちにとっても非常に重要な闘争なのだ」と演説した。

しかしながら、日本のトヨタ労組はこの第一波共同行動に参加しなかった。

日本でグローバルキャンペーン第一波に連動したのは、支援する会、ゼンゾウセンの仲間の労働者、市民だった。六月一六日、「東京総行動」の参加者二〇〇人は、トヨタ東京本社に抗議行動を展開した。「東京総行動」は東京周辺の争議団・争議組合が一緒に取り組む一日行動で、年四回ほど一日行動が組まれている。「東京総行動」は、個別争議の背後に控える親会社や銀行、あるいは行政などに直接行動をして責任を追及しているが、フィリピントヨタ争議は多国籍企業トヨタの海外での人権侵害であるとして、トヨタ東京本社は、毎回、「東京総行動」の抗議先となっている。粘り強く継続している日本の労働者によるフィリピン労働者への国際連帯運動である。

七月中旬、TMPCWAからエド委員長と「インサイドワーカー」であるウィニー副委員長を招き、各地の支援組織と協力してキャンペーンが実施された。七月一六日、豊田市での集会には、関東、関西の支援者も含めた七五人が参加した。主催者「フィリピントヨタ労組を支援する愛知の会」の元愛知県議の小林収は、トヨタがフィリピントヨタとインドトヨタの争議を気にかけていることを、伝え聞いたエピソードから紹介し、笑いを誘った。一七日は早朝から本社工場、駅前など三ヵ所でビラまきをした後、トヨタ本社への抗議と申し入れ行動を展開した。新しい本社ビルの前には見慣れた西三河の男たち、田中九思雄、元自動車労働者の阪野智夫、産婦人科医師の鈴村鋼二、笹島日雇労働組合のメンバー、そして二〇〇六年一月に結成された全トヨタ労働組合の若月忠夫委員長をはじめとするメンバーの姿があった。神奈川の支援する会、APWSL（アジア太平洋労働者連帯会議）のメンバーの姿もあった。

支援集会は、一四日に東京、一五日に神奈川、一七日に関西、一九日に北関東で開かれた。各地の集会には勢いがあった。予想を上回る参加者があり、発言が飛びかった。IMFグローバルキャンペーンは、フィリピントヨタの若者たちの「正義」、そして支援を継続してきた日本のベテラン労働者の「正義」が、世界標準で認められたことを象徴しているかのようだった。日本での支援者たちは、IMF本部との付き合いはない。しかし、「正義」を実現しようとする心意気は、さまざまな障壁を飛び越えて分かち合えているのだ。これこそ「国際連帯」だと私は思った。

◆…二一人逮捕される

「今、留置場にいます」。受話器から聞こえたエド委員長の最初の一言だった。八月一六日の夕方、小嶋事務局長から電話が入り、エドたちが逮捕されたというメールがあり電話をかけてみたが、私の方からも連絡してほしいという。あわててパソコンを立ち上げると、メールが入っていた。「今、このメールを留置場で書いています。助けが必要です。至急、携帯に連絡してください」。電話をかけたが、バッテリーがないのかエドの声はすぐに聞こえなくなった。ベルにも電話をかけてみるが、通信状況が悪く声は途切れた。とにかく事情を知らなければならない。

八月一六日朝九時半、ＴＭＰＣＷＡの組合員、支援者たち六〇人は労働雇用省に到着し、抗議行動を始めた。ＴＭＰＣＷＡは、ＴＭＰＣＬＯを勝者とした四月七日のカルボカル調停仲裁官の裁定に納得がいかず、その手続と根拠をめぐって不服申し立てを続けた。しかしながら、六月二九日には労働雇用省次官により、七月三一日にはブリオン労働雇用省長官により却下されてしまった。ＴＭＰＣＷＡはこれに抗議して、労働雇用省前での行動を重ねていたが、この日の抗議はとりわけ熱がこもっていた。八月に入ると会社はＴＭＰＣＬＯと密かに労働協約交渉を開始したというニュースが伝わっていたのだ。しかも、ブリオン長官が新任の挨拶のためにフィリピントヨタ社に赴き、ＴＭＰＣＬＯとの団体交渉を促したという。ブリオン長官のやり方は巧妙だった。ＴＭＰＣＷＡの再検討申立書を却下した通告書だけをエド委員長に出し、通常は発行される「決定書」を添付していなかったのだ。「決定書」がなければ、次の法的段階に進めない。この日は、「決定書」の交付を求める要請文を長官に提出しようとしていた。若者たちは怒り心頭に発していた。

一〇時三〇分、ベルが率いる七人はこの要請文を提出するために、長官の執務室のある建物に向かった。入館を阻止するガードマンともみあっているうちに、ガードマンが、突然、威嚇発砲した。銃声を聞いた七人はパニックに陥り、階段を駆け上がった。ガードマンは再び発砲し、銃弾は最後尾にいたベルとレスターの頭上すれすれに飛び、壁に当たった。発砲は五回。頭に命中したら死んでいただろう。長官の執務室のある七階まで駆け上がった七人を多数の警官が追ってきた。堅い棍棒で打たれ、頭や足に傷を負った。ガードマン三人もケガをした。その後、七人を含む「インサイドワーカー」「アウトサイドワーカー」総勢二一人が逮捕され、治療のために病院に連れていかれた。「医者はガードマンには診断書を出して、自分たちには出してくれなかった」とベルは怒る。治療を受け、午後三時頃にマニラ西部警察署に移送の後、留置された。

私は、現地からの情報の収集、小嶋事務局長との連絡、保釈金の手配と、電話をかけ続けた。マニラの友人に、「まにら新聞」の記者に連絡してくれるように頼んだ。ＩＭＦのブライアン書記次長にも、すぐに一報を入れた。「心配するな。大丈夫」。事情を聞き終わったブライアンは暖かく包みこむような声で言った。ＩＭＦは、即刻、逮捕者の釈放を求める書記長の書簡をアロヨ大統領に送付し、ウェブサイトにも掲載した。限られた情報を使っての仕事の速さと見事さ。私は驚嘆した。

逮捕された二一人は狭い留置場に押し込められた。人いきれで異常に暑く、全員が横になるスペースがないので交代で寝たという。水もなく食事もでないので、一日三回の差し入れが頼りだった。「二一人の家族とたくさんの組合員が留置場に面会に来てくれたが、面会は一人一回三〇ペソ支払わなければならない」。ベルはシニカルに笑いながら語った。

警察署の前に、組合員、家族が集まった。南タガログの仲間も加わって、五〇人から七〇人が抗議の声をあげ続けた。逮捕されなかった組合員たちは、弁護士の手配、食料の確保、保釈金の算段、抗議行動と、三日間、不眠不休で働いた。八月一八日の夕方、処分保留で保釈金なしでもうすぐ釈放されると電話で聞いていた時、突然、受話器の向こう側から「ワー」という歓声があがった。「今、釈放されて警察署から出てきた」。釈放された二一人は仲間と一緒にジプニーに分乗し、二時間かけてサンタロサ工場前まで行き、六時半から七時まで三〇分間だけ抗議行動をした。私は、若者たちのエネルギーにも驚嘆した。

◆…九月一二日は世界共同行動日

八月一六日、逮捕事件と同日、IMFはウェブサイト上に九月一二日を世界共同行動デーとするニュースを掲載した。この日に、各国の加盟組織が、日本大使館・領事館に何らかの行動を起こすように訴えたのだ。ICFTU（国際自由労連）は、その年次レポートで、外国企業が組合つぶしに労働法を悪用している実例として、フィリピントヨタ争議をあげた。ICFTUもOECD-TUACもIMFグローバルキャンペーンを世界の労働運動の重要な課題と捉え、援護射撃をしているかのようだった。

九・一二共同行動にはさすがのトヨタも困ったようで、外務省に迷惑をかけると陳謝に訪れたという。支援する会に、突然、NCP（ナショナル・コンタクト・ポイント）から面談の申し入れがあり、八月三一日に外務省に赴くと、T担当官が発言した。「OECD本部から問い合わせがあったので、七月以降の近況を教えてほしい。トヨタから九月一二日のことで挨拶に伺いたいというので会いました。各国大使館にはデモでの抗議文を必ず受け取るように訓令を発した」。その席で、私は、外務省とトヨタが面談するのが初めてであることを知り驚いた。トヨタのどの部署の誰がNCPと接触しているか質問したが、トヨタから明らかにしないように頼まれているとして、日本政府は教えてくれない。トヨタが企業の社会的責任を果たしていると胸を張るなら、責任部署と責任者の名前を明かし堂々と対峙するべきで、日本政府の後ろに隠れるようなことはやめてほしいものだ。いずれにせよトヨタも日本政府もグローバルキャンペーンがかなり痛手であるようだった。

IMF本部が共同行動への参加を最も期待したIMF—JCは、引き続き動く気配がなかった。九月五日、日暮里のホテルラングウッドで開かれたIMF—JC第四五回定期大会のため訪日したマレンタッキIMF書記長は、IMF—JCに最後の説得を試みたようだ。三〇〇人の代議員と海外一七ヵ国の二六人の来賓の前でスピーチをした書記長は、その中で、一週間後の九月一二日に実施する国際共同行動にIMF—JCが参加するようにと熱弁をふるった。書記長のスピーチは、IMF—JCのウェブサイトに掲載されている第四五回定期大会の報告に詳しい。書記長は、フィリピントヨタ争議の概略とILO勧告にふれ、こう言葉を継いだ。「これは非常に深刻な労働者の権利侵害でありまして、IMFとして見過ごすことのできない、身を引くことのできない問題であります。このフィリピン問題がどうなるのか、その結果というのは、ＩＬＯ、ＩＭＦ及びその加盟組織であるＩＭＦ－ＪＣをも含めて、その信頼性が試される試金石となるのではないでしょうか。（略）日系多国籍企業の子会社でこのような争議が起こったときに、日本の産別労働組合、そして、ＩＭＦ－ＪＣの役割はどのようなものなのでしょうか。これらの問題について真剣に考えていただきたいとお願いします」。

ＩＭＦ－ＪＣの執行部には、共同行動への参加を直接に説得したと想像される。しかし、国際労働運動の、そしてＩＭＦ書記長のこの真摯な訴えは、日本のトヨタ労組にもＩＭＦ－ＪＣにも届かなかった。

そして、九月一二日がやってきた。世界でどのような行動があったのか、正確なことはよくわからないが、ＩＭＦのウェブサイトの情報などからまとめてみよう。

朝が一番早く来るオーストラリアから共同行動が始まった。ＡＭＷＵは「恥を知れ！　トヨタ」をスローガンに、メルボルンの日本領事館に一七〇人のメンバーが押し寄せ、シドニー、ブリスベーン、ホバート、アデレード、パースでも領事館やトヨタディーラーに向けて示威をおこなった。

アジアでは、タイでＴＥＡＭのリーダーたちが警察の監視の下、バンコクの日本大使館に申し入れ行動をおこない、チェンマイでも抗議行動を繰り広げた。インドネシアではジャカルタの大使館前で「彼らをすぐに復職させよ」とスローガンを叫びながら労働者がデモをした。韓国、シンガポールでも抗議文が届けられた。南アジアでは、インドのムンバイ、ニューデリー、チェンナイ、スリランカ、バングラデシュ、パキスタン、ネパールで日本大使館への申し入れ行動やデモが展開された。

ヨーロッパでは、ベルギーで六〇人の労働者がブリュッセルの日本大使館に行き、原職復帰を求める一〇〇〇人署名の嘆願書を渡した。大使館員は、日本政府がこのケースを調査し、必要とあればフィリピン政府への善処を求める、一ヵ月以内に結果を報告すると言い、テレビでもニュースとなった。フランスでは、バランシエンヌ工場前で抗議行動を繰り広げ、大使館に要請文を送った。オーストリアでは日本大使館にデモをかけ、デンマーク、フィンランド、ノルウェー、スウェーデンでは抗議文を送った。東ヨーロッパでは、ルーマニアのブカレスト日本大使館前での行動をはじめ、ウクライナ、セルビア、クロアチア、スロベニア、マケドニア、ボスニア―ヘルツェゴビナ、ブルガリア、モンテネグロ、コソボの組合が嘆願書や抗議文を日本大使館に届けた。ロシアでも日本大使館への申し入れ行動をした。

アフリカでは、南アフリカで、NUMSAのメンバー四〇〇人が、ヨハネスブルグの日本大使館前で抗議行動をおこなったのをはじめ、各地の領事館で嘆願書を渡し、ケニヤではナイロビの日本大使館に抗議文を送った。

中南米ではアルゼンチン、ブラジル、チリ、コロンビア、キュラソ、ペルー、メキシコ、ホンジュラス、ウルグアイ、ベネズエラ、グァテマラで日本大使館に抗議文を送った。

フィリピンでは、一〇時半過ぎ、日本大使館前でTMPCWAのメンバーとその家族七〇人が抗議行動を繰り広げるなか、エド委員長とTMPCWAメンバー、SAKKA（フィリピントヨタ労組家族・女性の会）、南タガログのCAR―AID（帝国主義支配に反対する自動車および関連産業の労働者連合）、MWAP（フィリピン金属労働者連合）の代表、そして日本の支援する会から私たち二人が、日本大使館内で杉山公使と労働担当のK一等書記官に要請文を手渡し、申し入れをおこなった。IMFニュースによれば、四四ヵ国以上にわたる七一のIMF加盟組織が、九月一二日の行動日に参加したという。

さて日本では、ＩＭＦ－ＪＣはやはり共同行動に参加しなかった。当日、支援する会代表団六人が東京のフィリピン大使館に赴き、フィリピン政府のフィリピントヨタ争議への姿勢を改めることを求める申し入れ書をフィリピン公使に手渡した。三日前の九月九日には支援する会とゼンゾウセンのメンバー二〇人が、池袋にあるショールーム・トヨタアムラックス東京前で旗をもってマイクで訴えビラをまいた。九月一五日には、六月に続き東京総行動の一環としてトヨタ東京本社に二〇〇人で抗議行動を組んだ。支援する会事務局の新たなメンバー、池田理恵の尽力で、オーストラリア電機工組合（ＥＴＵ）南部諸州支部アレックス・マカラム書記次長の参加があり、国際色豊かにフィリピントヨタ争議解決に向けての要請行動に取り組んだ。池田は神奈川労災職業病センターのスタッフで、フィリピンに長く留学し、タガログ語やフィリピンの文化に通じている。愛知では九月二二日午後六時半から、名古屋駅の向かい、トヨタの栄華を誇示するミッドランドスクエア前で、支援する愛知の会など二八人が一〇〇〇枚のビラをまき、ＩＭＦのグローバルキャンペーンに呼応した。

九月一二日の世界共同行動日には、アジア・太平洋、ヨーロッパ、アフリカ、中南米の大陸にまたがって、抗議行動が展開された。しかし、その後も、トヨタは交渉に応じていないし、譲歩もしていない。その原因はさまざまに考えられるが、日本国内での問題も大きい。トヨタ労組、ＩＭＦ－ＪＣの不参加に加え、マスコミを通じた世論づくりの欠如など、私たちの力の限界もあるだろう。

しかしながら、このグローバルキャンペーンが日本の労働運動に及ぼした影響は無視できない。ＩＭＦグローバルキャンペーンにより、日本において国際労働運動および国際連帯への理解が深まったことは、予期せぬ果実だった。国際労働運動が長年の経験のもとに積み上げてきた国際連帯のプロセスは、まず、現地、加盟団体を尊重することだ。IMF本部が、意見の相違するIMF–JCと論議を重ねたことからもわかるように、民主的に話し合いを進め、世界の労働者にとって必要であるならば、プロセスを踏みながら、自分たちとは組織的に無関係な労働者にも惜しみなく支援の手を差しのべた。会社との交渉の際は、互いに攻撃を暫定的に休止し、最初にIMF–JCを仲介役として交渉し、不調に終わればIMF本部の仲介による交渉、それも不調となれば第一波、第二波の共同行動に移るという一連の民主的プロセスがあった。このプロセスはウェブサイトで公開され、情報は透明化、簡素化されていた。言葉の壁、政治的立場の相違をかかえた国際組織が、長年の運動経験のもとに積み上げてきたスタイルだろう。

これまでの日本における海外日系企業の労働争議支援は、フィリピントヨタのケースからもわかるように、日本のメインストリームでない労働組合、労働NGOが担ってきた。しかし、それらの支援運動は、IMFのような国際労働組織とのパイプを持たず、情報は限られていた。今回のIMFのグローバルキャンペーンを通じて、国際労働運動が労使協調路線ではない「もう一つの世界」を目指していることが、言葉だけでなく実践として理解できたのだ。海外の争議支援をおこなってきた日本の労働者は、国際労働運動への信頼を急速に深めたといえる。

歴史と経験をもつIMFの国際連帯運動は、手作りと言ってもいい日本側の国際連帯運動とはスタイルこそ違っているが、双方とも世界労働者の共通の利益を視野に入れた運動を展開している。

日本の労働界にも、グローバリゼーションの時代が到来した。

終章

◆…闘いは続く

二〇〇六年九月を頂点とするIMFの反トヨタ・グローバルキャンペーンは、IMFの近年の活動のなかで重点課題の一つだった。しかし、キャンペーンによって事態が直ちに解決に向けて動き出すことはなかった。二〇〇六年一一月にジュネーブで開かれたIMF執行委員会は、「組合活動を理由に解雇されたフィリピントヨタ労働者の職場復帰に向かって引き続き闘っていくことを誓うとともに、フィリピンの進歩的独立系諸労働組合との共闘にIMFの努力を拡大していく」ことを決定した。IMF本部としては、大規模なキャンペーンは続けられないが、TMPCWA（フィリピントヨタ労組）支援の立場は維持することを明らかにし、TMPCLO（フィリピントヨタ労働者組織）寄りのIMF-JCを牽制することをねらったと考えられる。

フィリピンでは、前年に続き一一月に下院の労働雇用委員会で、フィリピントヨタ争議について野党議員から労働雇用省に対して質問がおこなわれた。そのポイントは、TMPCWAが唯一の労使交渉団体と主張しているにもかかわらず、ＴＭＰＣＬＯを交渉団体として認定したのはなぜか、という点だった。日本の国会でも一〇月、社民党の阿部知子議員が衆議院厚生労働委員会で、派遣労働者の偽装請負問題と関連させて、フィリピントヨタ社の労働権・人権無視の問題を質問した。柳沢厚生労働大臣は、「ああいうような立派な会社であれば、主張すべき事由があって」争いがあると思うとして、係争中の事案のためコメントは差し控えるとの答弁をおこなった。阿部議員は以前に質問主意書を提出したことがあり、今回が二回目の質問であった。大臣の答弁は不十分だったが、争議の存在を国会で大臣が認めたこと、トヨタの法的責任を言下に否定できなかったことなどは、トヨタに対する一定の圧力になっただろう。

こうした動きがあるなかで、フィリピントヨタ社内部では、会社側とＴＭＰＣＬＯ執行部が着々と労働協約の協議を進め、一一月にその内容が明らかになった。そこには、団体行動権の否定、人員整理における事前協議制の事実上の放棄など、会社側に一方的に有利な条項が盛り込まれていた。また、一般労働者のＴＭＰＣＬＯ加入を促し、ＴＭＰＣＷＡを切り崩すねらいも込められていた。

このようにきわめて問題のある労働協約であるため、フィリピントヨタの一般労働者の間から疑問の声があがったが、結局協約は一一月に締結され、労働者の批准署名を集めたうえで二〇〇七年一月に労働雇用省に登録された。有効期限は二〇一一年までとされている。

さらに二〇〇七年一〇月、ＴＭＰＣＷＡに痛手となる最高裁判決が下された。ＴＭＰＣＷＡは、二〇〇一年二月から五月にかけての一連の行動を違法ストと認定し二三三名の解雇を肯定した二〇〇一年八月、九月の中央労使関係委員会（ＮＬＲＣ）の裁定、これを不服とした訴えを棄却した二〇〇二年一月二七日の高等裁判所決定に対して、最高裁に上告をしていた。一方フィリピントヨタ社は、二二七人の被解雇者に対する退職金（離職補償金）を認めた二〇〇三年六月二〇日の高裁決定を不服とし、最高裁に訴えていた。この二つの訴訟を併合して審理した最高裁第二部は、ＴＭＰＣＷＡの訴えを棄却し、会社側の主張を全面的に認める判決を下したのだ。判決文はご丁寧にも、ストライキは時代遅れで、労使協調こそ望ましいと論じている。ＴＭＰＣＷＡは直ちに反撃に転じ、最高裁大法廷に再検討の申し立てをおこなった。

二〇〇八年に入り、状況は一段と厳しさを増した。三月、最高裁はＴＭＰＣＷＡの再検討申し立てを棄却した。すると、それを待っていたかのように、ＴＭＰＣＷＡの団体交渉権問題について長い間店晒しにしてきた高裁が、団交権を否定する判決を下した。その内容は、すでにＴＭＰＣＬＯが労働協約を締結したという既成事実を追認するもので、二〇〇一年当時の判断を回避する姑息な論理を用いていた。

他方、現地では軍事的な緊張が高まりをみせた。一月、サンタロサのＴＭＰＣＷＡ事務所近くに、フィリピン陸軍第二〇二歩兵旅団分遣隊が配備され、軍人たちが組合事務所を直接訪れたり、近辺で聞き込みをおこなったりして、組合員や住民を威嚇しはじめた。軍人たちはサンタロサ工場内に出入りし、フィリピントヨタ社と緊密に連携しているとの情報もある。三月一〇日には、カビテにある日系大手自動車部品企業・ヤザキトーレスのジェリー・クリストバル元労組委員長が政治的殺害の犠牲者となった。軍隊の進駐と政治的殺害の連鎖、そこには南タガログの労働運動を軍事的手段を行使してでも鎮圧しようとする意図がうかがわれる。その渦中にあるフィリピントヨタ争議は、ますます政治的色彩を濃くしている。

それでは、二〇〇六年九月以降の日本での動きはどうか。日本では、すでに述べたＴＭＰＣＷＡのゼンゾウセン加盟から生じた法廷闘争が続いた。ゼンゾウセン（全造船関東地協・神奈川地域労組）はトヨタとの接点をつくる目的でＴＭＰＣＷＡを自己の組織内に編入し、トヨタ本社に団体交渉を要求したが、それを拒否されたため、神奈川県労働委員会に救済を申し立てた。この申し立てが却下されたため、中央労働委員会に再審査を申し立てたが、それも二〇〇六年一二月一二日に棄却されてしまった。ゼンゾウセンは二〇〇七年四月二日、中労委決定の取消しを求めて東京地裁に提訴をおこなった。その第一回公判が五月七日、第二回公判が七月二日に開かれたが、八月六日に請求棄却の判断が下された。そこで東京高裁に控訴したものの、一〇月二六日の口頭弁論を経て、一二月二六日に控訴棄却の判決にいたった。ゼンゾウセンは二〇〇八年一月から二月にかけて、最高裁に上告する手続きを進めた。この訴訟はこれまでのところ大きな波及効果をもたらしてはいないが、多国籍企業の労働問題を扱う国際労働法の新分野を開拓する意味をもっており、今後のさらなる理論化が待たれる。

一方、支援する会は二〇〇七年三月末から四月初めにかけて、フィリピンからエド委員長とフィリピン日産労組のロデル副委員長を招き、抗議キャンペーンを展開した。フィリピン日産では、フィリピントヨタと同じ時期に争議が始まり、多数の労働者が解雇されていた。長期の闘争の結果、二〇〇六年一〇月、フィリピン最高裁は、解雇者のうち一四四名の職場復帰を認める判断を示した。しかし会社側はこれに応じず、金銭解決で終わらせようとしていた。フィリピン日産は台湾資本系だが、日産のブランドを背負う日系企業であり、工場はトヨタのすぐ近くで、連携した運動をつくってきていた。そこで、副委員長が初めて来日し、フィリピン日系企業ではさまざまな争議が起こっていることを訴えたわけである。エドとロデルを中心とするこの時の活動は、トヨタ東京本社・日産本社への申し入れ行動、多国籍企業の組合つぶしを糾弾する連帯集会、ゼンゾウセンの東京地裁提訴に合わせた記者会見、NCP(ナショナル・コンタクト・ポイント)との面談などが主なものだった。

NCPに対しては、三月九日付けでTMPCWAから対処を催促する文書を送っていたところ、三月三〇日付けで、「NCPは、引き続き根気強く双方から意見を聴取していきますし、事情が許すならば問題の解決のために仲介の役割を提供していく用意があります」との前向きな回答が寄せられていた。これは、OECDの会議の場で、日本NCPの対処の遅れを指摘されたことが背景にあるように思われる。しかし、四月二日の七回目の面談の場ではそれほど前向きな姿勢が感じられず、相変わらず調査中で初期評価は終わっていないという返答に後退した。九月一三日の八回目の面談では最後に「繰り返しになるが、ガイドラインには強制力がない」と付け加える始末だった。

五月末から六月初めにかけて、エド委員長と早川は、ILO総会開催中のジュネーブを訪れ、各国の代表にフィリピントヨタ争議の現況を改めて訴えた。ILO結社の自由委員会は六月二五日、第三四六次報告書を発表した。そこでは、二〇〇六年一一月の第三四三次報告書をふまえ、引き続きフィリピン政府に問題解決に向けて努力するようにとの勧告を発している。特に、TMPCWAが存在するにもかかわらず、新たに組合承認投票を認め、TMPCLOに有利に事態を進めたことに対して、「再度深い遺憾の意を表明せざるを得ない」と述べ、TMPCWAを尊重する立場を維持している点に注目すべきであろう。

こうしたさまざまな活動をふまえ、九月の第二回反トヨタ・グローバルキャンペーンが準備されていく。第一回のようにIMF本部が主導権をとるのでなく、日本の支援する会とTMPCWAが前回の参加組織を中心に世界に呼びかける形をとった。日本でのキャンペーンに合わせて、フィリピンからTMPC

WAのベル執行委員とフィリピン日産労組のロデル副委員長が来日した。ベル、ロデルを中心に、愛知のトヨタ本社、東京のトヨタ東京本社、日産本社への抗議行動、連帯集会、外務省NCPとの面談などが取り組まれた。フィリピンでもマニラの日本大使館への申し入れ行動がおこなわれた。グローバルキャンペーンとしては、世界一七ヵ国、五八団体・個人、日本国内三〇〇団体の賛同を得て、FAX、メール、ハガキの形で抗議の声をトヨタに送りつけた。

フィリピンでも日本でも、闘いはまだまだ続く。

◆…「下からのグローバル化」を

多国籍企業主導のグローバル化は、地球上のすみずみまで市場経済を浸透させ、市場万能の世界をつくりだそうとしている。そのために多国籍企業は、国際機関、さらには主権国家を実質的に支配しつつある。むろん他方では、このような支配への抵抗運動が世界のいたるところでおきている。フィリピントヨタ争議の経過は、世界的にみられる多国籍企業による国家の支配とこれへの抵抗の構図を、典型的に表わしている。

フィリピンでは、多国籍企業を招き入れようとする政府が、一連の開発政策を展開した。農地から農民を追い出し、道路や工業団地を整備していく。インフラづくりの反面で、環境破壊が進んだ。インフラづくりには日本のODAが投入され、税制の優遇などワンセットの外資誘致策が用意された。さらに、農村や都市の貧困家庭から、低賃金で働く優秀な人材が提供されることになる。こうして舞台が整えられたところに、外資が進出してくる。フィリピントヨタはその中心的存在だった。

フィリピントヨタ争議は、フィリピントヨタ社による労働権の侵害が発端だった。TMPCWA（フィリピントヨタ労組）は、フィリピンの法規に従って結成され、労働雇用省により団体交渉権を承認された。しかし、会社はこの裁定を不服として法的対抗手段をとり続けた。そのため、労働雇用省長官が最終裁定を出す前に開いた公聴会に、組合員たちは正義を死守しようと大挙して参加した。労働雇用省長官の最終裁定も、TMPCWAを団体交渉権のある組合であることを認めたが、同日、会社は、公聴会への参加が違法ストライキにあたるとして、二日欠勤した組合員と組合リーダー、総勢二三三人を解雇したのだ。たった二日間の欠勤で解雇という厳しい処分は、あまりにも理不尽である。トヨタは大量解雇により、組合に結集した労働者を一掃したうえで、非正規雇用を導入し、労使協調路線の組合を育成して、トヨタ生産システムの浸透を進めていった。

組合が解雇撤回を掲げてストライキに突入すると、争議は政治的になった。フィリピントヨタ社は他の日系企業を伴い、フィリピン政府に投資撤退の脅しをかけたのだ。日系多国籍企業とフィリピン財界は、労働争議の頻発をおさえようと、フィリピントヨタ争議を労使の天王山と位置づけ、成立したばかりのアロヨ政権に圧力をかけた。外資依存の開発路線をとるアロヨ政権は、労働雇用省、さらに司法機関、警察、軍隊まで動員し、会社側に有利となる対処策を繰り出した。トヨタはフィリピン政府の「解決策」を評価し、アロヨ大統領を工場に招くなどして親密な関係を演出してみせた。多国籍企業トヨタは、フィリピン政府までも支配している。

この一連の事実は、視野を広げてみれば、一九九五年に発足したWTO、近年多数締結されているFTA（自由貿易協定）を通じて、多国籍企業に最大限の自由を提供しようとする新自由主義の世界的潮流のフィリピンにおける現れにほかならない。

しかし、新自由主義の潮流が世界を一方的に席巻しているわけではない。他方では、市場万能のグローバリゼーションが引き起こす、環境、人権等の普遍的価値の毀損を問題視し、多国籍企業の規制を強化しようとする潮流が、ヨーロッパを中心に陣形を整えつつある。OECDの多国籍企業ガイドライン、一九九八年の「労働における基本的原則および権利に関するILO宣言」、IMFなど国際労働組織のIFA（国際枠組み協定）は、そうした規制潮流の今日的到達点を示す。そこでは、労働基本権の尊重が核心的要件として位置づけられている。また、多国籍企業主導のグローバル化に反対し、オルタ・グローバリゼーションの道を歩もうとしているさまざまなグループが、下からのグローバル化のネットワークを形成しつつある。

フィリピントヨタ争議の特徴の一つは、当初から国際連帯による闘いが組まれたことだ。正義を求めて闘うフィリピンの若者たちを真っ先に支援したのは、解雇やいやがらせにあいながらも大企業への抵抗を続けてきた日本の労働者たちだった。フィリピン国内では多国籍企業に有利な不当裁定が次々と出されるので、問題をILOやOECDの場に持ち込んだ。これには日本の支援運動が深くかかわった。ILOは訴えを認め、それを受けてIMFなどの国際労働組織、アジアやヨーロッパの人権・労働NGOが支援に乗り出し、国際連帯活動は多国籍企業規制の世界潮流に合流していった。

市場万能のグローバリゼーションをめぐって、世界ではこれを推進する潮流と規制をかける潮流との激突が続いているのだ。フィリピントヨタ争議は、まさにその激突する戦場の一角に位置している。争議は明らかに、フィリピンに進出した一日系企業のレベルを超えた。フィリピントヨタ社の背後には、フィリピン進出日系企業、フィリピン日本人商工会議所、フィリピン財界、フィリピン政府、そして多国籍企業トヨタ、日本経団連、日本政府が控えている。TMPCWAのバックには、グローバリゼーションに対抗するフィリピン、日本、そして世界の労働運動、市民運動がついている。フィリピン進出日系企業がこの闘争を一連の争議の天王山と捉えたのは、本質を衝いていた。資本の自由か規制か、企業の利益か労働者の基本権か、二つの世界観のぶつかり合いなのだ。

フィリピントヨタ争議は、日本における労働分野での企業の社会的責任が、いかに世界標準とずれているかを照らしだす鏡の役割を果たした。多国籍企業トヨタの本社のある日本社会では、政府、労働界、マスコミを含めて、フィリピントヨタ争議への関心はあまり高くない。日本社会には、企業の利益を優先する思想が蔓延し、非正規雇用の増大、格差と貧困が深刻な問題となっている。企業利益優先の思想は、経済界はむろんのこと、政府、労働界にまで浸透している。その根底には、労働基本権を軽視する考え方があり、フィリピントヨタ争議への感度の鈍さに通じている。

世界標準でいえば、労働基本権の尊重は、企業の社会的責任の重要な構成要件であるが、日本社会には、こうした多国籍企業規制の潮流は換骨奪胎されて入ってきている。経団連は、一九九一年に最初の「企業行動憲章」を作成し、以後数次の改訂を加えているが、企業不祥事への対処、リスクマネジメントの一環という位置づけが強く、労働基本権尊重の規定は弱い。日本経団連が設立されると、トヨタ出身の奥田初代会長が音頭をとり、多くの企業にCSR（企業の社会的責任）への取組みを促し、二〇〇三年は「CSR元年」となった。しかし、日本版CSRは、世界の企業行動規範の流れと異なり、コンプライアンス（法令遵守）、環境、社会貢献などを中心とし、労使関係の要素は後景に退いている。

環境にやさしい企業としてCSRの促進の旗頭であるトヨタが実は、労働者にはやさしくない企業として国際的批判を浴びている。国際労働組織の批判だけではない。見てきたように、SRI（社会的責任投資）の代表的な調査機関であるストック・アット・ステイクは、トヨタを投資基金・ポートフォリオ21の投資適格企業のリストから除外した。国際的な人権団体である民衆連帯は、トヨタへの抗議行動を繰り返している。企業の社会的責任は、環境へのやさしさと人間へのやさしさが両輪になってはじめて成り立つ。

こうした多国籍企業の逸脱した行為に対しては監視を強めるべきなのだが、日本政府の対応はいかにも消極的だ。CSRに関して厚生労働省や経済産業省が設置した研究会は報告書を作成したが、労働基本権の扱いは弱い。また、トヨタがOECD多国籍企業ガイドラインに違反しているとの申し立てに対して、NCPを構成する外務省・経済産業省・厚生労働省は一向に動く気配がない。規定によれば、速やかに調査・対応しなければならないにもかかわらず、申し立てから四年が経過してなお「初期評価」すら終えていない。日本のNCPに対する評価は、アメリカ、韓国と並び、国際社会ではきわめて低く、とりわけフィリピントヨタのケースでは、国際的非難を浴びている。

労働委員会、司法界の対応も遅れている。ゼンゾウセンは、TMPCWAを加入組合とし、トヨタに団体交渉を申し入れ、これを拒否されたため神奈川県労働委員会に不当労働行為の救済申し立てをおこなった。地労委は、日本の労働法は海外の労使関係に及ばないとして、申し立てを却下した。この論理は、その後の中央労働委員会、東京地方裁判所、東京高等裁判所すべてに共通している。しかし、企業活動がグローバル化し、労使関係が国境を越えている現状に対して、労働法が追いついていないことこそが問題ではないのか。

日本の労働界はどうだろう。フィリピントヨタ争議は、多国籍企業本国・日本の労働運動に、国際連帯とは何かという本質的な問題を投げかけた。この争議に関してはトヨタ労組が主に対応しているようだが、いずれにしてもＩＭＦ‐ＪＣの対応は日本のメインストリームの労働組合の姿を映し出したといえる。ＩＭＦ‐ＪＣが企業別組合として労使協調路線をとるかぎり、企業の利益を優先し、正規労働者がその配分を受ける仕組みを認めざるをえない。労働組合にとっても、企業の競争力強化は必要なこととされ、経営者の論理に取り込まれていく。

連合にもＩＭＦ‐ＪＣ内部にも、フィリピンの若者に同情する人は少なくないと聞くが、企業別組合の労使紛争はその労使で解決するという暗黙の了解の下、トヨタ労組に任せているのか、未だに支援の動きはない。しかしながら、フィリピントヨタ争議は今や国際問題となり、企業の争議ではなくなっている。フィリピントヨタの若者たちが誇り高く宣言しているように、世界の労働者全体の問題となっている。

フィリピントヨタ争議の解決の鍵を握るのは、トヨタ本社、日本政府、日本の労働界だ。日本標準ではなく世界標準で多国籍企業規制に取り組む時代が到来したことを、フィリピントヨタ争議は日本社会に問うているのではないだろうか。

今、この稿を閉じようとするとき、この争議を通じて知り合った人たちの顔が次々と脳裏をよぎる。現地で闘い続けているフィリピントヨタの労働者・家族たち、南タガログ地域の労働者たち、日本、香港、フランス、スイス、ポーランド、南アフリカ、ブラジル、オーストラリア、その他多くの国々の支援者たち。フィリピントヨタの若者たちの正義を求める闘いが触媒となり、立場の違う世界の人たちが多国籍企業トヨタへの怒りを共有し、若者たちへのやさしさを引き出した。そして、この国際連帯が、また、フィリピントヨタの若者たちを支えている。

怒りとやさしさで紡がれた、このような小さなネットワークを張り巡らしていくことが、「底辺に向かっての競争」に対峙する「下からのグローバル化」なのかもしれない。

主要参考文献・ウェブサイト

●フィリピントヨタ闘争

遠野はるひ、金子文夫「トヨタはフィリピンで何をしているか」（『世界』二〇〇六年一二月号）

遠野はるひ「トヨタ・イン・フィリピン」（『現代の理論』一五号、二〇〇八年四月）

Chang, Dae-oup ed., Labour In Globalising Asian Corporations: A Portrait Of Struggle, Asia Monitor Resource Centre, Hong Kong, 2006

小嶋武志「トヨタ自動車フィリピン労組の闘いに連帯の支援を！」（『ひとびと』一二号、二〇〇一年）

吉田稔一「第二の山場に突入したフィリピントヨタ労組の闘い」（『飛礫』四九号、二〇〇六年）

『フィリピントヨタ労組と共に』各号、神奈川地域労働運動交流、二〇〇一年～二〇〇七年

フィリピントヨタ労組を支援する会　http://www.green.dti.ne.jp/protest_toyota/

TMPCWA　http://www.tmpcwa.org/

Asia Monitor Resource Centre　http://www.amrc.org.hk/

●トヨタ自動車

トヨタ自動車『創造限りなく　トヨタ自動車五〇年史』一九八七年

トヨタ自動車『トヨタの概況』各年版

大野耐一『トヨタ生産方式』ダイヤモンド社、一九七八年
読売新聞特別取材班『豊田市トヨタ町一番地』新潮社、二〇〇三年
猿田正機『トヨタシステムと労務管理』税務経理協会、一九九五年
猿田正機『トヨタウェイと人事管理・労使関係』税務経理協会、二〇〇七年
片山修『誰も知らないトヨタ』幻冬社、二〇〇五年
横田一、佐高信『トヨタの正体』金曜日、二〇〇六年
週刊金曜日編『続トヨタの正体』金曜日、二〇〇七年
渡邉正裕、林克明『トヨタの闇』ビジネス社、二〇〇七年
金子文夫「トヨタのグローバル戦略」（『季刊ピープルズ・プラン』二六号、二〇〇四年五月）
Kaneko Fumio, Toyota: a Corporate Monarch Shaping Japan in its Image, Japonesia Review, No.1, 2006
願興寺晧之『トヨタ労使マネジメントの輸出』ミネルヴァ書房、二〇〇五年
今井宏『トヨタの海外経営』同文館出版、二〇〇三年
島田卓、日刊工業新聞社編『トヨタとインドとモノづくり』日刊工業新聞社、二〇〇七年
トヨタ自動車　http://www.toyota.co.jp/
フィリピントヨタ社　http://www.toyota.com.ph/

●アジアの自動車産業

鶴見良行『アジアを知るために』筑摩書房、一九八一年
アジア経済研究所編『発展途上国の自動車産業』一九八〇年

丸山恵也編『アジア自動車産業』亜紀書房、一九九七年
Automobile Workers and Industry in Globalising Asia, Asia Monitor Resource Centre, Hong Kong, 2004
洞口治夫「フィリピンの乗用車市場構造と日系アッセンブリー・メーカーの役割」(『アジア経済』三二巻一二号、一九九一年一二月)
山浦雄三「フィリピン及びタイにみる自動車部品産業育成と経済発展」(『立命館国際地域研究』一四号、一九九九年三月)
小林英夫、竹野忠弘編『東アジア自動車部品産業のグローバル連携』文眞堂、二〇〇五年
フォーイン『アジア自動車産業 2006』二〇〇六年
フォーイン『アジア自動車部品産業 2008』二〇〇七年
東洋経済新報社編『海外進出企業総覧』各年版
日本自動車工業会 http://www.jama.or.jp/

●フィリピンの政治経済と日本

川中豪編『ポスト・エドサ期のフィリピン』アジア経済研究所、二〇〇五年
『季刊 at』第四号、二〇〇六年七月、特集「フィリピンの「対抗的政治社会運動」批判」
池端雪浦、リディア・N・ユー・ホセ編『近現代日本・フィリピン関係史』岩波書店、二〇〇四年
津田守、横山正樹編『開発援助の実像——フィリピンから見た賠償とODA』亜紀書房、一九九九年
M・F・モンテス、小池賢治編『フィリピンの経済政策と企業』アジア経済研究所、一九八八年
ジョセフ・Y・リム、野沢勝美編『フィリピンの経済開発と地方分権政策』アジア経済研究所、一九九三年

木村宏恒『フィリピン　開発・国家・NGO』三一書房、一九九八年
中西徹・小玉徹・新津晃一編『アジアの大都市4　マニラ』日本評論社、二〇〇一年
福島康志『フィリピンの労働事情』日本労働研究機構、一九九四年
神尾真知子「フィリピン労働法」（『季刊労働法』一七四号、一九九五年五月）
『海外労働時報』三三六号、二〇〇三年増刊号
アムネスティ・インターナショナル『フィリピン　政治的殺害、人権、そして和平プロセス』アムネスティ・インターナショナル日本、二〇〇六年
小島延夫、諏訪勝編『これでいいのか、ODA』三一書房、一九九六年
諏訪勝『破壊——ニッポンのODA四〇年のツメ跡』青木書店、一九九六年
藤本伸樹「『カラバルソン開発計画』の一〇年」（『月刊オルタ』二〇〇〇年七月号〜一〇月号）
長瀬理英「輸出加工区と進出企業・フィリピン」（福家洋介、藤林泰編『日本人の暮らしのためだったODA』コモンズ、一九九九年）
藤林泰「弱者切り捨ての「援助」・フィリピン」（藤林泰、長瀬理英編『ODAをどう変えればいいのか』コモンズ、二〇〇二年）
外務省経済局EPA交渉チーム編『解説FTA・EPA交渉』日本経済評論社、二〇〇七年
外務省　http://www.mofa.go.jp/mofaj/
フィリピン政府　http://www.gov.ph/
フィリピン経済区庁　http://www.peza.gov.ph/
フィリピン日本人商工会議所　http://www.jccipi.com.ph/

●多国籍企業の規制と国際労働運動

日本ＩＬＯ協会編『講座ＩＬＯ（国際労働機関）――社会正義の実現をめざして――』上、下、一九九九年
『資料集――国際社会における責任ある企業行動のために――』日本経営者団体連盟、二〇〇一年
『多国籍企業に於ける建設的な労使関係確立のために』日本労働組合総連合会、二〇〇三年
A FAIR GLOBALIZATION: Creating opportunities for all, World Commission on the Social Dimension of Globalization, ILO, 2004
中嶋滋「国際労働組合運動の展望を探る」（『現代の理論』一五号、二〇〇八年四月）
アジア・太平洋人権情報センター編『アジア・太平洋人権レビュー２００４　企業の社会的責任と人権』現代人文社、二〇〇四年
吾郷眞一『労働ＣＳＲ入門』講談社、二〇〇七年
高巌他『企業の社会的責任』日本規格協会、二〇〇三年
谷本寛治編『ＳＲＩ　社会的責任投資入門』日本経済新聞社、二〇〇三年
佐久間健『トヨタのＣＳＲ戦略』生産性出版、二〇〇六年
ILO　http://www.ilo.org/global/lang--en/index.htm
OECD-TUAC　http://www.tuac.org/en/public/index.phtml
IMF　http://www.imfmetal.org/main/index.cfm
IMF-JC　http://www.imf-jc.or.jp/
民衆連帯　www.globenet.org/reseau-solidarite

	9—	会社側、TMPCWA組合員を刑事告訴	11.21-29	エド委員長ら訪日、トヨタ本社へ申入れ
2002	2— 12—	刑事告訴の組合員、起訴される TMPCLO、組合登録	7.28-8.2 11—	かながわ交流激励団、訪比 ベル執行委員ら、訪日
2003	9.24	最高裁、TMPCWAの交渉権仮差し止めを無効とする判決	2.24 11— 11—	TMPCWA、ILO提訴 エド委員長ら、訪日 ILO結社の自由委員会、比政府に勧告
2004	12—	ビクータン工場閉鎖	3.4 9.16	TMPCWA、支援する会、OECD提訴 TMPCWA、全造船関東地協加盟
2005	2.8 6.30	TMPCLO、組合承認選挙を申請 労働雇用省、TMPCLOの申請を承認	2.10 8—	全造船関東地協、神奈川県労働委員会に救済申立 IMF、TMPCWAと会社の交渉を仲介
2006	2.16 8.16 11—	組合承認選挙実施 TMPCWAの21人、労働雇用省抗議行動で逮捕 会社、TMPCLOと労働協約締結	3— 6— 9.9 9.12 12.20	IMF仲介の交渉、最終的に決裂 IMF世界キャンペーン第一波 日比経済連携協定調印 IMF世界キャンペーン第二波、共同行動日 中央労働委員会、全造船関東地協の申立棄却
2007	10—	最高裁、「違法スト」認定の判決	4.20 9—	全造船関東地協、中労委決定に対して東京地裁に行政訴訟 反トヨタ世界キャンペーン
2008	1— 4—	国軍、TMPCWA事務所付近に配備 高裁、TMPCWAの団交権否定の判決		

フィリピントヨタ闘争略年表

	フィリピン		日本・世界	
1988	8.3	フィリピントヨタ社設立		
1989			7—	フィリピン援助国会議開催
1990	8—	トヨタオートパーツフィリピン社設立		
1991			10—	JICA、カラバルソン計画報告書作成
1992	2—	TMPCLU、組合登録		
1996	11—	サンタロサ工場開設		
1997	3	TMPCEWU、組合登録	7	アジア通貨危機勃発
	年末	会社、早期退職の募集		
1998	4.15	TMPCWA、組合登録		
1999	2.4	TMPCWA、組合承認選挙申請		
2000	3.8	TMPCWAの組合承認選挙実施	7—	横須賀市民の会、訪比
2001	1—	アロヨ政権発足	1—	ブッシュ政権発足
	2.21-23	労働雇用省、公聴会開催		
	3.16	労働雇用省長官、TMPCWAを交渉権ある組合とする最終裁定		
	3.16	会社、2月22-23日の「無断欠勤」を理由に227人解雇		
	3.28	TMPCWA、ストライキ突入		
	4.10	労働雇用省長官、スト中止、職場復帰命令	4.19-24	エド委員長訪日、セミナー、抗議行動
	5.23,28	TMPCWA、工場前ピケ	4.26	小泉政権発足
	6.29	高裁、3月16日の労働雇用省長官裁定に対して仮差し止め命令	7.30-8.2	かながわ交流激励団、訪比
	8.9	中央労使関係委員会、2月22, 23日、5月23, 28日の行動を「違法スト」と認定	9.11	アメリカ同時多発テロ
			9,12-15	アロヨ大統領訪日
			10.18	フィリピントヨタ労組を支援する会結成

あとがき

　トヨタという巨大多国籍企業を扱った文献は数え切れないほどあるが、多くはその「光」の側面のみを描き、「影」の側面にふれようとしない。フィリピントヨタ闘争は、多国籍企業のあり方を問う重要な問題であるにもかかわらず、これまでのところその全体像や意義が日本社会にほとんど知られてこなかった。日本社会に知られていない理由は多々考えられるが、一つには海外でおきたフィリピントヨタ争議の背景が、複雑でわかりづらいことだろう。そこで、なお調査不十分なところがあるとはいえ、二〇〇六年九月のＩＭＦ世界キャンペーンを一つの区切りとみて、中間報告を出すことにした。

　ＩＭＦ世界キャンペーンからすでに一年半を経過し、終章でふれたように現地の状況はますます厳しさをましている。詳しくはフィリピントヨタ労組を支援する会とＴＭＰＣＷＡのウェブサイトを見ていただきたい。フィリピントヨタの若者たちは、日々、命を奪われる危険にさらされながら活動を続けている。私たちはこの事実をトヨタで働く人たちに知ってもらいたいと思う。子供たちを満足に食べさせられないほどの生活苦にもかかわらず、なぜ闘いを継続しているのかを理解してほしいと思う。そして、国境は越えていても同じトヨタで働いていたフィリピンのチームメンバーのために行動をおこしてもらいたいと願う。アジアの子会社で働く労働者は、世界に広がる多国籍企業の関連会社、とりわけ本社組合との真の連帯を望んでいる。この目標にたどりつく道のりはまだ遥かに遠いが、フィリピントヨタ争議支援の過程を通じて労働者・市民の国際連帯の希望がみえてきたのではないかと思う。

本書は遠野と金子の共著の形をとっている。遠野は二〇〇〇年からフィリピントヨタ労組の支援運動にかかわり、金子は二〇〇四年からこれに加わった。本書は、遠野が自ら体験し、感じたことをもとに、フィリピントヨタ労組メンバーへのインタビュー、および支援運動のなかで入手したさまざまな情報・資料を加えて書かれた文章がベースになっている。本文中に私とあるのは遠野をさしている。金子は、トヨタ自動車や日比両国政府の動向について書き加えたうえで、全体の調整をおこなった。

闘争の経過については、主に労働者からのインタビューによっているため、聞き間違いがあるかもしれない。また、闘争がなお継続中であるため、知りえたすべてを記すことはできなかった。いずれ、別な書き手あるいはフィリピントヨタの組合員たち自身により、この歴史的な闘争の全貌がより正確に明らかにされることを期待したい。

本文中の人名は実名を基本としたが、一部は仮名とした。諸々の事情を考慮して、名前をあえて伏せた方たちも多数いる。また、敬称は省略した。

本書の作成にあたっては、TMPCWA、フィリピントヨタ労組を支援する会など多くの方々のお世話になった。社会評論社の新孝一氏には、横浜アクションリサーチセンターが市民運動のために企画した『トービン税入門』の翻訳出版に続いてお世話になった。厚く感謝したい。

遠野はるひ
金子　文夫

二〇〇八年四月、横浜にて

遠野はるひ（とおの・はるひ）

1951年生まれ。東京大学大学院修士課程修了。「アジアの女たちの会」などで、多国籍企業の労働問題、買春観光・基地買春・移住労働者などの調査・支援活動をする。現在は「横浜アクションリサーチセンター」代表、「ピープルズプラン研究所」運営委員。「フィリピントヨタ労組を支援する会」、「オルタモンド」事務局で多国籍企業の規制にとりくむ。

金子文夫（かねこ・ふみお）

1948年生まれ。東京大学大学院博士課程修了。横浜市立大学教員。「横浜アクションリサーチセンター」で、日系多国籍企業、日本のODA、FTA、東アジア共同体、国際連帯税などについて研究する。「フィリピントヨタ労組を支援する会」事務局、「オルタモンド」運営委員。主著『近代日本における対満州投資の研究』（近藤出版社）。

トヨタ・イン・フィリピン

2008年6月25日　初版第1刷発行

著　者＊遠野はるひ・金子文夫
装　幀＊桑谷速人
発行人＊松田健二
発行所＊株式会社社会評論社
　　　　東京都文京区本郷2-3-10
　　　　tel.03-3814-3861/fax.03-3818-2808
　　　　http://www.shahyo.com/
印　刷＊株式会社技秀堂
製　本＊東和製本

Printed in Japan